U0062752

人生记　历史记　田野记　考古记

考古四记

田野中的历史人生

郑嘉励 著

浙江人民出版社

图书在版编目（CIP）数据

考古四记：田野中的历史人生 / 郑嘉励著． — 杭
州：浙江人民出版社，2024.3
ISBN 978-7-213-11376-5

Ⅰ．①考… Ⅱ．①郑… Ⅲ．①考古工作-中国-文集
Ⅳ．①K870.4-53

中国国家版本馆CIP数据核字（2024）第040477号

地图审图号：浙S（2024）8号

考古四记：田野中的历史人生

郑嘉励　著

出版发行：浙江人民出版社（杭州市体育场路347号　邮编　310006）
　　　　　市场部电话：(0571)85061682　85176516

责任编辑：吴玲霞　　　　　　　　　营销编辑：陈雯怡　陈芊如　张紫懿
责任校对：马　玉　汪景芬　　　　　责任印务：程　琳
封面设计：毛勇梅　袁家慧　　　　　索引贴设计：林之仟
电脑制版：杭州天一图文制作有限公司
印　　刷：浙江新华数码印务有限公司
开　　本：880毫米×1230毫米　1/32　　印　　张：10.125
字　　数：232千字　　　　　　　　　插　　页：6
版　　次：2024年3月第1版　　　　　印　　次：2024年3月第1次印刷
书　　号：ISBN 978-7-213-11376-5
定　　价：88.00元

如发现印装质量问题，影响阅读，请与市场部联系调换。

自　序

　　1995年，我进入浙江省文物考古研究所工作之初，开始写一点杂文，给《杭州日报》副刊投稿，杭报的李玲芝老师接纳了我。当年的人们对白纸黑字的印刷品尚存几分敬畏心，因为李老师的鼓励，我一度很有写作的热情。

　　2001年后，想法有变，我认为考古工作者的主要精力应该放在业务上。我梦想成为一名纯粹的考古学家，于是长年奔波于田野，先是做瓷窑址考古，后来从事宋代墓葬和城市的调查、发掘与研究，编写考古发掘报告之余，偶尔也写一点学术论文，渐渐的，疏离了杂文写作。

　　现在回头看来，这种非黑即白的想法，殊为无谓。田野考古工作者毕竟不同于一般的"书斋学者"，从考古项目的申请、青苗费的补偿、民工工资的谈判、与老百姓的相处、与所在地文物干部的合作、工作人员的后勤保障、与工程建设方的冲突和妥协，到考古发掘的业务本身和后期的文物保护，工作千头万绪，一名能够胜任前述事务的考古人，其身份确实介于基层乡镇干部、包工头、野行者和人文学者之间。

　　几十年的考古工作，辛苦是难免的，积累也很可观。除去发现的艰辛和喜悦，光是考古工作中的人际关系、工作协调所带来的经验与感受，就已足够多姿多彩。尽管我深知，随着学科发展，考古行业更加专业化，对大多数的"考古工程师"和"考古科学家"而言，那些个人化的感慨、体验和情绪，是被视为"科学性"的冲突因素而不登大雅之堂的。然而，我始终认为考古报告、学术论文这几种文体，无法全面反映田野考古工作者的生活。考古人是"有生活"的群体，如果只撰写报告或论文，而摒弃了田野中曾经感动过自己的见闻，摒弃了对人生、社会和历史的体悟，岂非"捡了芝麻，丢了西瓜"。

生活阅历的积累，能在潜移默化中改变人的认知。2009年，我重新开始写作杂文，偶尔翻阅此前的旧文章，便时有"悔其少作"的感慨，以为从前的写作太过仰赖于模仿和书本，过于看重从考古材料中抽离出来的抽象知识，却忽略来自考古田野中的生活体验和个人情绪。对一个有志于写作的考古人而言，这是不划算的。

这本杂文集所收文章，有的写于二十多年前，有的成文于前不久的新冠肺炎疫情期间，更多的则完成于2009—2016年间。既然以《考古四记：田野中的历史人生》为题，萃为一编，遂大致分为四类，以契合主题："考古记"篇，是本人参与过的考古发掘项目的记录，当然是个人化的记录文本，而非全知全能视角的回忆录；"田野记"篇，是田野调查中的见闻和思考，个别篇章可能有点学术考察报告的面貌，然其底色，终归是第一人称的抒情遣怀；"历史记"篇，有的是读史、观展札记，融入若干个人的考古工作经验，有的简直就是学术论文，只不过写成了我喜欢的格式；"人生记"篇，以淡笔写浓情，追忆工作中难以忘怀的人和事，在字里行间，尽量呈现可贵的人情世味。最后，以一篇名为《考古一线的酸甜苦辣》的个人访谈作为后记，阐述我对考古学科、考古工作、日常生活、文物保护、学术研究、业余写作的看法，是为全书的总结。

以上篇章，形式多样，主题各异，或活泼、或严肃，或轻松、或深沉，或悲伤、或喜悦。整体而言，这是一部文艺性的文集。前段时间修订旧作，发现自己早年的作品，情感充沛，多数文字是情绪驱动的，而不是知识和学术驱动的。而今年过半百，由衷认为这些从真情实感出发的考古记录的可贵，当年如果能够多写一点就好了。一个年龄段只能写一个年龄段的文字，年纪大了，考虑学术问题可能会更加全面，而情绪的力量、文字的感染力都弱了。"少壮不努力，老大徒伤悲"，古话说得对。

这组文字，在形式上，我不愿称呼它们为"随笔"或"散文"。扪心自问，我的写作态度是认真的，谋篇布局，遣词造句，既不随便，更不散漫。文体模糊，未必是坏事，恰恰可以说明这套文本的独特性和辨识度。因为考古工作和考古生活足够复杂，文章的主题和趣味必然也"杂"，那么就叫它为"杂文"吧。

这组文字，在内容上，如果有一个共同的主题，那就是都来自田野大地，我尝试将田野、考古、读书、历史、个人情感和生活体验整合起来，揭示文物考古与日常生活和生命体验的关联性，以证明考古事业与我们多数人的情感、趣味和思想有关。

考古工作者走过很多路，吃过不少苦。路不能白走，苦不能白吃，在考古发掘日记与考古发掘报告，在发掘报告与学术论文之间，存在无数种不同的文章作法。有志气的考古人，如果有可能，还是要在中间过渡的"灰色地带"，充分实践、尝试各种表达的可能性。如此说来，这组文字也可以视为我这些年的文本实验的成果。

是为序。

郑嘉励

癸卯冬杪

目录

第一编

考古记

雷峰塔地宫考古发掘记　3

智标塔地宫发掘记　19

黄岩南宋赵伯澐墓发掘记
　　　　　　　　　　28

史嵩之墓　39

盗墓笔记　45

姜之命运　48

龟山　54

长安道上　61

第二编

田野记

渤海纪事　77

竹口　90

樊岭　106

杜范墓　110

基业　114

子城　120

望海潮·盐官　125

山中的杭州史　131

第三编

历史记

越地佛迹　　　　　　　　147

唐宋时期的西湖摩崖题刻
　　　　　　　　　　　　165

南宋:一个王朝的背影　182

越窑、沙僧及其他　　　191

吕祖谦的肖像　　　　　196

地图炮　　　　　　　　201

金鳌山与牡蛎滩　　　　206

古物丛谈　　　　　　　211

第四编

人生记

这些人,那些事　　　　227

玉环文旦　　　　　　　246

两个讲解员　　　　　　256

龙公庙　　　　　　　　263

最后的美德　　　　　　266

去者　　　　　　　　　270

考古者说　　　　　　　292

代后记:考古一线的酸甜苦辣
　　　　　　　　　　　　301

修订记　　　　　　　　315

第一编

考古记

雷峰塔地宫考古发掘记

引言

2001年3月11日,雷峰塔地宫考古发掘,是曾经轰动全国的文化盛事。

杭州西湖南岸夕照山上的雷峰塔,原本是吴越国末代国王钱俶建造的佛塔。因了"雷峰夕照"美景与白蛇传说,在海内外享有崇高的知名度。

如今,雷峰塔遗址的考古发掘也已成历史,新雷峰塔已从旧址上拔地而起。而我,一个考古工作者,依然继续着田野考古工作,脚步遍及浙江各地。这些年来,参加过的考古发掘项目不计其数。然而,像雷峰塔地宫发掘这样印象深刻、影响巨大的工作绝少经历,今后大概也不会再有类似的盛会了吧。

遗址篇

雷峰塔矗立在西湖南滨,与北岸宝石山上的保俶塔,南北对峙,遥相呼应。这条中轴线,是西湖美景的经典标志。1924年雷峰塔倾圮后,犹如西子姑娘断其一臂、盲其一目。历来有识之士,多方呼吁重建雷峰塔,恢复"雷峰夕照"景观。

南宋李嵩《西湖图》（上海博物馆藏）。李嵩供职于光宗、宁宗、理宗三朝画院，工山水、人物、界画。他的《西湖图》是描绘西湖全景的名作，以水墨写景，云烟清淡，山色依稀，古塔立于前景，石桥相接于后，从葛岭到南屏，景物一一可辨。画中的雷峰塔兀立层霄，飞甍悬铃，金碧璀璨

佚名《西湖清趣图》（美国弗利尔美术馆藏）。该图描绘的雷峰塔，呈五层八面的木构廊檐结构，是今日所见南宋庆元元年（1195）重修后雷峰塔最具体的图像。塔西设有塔院显严院，该图即见有规模可观的塔院，正好位于雷峰塔西面。南宋时期，塔院梵音不绝。入元后，日渐衰落。明嘉靖年间，雷峰塔遭火劫，木构廊檐尽毁，唯余砖身，直至1924年倒塌

2000年3月，重建雷峰塔计划提上议程。

为配合重建工程，浙江省文物考古研究所承担了雷峰塔遗址考古发掘的任务，黎毓馨先生担任考古发掘领队。

野外考古工作，分为两大阶段：第一阶段为遗址的发掘，清理了8000多立方米雷峰塔坍塌后形成的废墟，揭露塔身、塔基的形制、结构，工作延续近5个月，具体时间为2000年4—9月；第二阶段为地宫、铁函开启以及部分外围遗迹的清理工作，延续近8个月，具体时间为2000年12月至次年7月。

20世纪初日本学者关野贞拍摄的雷峰塔。自从明嘉靖年间遭火焚，雷峰塔仅存塔心，颓然苍老，呈"老衲"模样，至20世纪初雷峰塔已经遍体鳞伤，摇摇欲坠。1924年9月25日下午1时许，雷峰塔轰然倒地

在遗址发掘的漫长时间里，每天早上6点多，考古队员就在前往发掘现场的路上了。与人们经验中的多数考古发掘项目一样，遗址发掘工作也在封闭的环境中进行，考古队员的生活，一如身旁寂寞的废墟，紧张艰辛却又不为人熟知。

野外工作的主要成果，是揭示了雷峰塔遗迹由保存较为完好的塔基、地宫、副阶及残存的部分塔身构成。

雷峰塔高大的塔基，平面呈等边八角形，四周砌有石基座。建筑台基由原来西高东低的自然山体经过平整、改造而成。东侧塔基座为双重的石砌须弥座，雕刻象征佛教"九山八海"的须弥山、海

雷峰塔倒后，形成庞大的废墟。在考古队员发掘以前，这是个几乎与凡尘隔绝的荒芜山丘。每值夕阳西坠，断砖衰草对着斜阳残晖，无尽荒凉

涛；西侧因地势较高，基座只采用单层的须弥座形式。

副阶，是佛塔的外回廊。在塔体底层附建外廊，可使佛塔更为壮观，又可增强建筑的稳定性。副阶同时也是佛教徒绕塔礼佛和观看在塔体嵌立《华严经》诸石刻佛经的场所。

塔身，作八边形的双套筒式回廊结构，对径达25米，雷峰塔的结构与苏州虎丘塔、杭州六和塔相仿，但规模更大——由外及内，依次为外套筒、内回廊、内套筒、塔心室。地宫，就位于塔心室的正下方。

遗址出土了大量建筑构件、石刻佛经碑文、佛教器物。塔身全由砖砌，据保守估计，建塔用砖不下百万。塔砖主要有两类，一为

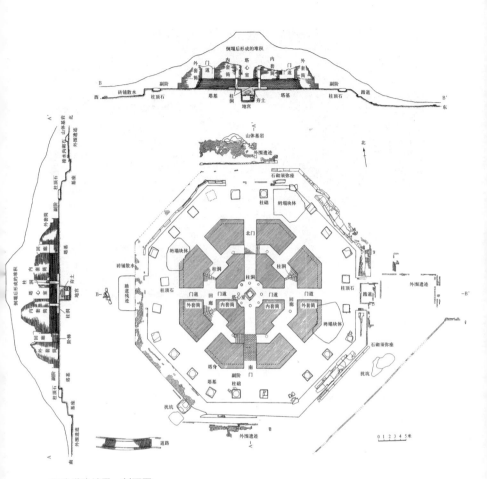

雷峰塔遗址平、剖面图

建筑用的长方形砖，一为藏经砖。藏经砖的规格与长方形砖略同，只是一端设有贮藏经卷的圆孔。1924年9月25日（夏历八月二十七日）下午1时40分，雷峰塔倒塌，藏经砖中曾出土大量雕版印刷佛经。

石刻以佛经为大宗，大小碎块凡1100多件，经过拼接，多数为《华严经》，余为《金刚经》及《陀罗尼经》。除此，还有钱俶亲撰

发掘之前，人们对雷峰塔的结构知之甚少。经过半年多的工作，塔身、塔基的残迹重见天日。每一块塔砖、每一道残垣断壁，都是雷峰塔的实物见证

的《华严经跋》及记载南宋重修雷峰塔的《庆元修创记》残碑。

佛教器物材质有金、银、铜、铁、陶、石等之分，题材广泛，以各式造像为主，如内悬金瓶的纯银阿育王塔、四面雕刻佛像的方形石塔以及佛、菩萨、罗汉、金刚力士、供养人等。这些文物原本藏于塔身内，塔倒时自高处坠落，多已残破或变形。各类文物具有明确的唐、五代风格，应为雷峰塔初建时信徒舍入的供养品，正可与钱俶《华严经跋》记载塔身"工艺像设金碧之严"互证。

今天，我们关于雷峰塔的知识能够远远超越古人，主要得益于考古工作者在遗址发掘中的艰苦而又寂寞的工作。然而，真正引起巨大轰动且为公众熟知的，依然是地宫的发掘。

地宫篇

地宫位于雷峰塔塔基中心的塔心室下方，是遗址的重要组成部分。

地宫保存完好。正方形的砖砌竖穴式地宫，长、宽约 1.4 米，深 1 米，内壁抹有石灰，口部以一块方形石板密封，石板上又压以巨大的顶石，固若金汤，无盗扰迹象。

地宫发掘的日子，定在 2011 年 3 月 11 日。

消息传开，海内外翘首期盼。浙江电视台对地宫发掘作现场全程直播，中央电视台、香港凤凰卫视以及来自北京、上海、辽宁、河南、山东、江苏等省市的 30 多家媒体，对考古发掘的每一步骤都在第一时间追踪报道。

发掘工作从 3 月 11 日上午 9 时开始，一直延续到次日凌晨 3 时，从镇塔顶石起吊，直至取出地宫底部最后一枚"开元通宝"铜钱，用了 18 个小时。

这 18 个小时，对雷峰塔而言只是短短一瞬，但

发掘地宫的第一个步骤，是起吊压在地宫盖板上的顶石

对经历其事的考古队员而言却是难忘的记忆。当年，我曾写过一篇地宫发掘手记《漫长的一天》，发表在杭州《都市快报》上，记录下发掘前后诸多情味盎然的瞬间，至今印象深刻。现在稍稍加以改写，移录如下：

此前，我从不相信考古会成为万人瞩目的显学。当年上大学，被考古专业录取，母亲摇头叹气，很为这冷门的学科和我的前程担心，多年来，一直如此。

我无法说服母亲，因为考古确实少人喝彩。长年奔波于田野，其间虽有艰辛与快乐，然而这极边缘的感受，又有几人愿意分享。

然而这一次的雷峰塔地宫发掘不同，在千万双眼睛的注视下，在摄像机的包围中，却是第一回，也不知以后是否还有如此盛况。我有点紧张。

3月10日，发掘前一天。考古队在工地现场讨论翌日可能会遇到的情况，大家畅所欲言，最后达成共识：处变不惊，一切按照考古发掘规程办事。

从工地回来，已然夜深。队员们约好沐浴净身。黎毓馨说他还要上炷香，我们从不迷信，只为明天祈祷。地宫发掘，起吊顶石的时候，辘轳出了意外，竟然很快化险为夷，大家都说是这几炷香的功德，果然"佛光高照"。在紧张的气氛中，我从来不是个善于总结的人，现在想来，这起意外，可归纳为两点：一、化险为夷，全赖前些天的充分准备，以及时任浙江省文物考古研究所所长曹锦炎先生与考古领队黎毓馨的现场指挥；二、外界盛传考古发掘为配合电视直播，事前经过周密"彩排"，巨石砸在钢管上的一声闷响，击碎了谣传。——当然，这是后话。我还是应该按照时间顺序来记录漫长的一天。

3月11日上午6点半。我们登上了开往工地的汽车，地宫发掘计划于上午9点整开始。地宫里究竟有什么，那是个未知的世界，不必去想。路上，大伙有说有笑，但到底有些不同，犹如肥皂剧中英雄美人貌似平静的道别。

7点多，抵达现场。记者朋友比我们来得更早，人数也更多。他们迅速冲破防线，占据有利地形拍照采访，任凭如何劝阻，也不肯离去。我终究心软，对付记者，不是合格的门卫。当时我还想，记者与考古工作者从事着不同的职业，可是敬业精神是相通的。可见在发掘前夕，我仍有胡思乱想的闲心。

9点整。我们把手机都关了，发掘正式开始。如同朋友们在电视上看到的一样，起初，工作气氛有点紧张，大伙按照部署，各就各位，忙着各自的工作。我来不及想些别的，也未感觉摄像机的存在。我的心绪是在地宫盖板揭开、文物露头之后复苏的。这不是文章的偷懒做法，我保证。

大约在11点整，地宫的石盖板在钢管撬动下，掀开了。舍利铁函、铜佛像露出朦胧一角，所有人惊叹不已，期待中的文物终于露脸了。只见舍利铁函置于地宫正中，铁函下叠压有大

地宫不甚大，舍利铁函置于正中，其下堆放数以千计的铜钱、杂宝。铁函以外的空隙处，有鎏金铜佛像、银腰带等文物

量各种铜钱，并夹杂玉钱、玉龟、料珠、玛瑙饰件、铜镜、银臂钏等物，以象征供养舍利的"七宝"。铁函之外的地宫空隙处，堆满了鎏金铜佛像、银腰带、玉观音像、玉童子像、贴金木座、漆镯、铜镜、铜钱、丝织品、经卷等文物。地宫内壁贴有小佛像、毗沙门天王像及圆形镂孔银饰件——这是千年前的文物。发现的快乐，考古队员经常体验，但这次不同，我们的快乐被摄像机传播出去，有千万人共享，古人说"独乐乐不如众乐乐"，快乐被放大了千万倍，刹那间，我觉得自己是个幸福的人。

12点整，电视直播结束。后来的工作进程，是电视台录播的，后来几日陆续播出。电视人为他们的成功直播而欢呼，掌声响彻工棚。我得说，直播不影响工作，但是欢呼声干扰了我。我忌妒他们竟能毫无理由的比我们更加快乐。

12点半，大家吃过盒饭，稍事休息。兴奋让人不感觉疲倦，接下来，还有更繁重的工作，文物必须在当天清理完毕，更要确保资料完整，挑灯夜战在所难免。

由于地宫空间狭小，文物层层叠叠，清理难度很大。大伙初定拆除地宫西南壁，等待著名考古学家徐苹芳先生等人的意见。

下午3点左右，徐苹芳先生赶到现场，认为该方案切实可行。

说干就干，黎毓馨与其他考古队员沈岳明、孙国平、彭必平开始拆除砖壁，曹锦炎所长叮嘱大家若是累了，就换另一批队员。孰料从下午3时开始直到次日凌晨，他们把"轮休"的建议抛诸脑后。每一次的催促，都被他们以"工作久了，熟悉情况，心里有数"为由拒绝了。由于他们的坚持，我一直从事着相对轻松的工作，文物出土时做文字记录，无文物出土时看守文物。

记录文物时，我感动于他们的忘我工作。看守文物时，我是个赌气的孩子，双手捂着文物，未经许可决不让别人看上一眼，生怕宝贝在别人炽热的眼光中熔化。

我就这么碌碌无为地过了无数个小时。

直到次日零点前后。地宫中最大的文物铁函要出土了。一身好气力，总算派上了用场。为防止铁函底部脱落，我们先用木板托底，然后周身绑上绳索。一帮人自底下往上托，另一帮人抓住绳索往上提，将其小心翼翼地搬出地宫，再由七八人前呼后拥，抬上久候在外的汽车。

铁函出土了。电视台的朋友大松了口气，走人。我们小松了口气，继续清理地宫内残留的小件文物。

凌晨2点，我们将文物送抵位于西湖孤山的浙江省博物馆山洞库房，随即返回工地，汽车在西湖边，飞也似的跑。凌晨的西湖万籁俱寂，这是我们此生仅有的在西子湖滨的"违章驾驶"经历。

凌晨3点，考古队全体人员在遗址现场合影留念，发掘至此结束。

夕照山下，我们打点行装。曹所长宣布发掘人员明天休息，反正可以恶补，我竟然产生了彻夜狂欢的念头。在车上，我才意识到刚才的冲动，我有点困了，迷迷糊糊，不知身在何处。我猜想，一定是发掘后半程碌碌无为的缘故。因为始终坚持坑底作业的同事，毫无倦意，一致呼吁找一家餐厅，等待黎明。

凌晨5点，我们走进一家位于湖墅南路的永和豆浆店，一进门，我们就夸他们二十四小时为民服务的精神，说人家肯德基、麦当劳也办不到，归根结底，还是大饼油条的中国传统文化靠硬。服务生被夸得高兴，说你们不就是电视中的人嘛，昨天的雷峰塔地宫发掘直播真好看，老祖宗真厉害，归纳起来，也就是中国文化有魅力。我们也被他们夸得高兴。

　　早上6点，回家，倒头便睡。

　　一觉醒来，天已大亮。电视、报纸上全是地宫发掘的消息。我给母亲打了电话，说，孩子从事着一项有意义的工作，至少在今天是这样的。

铁函篇

　　地宫发掘后，雷峰塔有如神通广大的孙悟空，摇身一变成了当红明星，事无巨细皆有新闻。而舍利铁函的开启，成了雷峰塔最大的悬念，就像被镇压于五行山下的孙悟空，人们盼着他解放。大家朝夕期盼，铁函内到底有哪些文物？

　　考虑到文物的安全，开启铁函的地点定在浙江省博物馆山洞库房，时间是2001年3月14日晚间7时整。工作过程谢绝记者采访，各路记者在浙江省博物馆门口彻夜守候。

　　我当时也写过一篇《开函记》，发表在《钱江晚报》上，编辑把标题改为《我亲手打开了铁函》。有点"标题党"，但可以借此了解铁函开启的全过程。照例稍加修改，抄录如下：

......

3月14日下午3点，我的手机响了，是曹锦炎所长的声音，叮嘱我好好休息，晚上可能要加班。至于工作，临时通知。

我奉命在沙发上靠了一会儿，后来又一串电话铃声将我唤醒，催促马上出发。我看手表，傍晚6点钟。

我们的车子从正门进入省博，径直奔向山洞库房，文保专家和保卫干部已在门口，大家热情寒暄。

地宫发掘后，最大的悬念就是舍利铁函的开启。打开铁函的一刹那，只见一座金涂塔巍然耸立，底部水锈斑斑，上半身则光彩照人，一如新造

不远处，有很多记者守候。那些望眼欲穿的记者，应该守候一整天了。

在狭小、闷气的空间里，开启铁函的工作是在晚上7点钟开始的。

我很不情愿以流水账的形式记录开函的过程，因为无趣，但朋友告诉我，只要与雷峰塔有关，账簿也能出新闻，我只好硬着头皮记下能记住的一切：

我们先将库房内可有可无之物移至室外，解开铁函上的绳索，去掉铁疙瘩身上的水锈，接着赵丰先生（作者按：时任中国丝绸博物馆副馆长）开始清理粘在底部的丝织品。待一切就

地宫内供奉的释迦牟尼像，作螺丝发髻，面目丰满，双目微闭，面带微笑；身穿通肩长衣，流畅的衣纹恰如其分地显示了质感；盘腿端坐在莲花座上，作说法相，慈祥地庇护着世间芸芸众生；莲花座下，有一巨龙托举，巨龙造型，刚劲有力，剑拔弩张。坐佛在背光的衬托下，在巨龙的对比下，更显威严与安详

钱俶为吴越国王时，效仿阿育王造八万四千塔故事，铸造八万四千金涂塔，颁布境内，甚至有远播日本者，多有实物传世。雷峰塔地宫内供奉的纯银阿育王塔，内藏佛螺髻发

绪，准备开函。

7点42分，在曹锦炎所长的协调指挥下，黎毓馨、沈岳明、孙国平和我憋住一口气，将罩在铁函底板上的盖子垂直往上提，平移至一旁。过程很顺利，根本没有人们想象中的困难。

千呼万唤的铁函打开了，只见一座金涂塔夺目而入。

地宫早年肯定进水了，因为舍利塔底部水锈斑斑，而上半身光彩熠熠，完好如新，钱俶当年所见应该也就是这样的。真漂亮啊！

盯着宝塔发呆总不是办法，我们开始端详、清理铁函内的每个细部。文物站在面前，纹丝不动，只有生活在函底的无名小虫，怕是受了惊吓，慌不择路。

舍利塔下压着一个银盒，大概为了节省空间或是让金涂塔能够站得稳当，盒盖反扣在盒子上。起初，我们还以为是造型奇特的香炉与盘子套叠一起，直到将盖子反转过来，才恍然大悟。盒内也有一汪浑水，地宫早年进水，顿成铁案。

盒子四周环绕有一条皮质的腰带。有机质文物最难清理，赵丰花了很长时间，才算取了出来；另一边，文物保护专家也用清水小心翼翼地擦拭新鲜出炉的两件银器。在他们灵巧的双手下，宝塔、盒子面貌焕然一新，只是那盆可怜的清水成了混沌世界。

中途，我曾跑到室外将脏水倒掉，只见远处仍有记者守候。对不起，当时我忘了看时间。

有以上几件国宝，按理说也该满足。不料腰带清理后，还叠压着一面铜镜，镜纽上还缠着丝带。丝绸文物专家赵丰反复申明不能伤害了娇贵的她，怜爱的眼神像是慈母凝视怀中的婴儿。

至此，铁函内置放的内藏金棺供养佛螺髻发的纯银阿育王塔、鎏金银盒、镂孔鎏金银垫、鎏金银腰带、铜镜、铜钱、玻璃瓶、丝织品等供养品，悉数重现人间。最后，我们为所有文物摄影、录像，铁函开启圆满完成。时间，深夜11点整。我的流水账，到此为止。

2001年4月28日，地宫与铁函内出土文物在浙江省博物馆全面展览，杭州市民及来自全国各地的游客争往参观，盛况空前。

后记

2001年，我尚未及而立之年，并不是雷峰塔地宫发掘的骨干人员。大概是当年的我，笔头较快，文字也活泼。所以，曹锦炎所长安排我参与工作，并写一些发掘工作的亲历手记，以配合雷峰塔地宫发掘的新闻宣传。因为雷峰塔本身巨大的影响力，我的几篇笨拙的工作手记也曾引起很大的轰动，这当然不是因为我的文章好。而今天，我以亲历者身份冒充闲说天宝旧事的白头宫女，更是不妥当的。

在雷峰塔遗址、地宫发掘的文化盛事中，黎毓馨领队、曹锦炎所长付出最多、贡献最大，包括我在内的所有考古队员，有幸共襄盛举，深感与有荣焉。

【附记】本文定稿于2011年3月11日雷峰塔地宫发掘10周年前夕。写作时，参考了浙江省文物考古研究所编《雷峰塔遗址》（黎毓馨执笔，文物出版社2005年版），及2001年本人撰写于地宫考古发掘期间的工作手记《漫长的一天》《开函记》。如果没记错的话，两篇手记分别发表于2011年3月12日的《都市快报》和2011年3月15日的《钱江晚报》。

智标塔地宫发掘记

2003年4月24日下午，我接到单位办公室电话，说，明天早上前去海宁参加一座佛塔地宫的清理。电话语焉不详，我甚至都没能听清佛塔的名字。

翌日，我们遵嘱来到海宁县城硖石镇的东山脚下。东山不甚高，但在杭嘉湖水乡平原算是稀罕的大山。海宁地势平坦，唯于硖石镇附近有点石山，东有东山，西有西山，中有市河，让这座江南古镇别有一番风采。即将发掘的佛塔地宫，就位于东山之巅。

我们来到东山，时间还不到早上8点钟。曹锦炎所长、黎毓馨、马祝山等人已在此等候多时，他们前几天就到了，踏勘过现场，以为事出紧急，工作量大，出于安全考虑，地宫里可能存在的文物又不能在山头过夜，才决定临时叫上胡继根老师和我前去帮忙。

智标塔原貌

寒暄过后，我终于知道这次的工作对象，名叫智标塔。

东山之巅的智标塔，千百年来，就是硖石的历史地标性建筑，可惜在 1969 年 12 月 26 日遭炸毁，仅以基存。后来，塔基又为海宁市电视差转台管理用房长期覆盖。2003 年 4 月上旬，当地建设东山森林公园，拆除管理用房。黎毓馨前去勘探，在房址下发现了湮没已久的塔基地宫，并及时报告文物部门。为确保文物安全，浙江省文物局同意对地宫进行抢救性考古发掘。

我来到现场，塔基和地宫遗迹已经展现在眼前，乍看上去，形制与 2001 年发掘的杭州雷峰塔遗址类似，也是平面呈正八边形的塔基。所不同者，雷峰塔是双套筒的佛塔，体量更大，而单套筒结构的智标塔偏小，像极了雷峰塔的弟弟，地宫构造也类似，地宫口铺盖着石板，石板上压着一块重量逾吨的压顶石。黎毓馨就是 2001 年雷峰塔遗址发掘的考古领队，工作组织出色，有口皆碑，所以在工地现场，曹锦炎所长宣布黎毓馨为本次智标塔地宫发掘的考古领队，也算是众望所归。

我们都参加过雷峰塔地宫发掘，见过大场面，他乡再遇故人，内心充满底气。按照雷峰塔的成功经验，发掘的第一个步骤，就是用辘轳起吊地宫盖板上的压顶石。时间是上午 8 点半。

顶石搬开后，封砌地宫口的石盖板，暴露在人们眼前。盖板共有两层，各由 10 块长方形的石板拼接而成，缝隙之间以石灰弥缝，其上叠压以香糕砖（条砖）。香糕砖，是宋元时期江南地区常见的建筑材料。

在揭取盖板之前，我们先对盖板逐一编号，以备日后复原之需。所有遗迹清理完成后，均绘图、摄影。总之，一切严格按照考古发掘规程操作，确保工作的每一个步骤和起取的每一块砖头都能

智标塔地宫发掘现场

智标塔塔基全貌

还原。当然，写文章的人，无论多么细致耐心，于材料终不免有所取舍，这是必须予以说明的。

盖板揭去以后，地宫重见天光，一览无余：地宫平面呈"回"字形，以红砂岩条石砌筑；地宫主体的石函，居于正中间，是个边长约70厘米的正方形石砌函室；函室与地宫内壁之间，形成一个类似回廊的空间。这种石砌的回廊式地宫，结构独特，此前似乎从未见过报道。雷峰塔则是正方形的竖穴式地宫，其外表形态虽与智标塔类同，而地下的情形竟然完全不同，考古发掘对象之不可预见，多有溢出人们经验之外者。

绍兴南宋六陵的地下墓室（皇堂），采用"石藏子"的形式，棺椁置于石椁（石砌大匣子）内。元代苏州张士诚之母曹氏墓，以及与智标塔共属一邑的海宁袁花元代贾椿墓，都采用"石藏子"结构——在封闭的石圹内，正中摆放方形椁室（椁室内陈设棺木），外圹与椁室之间灌满三合土灰浆，遂将棺木与外界完全隔绝开来。如果将智标塔地宫的石函视为椁室，瘗藏舍利的舍利容器视为棺木，那么，其结构与曹氏墓、贾椿墓十分接近。地宫瘗埋制度，向来有效仿世俗墓葬的传统，也许这种回廊式地宫受到过本土墓葬埋藏制度的影响，亦未可知。——当然，这是我后来的想法，在发掘工作现场是来不及考虑这些问题的。

石函室，深约1米许，内设四级台阶。在每一级台阶上，摆放各种造像和供养品。最高的第一级台阶，供奉有"一佛二弟子"，正中是释迦牟尼佛，阿难、迦叶两大弟子恭立左右。阿难、迦叶是佛祖最亲近的弟子，作为佛祖的左右胁侍，是一固定的组合。两大弟子外侧，各置一铜净瓶。铜像神情安详，保持着供奉之初的原状。这说明智标塔地宫保存完好，从未经过盗扰，尽管塔身历经人

石函第一级台阶上供奉的"一佛二弟子"及其他文物

祸，早已荡然无存。

对正在工作中的考古人员来说，面对文物的出土，最初的感叹可能是文物的精美和琳琅满目，但紧随而来的疑问，则是文物和地宫的年代。断代，是一切学术研究的基础。我甚至认为，考古工作者只要对其发掘对象作出准确的年代判断，他的田野工作便已成功了一大半。

在现场，海宁的文物工作者综合地方志史料，早已整理出一份智标塔历史沿革的资料。民国《海宁州志稿》卷八"名迹"载："智标塔，在硖石镇东山观海峰绝顶。闻人倬记云，始于东晋，初名八福，宋僧智标重建，改今名。下有塔院，明嘉靖三十四年

（1555）塔与院俱为倭寇所毁。万历壬子（1612）蜀僧圆海重葺之。"据此，宋僧智标所造之塔，故名智标塔。

我们不能轻易否定历史文献的记载，智标塔的前身或许真有可能早至东晋，但对那些没有直接证据、无法验证真伪的说法，最好存疑，采纳孔子对待鬼神的态度——敬而远之。一般而言，我国成熟的佛塔地宫瘗埋舍利制度，出现于隋唐以后，结构缜密的石砌地宫如智标塔者，更无可能早至东晋。

发掘之初，我们倾向于认为地宫为北宋遗物，因为塔基、地宫的外观与雷峰塔类同，而雷峰塔正是吴越国晚期至北宋初浙江的典型佛塔。与具有绝对纪年的典型文物作比较，是断代的基本方法。

然而，地宫出土的两件铜净瓶，推翻了我们的猜想。净瓶形制，仿自秦汉蒜头瓶。仿造商周秦汉古器，是北宋神宗朝以后的风气，至徽宗朝复古之风大盛，始有大量仿古器物出现。浙江地区的现存文物，只要是仿造三代秦汉器物样式的，均为南宋以后之物。所以，地宫的瘗埋年代，肯定晚于北宋。

工作继续进行中。函室的第二级台阶上供奉有"西方三圣"，中间是一尊泥塑的阿弥陀佛像，可惜已坍塌，左右胁侍为两尊菩萨像，一为观音菩萨，一为大势至菩萨。此外，又依次有水晶狮子镇纸、笔山、玉钵、砚台等。尤其是一对水晶狮子镇纸，晶莹剔透，造型活泼，甫一出土，便引来现场的交口称赞。在台阶的底部，出土了一枚"嘉定通宝"铜钱。这是南宋宁宗朝的年号钱，终于确信地宫的埋藏年代早不过南宋嘉定年间（1208—1224）。此前由铜净瓶引发的疑问，至此释怀。

第三级台阶上，最引人注目的文物是两座金涂塔，形制与雷峰塔地宫出土的阿育王塔类似。其中保存较好的一件底部附有彩绘砖座，与塔身连成一体，陶座内藏有银盒（据第二天的室内清理，银盒内藏有舍利子及供养舍利的"七宝"）。另一件金涂塔，塔刹残缺，里头依稀可辨"吴越国王钱弘俶敬造八万四千塔乙卯岁"铭文。"乙卯岁"即后周显德二年（955），知为吴越国旧物，在世间流传多年后，为善男信女作为最重要的供养品之一，舍入智标塔地宫，以祈求佛祖庇佑来生的福报。

第四级台阶，即石函的底部，出有精美的玉器。这种在明代被称为"炉顶"的玉器，才刚刚露头，黎毓馨即刻意识到这件文物的年代可能会更晚，因为多层立体镂雕的玉器是典型的元代风格。大概在两年后，我偶尔读到扬之水先生的文章，她认为"炉顶"实为元人帽子上的"帽顶"装饰。元朝覆亡后，服饰改迁，明朝人将这种工艺繁复的"帽顶"玉器改装为香炉盖上的盖钮。因为有智标塔地宫发掘的工作经历，我对这篇文章的印象格外深刻，本着"奇文共欣赏，疑义相与析"的原则，我第一时间将扬之水先生的文章告

仿蒜头瓶样式的铜净瓶

陶座铜阿育王塔内"七宝"和舍利盒

舍利盒

玉莲鹭纹炉顶

知黎毓馨。当然，这也是后话。

果然，在清理的最后阶段，地宫底部出土了一枚"至正通宝"大钱，至正（1341—1368）是元朝最后一个年号。发掘至此，我们才知道地宫的建造年代至少已晚至元末。

地宫清理从4月25日早上8点半开始，到最后一件文物出土，时间是下午5点多。

4月26日早上，我们依然来到发掘现场，仅仅只是完成野外绘图、打扫战场的工作而已。

从遗迹现场判断，地宫系整体落成，未见后世的重建迹象。如果"至正通宝"代表地宫封闭的年代下限，大概也比较接近地宫的始建年代，那么，《海宁州志稿》载"智标塔……宋僧智标重建，改今名"云云，恐怕不可尽信。如果主持重建工作的智标和尚，是入元的南宋遗民，后世文献称其为"宋僧"固然可通，然而地宫竣工于元末，智标估计已届百岁高龄，这种可能性是极小的。这是我当时在遗址现场的困惑——文献记载与考古发现之间，出入竟然如此之大，说明文献记载与考古实物不是同一语境下的材料，有矛盾，有冲突，是其常态，也许我们不必追求事事契合。

智标塔年代的疑问，困惑了我好长日子。后来，我又辗转奔波于别的考古工地，一时忙碌，也就渐渐淡忘了。

【附记】本文根据我2003年的工作笔记整理，地宫出土文物的次序和定名，如有出入，当以浙江省文物考古研究所、海宁市文化广电新闻出版局编著《海宁智标塔》（科学出版社2005年版）为准。

又，据海宁文物保护管理所徐超先生告知，南宋《咸淳临安志》："（盐官县）审山，在县东北六十五里，高五十三丈，周回七里三步，汉审食其墓其间，故名。有僧崇惠庵，墓土皆五色。有僧智标塔，秦始皇磨剑石。有灵池，水旱不盈涸。"《咸淳临安志》成书于南宋咸淳四年（1268），则智标塔为宋塔无疑。释智标，仅笼统知为宋僧，未详其具体生卒年。《嘉靖海宁县志》载："智标，姓朱氏，感梦为僧，参贤首宗教，住常州华严院……后以寒食日集众说偈而逝，建塔于审山。"据此，智标似非如民国《海宁州志稿》所言为建塔之人，所谓智标塔，可能是僧智标的墓塔。

智标塔为宋塔无疑，而考古发掘的智标塔地宫为元末所建的瘗埋佛祖舍利的佛塔，二者竟然完全不同！或许在元明之交，宋代的智标塔有过一次重建，连塔基地宫也是新建的，然而据常理，后世重建佛塔，一般不会触及旧地宫；也许在重建时，开启过地宫，又埋入一些新供养品，亦未可知；又或者是元明重建的智标塔，建筑形式与旧塔完全不同，所谓智标塔，只是承袭旧名而已。

但我认为，更加合理的解释是：宋代智标塔，本为释智标的墓塔，后世方志将智标讹为建塔之人。既然是墓塔，应为实心的小塔，而非今之带地宫的、木构檐廊、可登临远望的空心大塔。本来是东山上互不相干的两座塔，不知何故，在后世混为一谈。考古发掘的智标塔与《咸淳临安志》所载之智标塔，风马牛不相及，大概就是这个原因吧。

（2018年11月5日定稿）

黄岩南宋赵伯澐墓发掘记

一

2016年5月3日，台州黄岩区屿头乡前礁村土名"大坟"的地方，当地老百姓在宅基地建设过程中发现古墓，并报告黄岩区博物馆。是日下午，黄岩区博物馆及时报告浙江省文物局。

5月4日早上，受省文物局委托，浙江省文物考古研究所领导委派我前往现场指导墓葬清理工作。

我赶到现场，已是下午3点半。暴露在眼前的是一座砖椁石板顶的夫妻合葬双穴墓，右穴已经残破不全，据出土的墓志，墓主人系赵伯澐妻李氏。李氏卒于南宋庆元元年（1195），次年下葬于"黄岩县靖化乡何奥之原"。右穴早年遭盗，棺木已朽蚀大半，除墓志外，别无他物。

但是，左穴（男室）保存完好，朱红髹漆的棺木，宛如新造。据1993年重修《黄岩西桥赵氏宗谱》卷七，墓主人赵伯澐，系宋太祖七世孙，南宋初，其父赵子英始徙居台州黄岩县，遂为邑人，绍兴二十五年（1155）生，嘉定九年（1216）卒，赠通议大夫，同年与李氏合葬。

《宗谱》所载，与地下出土的南宋墓志，高度吻合，甚至连李氏的生、卒、葬的年月日都一字不差，想必赵伯澐的记载也应可靠。近代江南的部分族谱，尤其是出自名门大族的，多有所本，其潜在的史料价值，不可等闲视之。

赵伯澐，也是黄岩县城西门外五洞桥的修建者，南宋《嘉定赤城志》卷三"桥梁"载："孝友桥，在（黄岩）县西一里。修六十丈，广三丈，跨大江别浦……庆元二年，圮于水，县人赵伯澐纠合重建，筑为五洞，桥面亦五折，取道当中，坎两旁以窍水，翼栏其上，视旧功十倍焉。今但呼西桥。"五洞桥，至今犹存，今为浙江省文物保护单位。赵伯澐生前应该就定居在县治的西桥附近，其地距离葬地屿头乡前礁村约30千米，当年有水路可达。20世纪50年代建起长潭水库（今为浙江省内仅次于新安江、珊溪水库的第三大水库），高峡出平湖，墓地环境、风貌大改，然而，其地山清水秀，群山环抱，犹能看出当年的好风水。

二

近年浙江发现保存完好的南宋棺木，共有3例：武义徐谓礼墓、余姚史嵩之墓、黄岩赵伯澐墓。前二者均遭盗掘，棺内已经被严重盗扰，赵伯澐墓是唯一未被盗的墓例。

棺木的完好保存，有赖于南宋人以防腐为追求的葬制。柏木材质的棺木，坚固厚重，板壁厚约10厘米。内棺之外，又套以外棺，置于砖椁（墓室）内。墓室体量不大，置入棺木后，棺木与墓壁之间，仅留少许的空隙。在空隙处，再填以松香、糯米汁、三合土，遂将棺木整体"浇灌"于密闭的墓室内。然后，覆以石板盖顶，从而确保棺木与外界环境的隔绝。这就是棺木历经800年仍完好如初的全部奥秘。

考古人员在清理墓室的砖壁

保存完好、宛然如新的赵伯澐内棺露头

我作为从事宋元考古的专业工作者，直觉判断这可能是个百年不遇的奇迹。兹事体大，我当即向浙江省文物局文物处副处长许常丰汇报现场状况，提请省文物局出面协调，加强墓地现场工作的安全保障，并邀请中国丝绸博物馆的专家尽快前来黄岩协助清理，因为棺内极有可能存在有机质文物。

当时的墓葬现场，有大量群众围观，把工作场地挤得水泄不通。出于文物安全的考虑，现场并无开棺清理的条件，我们决定连夜工作，尽早起吊棺木，运回县城。

因为稍早有人在手机微信上发布了相关信息，围观人群中，也有从温岭市（原太平县，创建于明成化年间，宋代隶属黄岩县）大溪镇远道而来的赵氏后裔。我看到的《宗谱》，就是他们从温岭带来的。赵伯澐的后裔，后来有徙居温岭大溪的。听赵氏后裔说，直到1947年，温岭族人还会到这边来上坟。这曾经是一座豪墓，墓前设有牌坊，此由"大坟"的土名可知。1949年后，墓地逐渐湮没无闻，牌坊于"文化大革命"期间被拆除。如今，地表已无任何遗迹。前几年，他们还曾前来寻找祖坟，结果无功而返。

三

根据以往的工作经验，鉴于江南多雨、地下水位较高，即便墓室固若金汤，仍不免会有地下水，透过棺木的木纹肌理渗入棺内。表面上看，棺木完好，其实内部可能早已进水。有经验的考古工作者，必须做好各种预案，至少应该考虑到可能有个穿戴整齐的古人，正躺在棺内，而他身上的每件衣物都将是重要的文物。年深岁久，棺内的一切，已十分脆弱，如将尸体浸泡在水中运输，稍有颠簸晃荡，有机质文物必将瞬刻瓦解，化为乌有。这是基于过去工作教训的经验之谈，早年安吉曾经出土过西汉时期的木棺，因为有水运输，棺内衣物荡然无存。

当完成摄影、测绘工作后，我们开始拆除墓壁。此时天色已晚，山野之间，虫声唧唧，辽阔的湖面，一团漆黑，只有我们的工作现场，拉起电灯，亮如白昼。

当墓壁拆去，棺木完全暴露，已是深夜10点多，围观的人群多已散去。棺木表面完好，天衣无缝，人们根本不相信内部可能会进水。我坚持要求务必找来电钻，在棺底钻孔，以释放棺内可能存在的积水。

夜色已深，又地处偏僻，凿开外棺并钻通内棺，实施起来多有不便。民工们只想早点结束工作，回家休息。于是纷纷推脱，表示棺内不会有水的，不必多此一举，叫我无须杞人忧天，如若不信，双方可以打赌。也有人说，下午准备好的电钻，现在已经送回乡里去了，半夜三更，到哪里去找电钻？其实，电钻就放在附近车子的后备厢里。

这种时候，谁还有心思跟人开玩笑？我严肃地说："必须马上去找电钻，钻孔！放水！否则明天等丝绸博物馆的专家来，打开棺木，满满一汪水，里头搅成一锅汤，我们负不起这个责任，谁都负不了这个责任。"

民工们见我如此坚持，只好拿出电钻。然后，你看我，我看你，谁都不愿意动手，都说把棺木搬上车，早点回家吧。在现场指挥工作的黄岩区文化局副局长符艺楠，只好拿过电钻，亲自动手。观望的民工看领导亲自动手了，也实在看不下去，纷纷上来帮忙，在棺头的底部及两侧壁，各打上一个钻孔。棺内的经年积水，果然

工作人员在棺木底部钻孔，以释放棺内积水

棺内的积水从钻孔中流出，经久不竭

通过钻孔，喷涌而出，先是短暂的污水，继而是汩汩不断的清水，经久不竭，不一会儿，地上就淌满了水。显然，棺内早已灌满积水，刚才互相推诿的人们见状，自知理亏，不再说话。

其实，我并无透视眼，更非先知先觉，只是更加小心谨慎而已，面对百年不遇的文物，容不得有半点闪失。

等了一个多小时，棺内的积水依然在流，看来一时半会儿也流不完。我们决定索性放一晚上的水，大家都回城休息，第二天早上7点半，准时开工，起吊棺木，运回县城。

四

第二日（5月5日）凌晨，下起滂沱大雨。我们冒雨重回现场，3个穿孔再无出水。据彻夜值班的人说，直到凌晨4点钟，棺内才不再出水，可见木棺的内部空间灌满了积水。贸然带水运输，后果不堪设想。

早上8点半左右，天气放晴，开始起吊棺木，搬上在一旁守候已久的卡车。其间又费了不少周折，按下不表。

棺木搬走后，继续拆除墓砖，试图寻找赵伯澐墓志，但终未所见。墓室内不曾随葬墓志，也许原先的地表上，曾经树立有神道碑刻，所以地下不必重复设置，只能作如此推测了。

卡车起运以前，我依然放心不下，叮嘱司机和押车的朋友，务必平稳行驶，切忌颠簸，以免扰乱棺内的文物。工地现场距离县城约30千米，我对司机说："只管慢慢来，开3个小时、4个小时，都没有关系。"

中午12点半左右，棺木终于平安抵达黄岩区博物馆新馆。我们遵照中国丝绸博物馆专家的要求，在博物馆西侧空地，觅得一块宽敞而通气的地方，搭起棚子，作为工作场所。开棺清理，必须在通气的开阔空间进行，且须靠近水源。

下午四五点钟，浙江省文物局许常丰副处长和省考古所科技考古专家郑云飞博士、摄影师李永加先生一行亦赶至现场。稍后，中国丝绸博物馆的专家团队也从杭州赶来。

晚上7点半左右，开始开启棺木。棺盖与棺身以卯榫扣合，然后整体髹漆，严丝合缝。为了不破坏木棺的卯榫结构，开棺过程费尽周折，至晚上11点前后，始告成功。因为棺内可能存在的水银和毒气，我们决定先敞开棺木透气一晚，第二天早上8点半，正式作业。

回宾馆，洗漱毕，已是深夜12点多。前一天从杭州赶来黄岩，我以为是个简单的任务，只要向当地的工作人员交代一下，就可以回家了，连换洗衣裳也没带。初夏时节，天气闷热，鞋子和裤子沾满了泥巴，衬衣为汗水湿透，湿了又干，泛出了盐花，酸臭不可闻。

五

5月6日早上，中国丝绸博物馆专家的清理工作正式开始。棺木内壁抹有石灰和松香以弥缝，棺底亦抹有松香，再铺以一层厚约5厘米的木炭。墓主人入殓后，凡有空隙之处，均以衣物填塞，将棺木塞得满满当当。

工作有条不紊地展开，逐层揭取，每揭取一层，均拍照记录。墓主人静躺棺中，穿戴整齐，骨骼完整，须发犹存。清理工作必须赶在一天内完成，并将文物逐件放进临时购买来的冷柜中，以妥善保存。最后，我们将墓主人整体抬出来，置入冷柜。这一天的工

博物馆外搭起通风的临时工棚，作为开棺的场所

中国丝绸博物馆的专家在清理棺内衣物

赵伯澐随身挂件——南唐烈祖李昪投龙玉璧

投龙玉璧拓片，其铭文曰："大唐皇帝昪谨
于东都内庭修金箓道场，设醮谢土，上仰
玄泽，修斋事毕，谨以金龙玉璧，投诣西
山洞府。升元四年十月日告闻。"

赵伯澐墓随葬的水晶璧

赵伯澐墓随葬的大量衣物之一

作，中国丝绸博物馆周旸、汪自强老师的团队，堪称艰苦卓绝，对于他们的敬业精神，亲历现场的人，无不感动赞叹。

棺内出土了大量保存极好的衣物，也有少数随葬品，如玉石挂件、铜镜、香盒等物。其中一件玉璧，刻有"大唐皇帝昪谨于东都内庭修金箓道场，设醮谢土，上仰玄泽，修斋事毕，谨以金龙玉璧，投诣西山洞府。升元四年十月日告闻"字样，知为南唐开国皇帝烈祖李昪的投龙玉璧，传世近300年后，作为古物玩好，为墓主人赵伯澐收藏并随葬，尤为难得。

更重要的是，如此系统的南宋男性（文官）服饰成套出土，在浙江省内尚属首例，在全国范围内恐怕也少有先例。唯大量文物尚待清理，全面的研究和价值评估，则俟之异日。可以肯定的是，对即将开馆的黄岩区博物馆新馆而言，这将是一笔巨大的财富。

此时此刻，我终于松了一口气，对黄岩的朋友说："我的工作完成了。这几天压力大，昨晚都没睡好，老担心万一因为我们的工作失误而文物受损，不知该如何交代。现在完成任务，终于不负使命。"

（2016年5月7日初稿，5月9日改定）

史嵩之墓

南宋的高门大族，论显赫程度，首推浙东鄞县（今鄞州区）史氏。史浩、史弥远、史嵩之，"一门三丞相"。史浩，是宋孝宗朝的丞相；史浩之子史弥远，是宁宗、理宗两朝的权相，专权26年，擅行废立，冤杀济王，一手遮天，谤满天下；史嵩之是史弥远的从侄，也来自这个显赫而又充满争议的家族。

人固有一死，或贵如王侯，或贱如蝼蚁。史嵩之祖父史渐，卒葬鄞县上水村凤凰山，即今东钱湖南宋石刻公园所在；史嵩之父亲史弥忠，卒葬鄞县五乡宝幢王坟山；史嵩之的弟弟史岩之，卒葬"绍兴府余姚县龙泉乡"，即今宁波市慈溪市横河镇梅湖水库；史嵩之长子史玠卿，卒葬"慈溪县金川乡东麓之原"，约今余姚市丈亭镇境内。史嵩之本人墓址由其生前亲自选定，在"慈溪县石台乡"，即今余姚市大隐镇车厩山，与著名的河姆渡遗址隔余姚江相望，其地距离东钱湖约有30千米。

各墓之间，相距甚远，因为"多占风水"，大家各自追求独立的好风水、好山头。这些想法很正常，只是苦了清明节上坟的子孙，若要每个坟头拜过来，很耗费工夫。

2011年，史嵩之墓被盗，有文物流散到了市面上。我前往现场踏勘，那是我第一次到车厩山，果然好风水，山环水抱，藏风纳气。南宋宝祐六年（1258），史嵩之下葬之初，宋理宗御书"西天福地"名其地，并赐功德坟寺，以"开寿普光禅寺"为额，又遣族

宁波东钱湖畔，散落于荒郊野外的南宋史氏家族的墓道石刻

人守墓，四时祭扫，后来繁衍为史氏聚居的村落，即今车厩山附近的史门村。

时过境迁，待明末清初大儒黄宗羲过其墓，已是寺败碑残，特意赋诗一首，感慨系之："莫道荒烟蔓草墟，千秋有恨尚留诸。……西天福地残碑下，但见僧人出荷锄。"这通"西天福地"残碑，至今犹存，然而已脱离原址，墓地之上，唯有荒烟蔓草，若非盗墓者留下的盗洞，人们甚至不知道脚底下居然还有大人物的坟墓。

我爷爷文化程度不高，仅能读《三国》《水浒》《杨家将》，但对历史有其朴素的感悟。他说，大凡掌权超过10年的宰相，必为"奸臣"，长居高位之人，必有非常手段，有手段者，树敌必多，而且又遭皇家猜忌，一旦退位，谁肯说他好话呢？确实如此，自从史弥远长期掌权以后，史家的名声就不太好。

史嵩之从入仕的第一天起，就背有家族原罪。他有雄才大略，在京西、湖北路制置使任上，经营荆州、襄阳军政边务，虎虎有生气，在他麾下是一支有战斗力的部队。

13世纪，蒙古人席卷欧亚大陆，所向披靡。南宋朝廷抵御外族入侵，长达半个世纪，四川、襄阳一带的战役，尤为可歌可泣，多与史嵩之早年的经营、布局有关。

面对蒙古人的虎狼之师，史嵩之是务实的主和派。但在反对派的眼里，主和派也就是怯弱的投降派。然而，史嵩之的和议主张虽有争议，却能迎合宋理宗的心意，遂官至实权的"独相"。平心而论，无论经营地方，还是立朝为相，史嵩之均有作为。现代的历史学家认为，关于他的恶评，多半出于党派偏见，或源于对史弥远长期执政的不满。

淳祐四年（1244），史嵩之父亲史弥忠去世。按礼制，史嵩之必须辞官，居家守孝，丁忧三年，即守孝两年七个月。宋理宗正在用人之际，执意挽留史嵩之，要求他"夺情起复"，不必拘泥礼义。其实，"夺情起复"的大臣，多有先例。可就是这件事，断送了史嵩之的政治前程。

世事本无绝对的是非可言，如果大家都认为三年守孝是合理的，那么，它就是合理的，否则就不是孝子。好比大家认为女人生来就该缠足，男人生来就该读"四书五经"，只有身体残疾的女人才算性感，方能嫁入豪门，只有精神残疾的男人才算文质彬彬，方能跻身仕途。这些都没有什么道理可说，只要大家以为天经地义就好，我们认为"四书五经"放之四海而皆准，欧洲人不通儒家经典，照样建设他们的现代化。

缠足也许真的别有风味——只是天足为什么就一定不美，或者认为只有天足的女人才美。可惜，历史上很少有敢于这样设问的人，我们想当然地以为只能这样生活而不能那样。思想的萎缩，就是生命的萎缩，也许两者本来就是一回事。

天足的女人，为什么不美？谁能告诉我。离题了，回到史嵩之。

让史嵩之"夺情起复"本来是宋理宗的要求，反对者却认定他出于私欲、恋栈权位，他们认为，视生父为路人，就是不孝，今日对生父不孝，明日就会对皇帝不忠，不忠不孝，就是禽兽。《宋季三朝政要》是理宗、度宗、恭帝三朝的编年体史书，记事颇简略，唯独在批判史嵩之是禽兽上，篇幅洋洋洒洒，不吝笔墨，足见此事在当年影响之巨大。

史嵩之墓被盗掘一空，随葬品中除了残破的衣物，仅出土了这件工艺精致的小玉器，一童子执球，一童子持荷，从系穿方式看应为坠饰，坠于腰间或物端

空前强大的舆论压力，葬送了史嵩之的政治生涯。从此，他居家赋闲，直到宝祐五年（1257）去世。次年，葬于慈溪县石台乡，也就是前头提到的那个寂静的山谷。

以上文字，是我当年站在史嵩之墓前的感慨。以"后知后觉"的立场，对前人品头论足是容易的，也能充分享受智力上的优越感。但我认为，考古工作者不必这样写文章，如果让我现在来讲述史嵩之墓，故事将会是另一番样子。

因为墓葬已遭盗掘，稍后，宁波市文物考古研究所组织考古队，对史嵩之墓进行抢救性发掘。这是史嵩之与继室赵氏的双穴合葬墓，但在史嵩之墓室的右侧下方，留有一片空地。据出土的《史嵩之墓志》，史嵩之一生两娶，初娶陈氏，后娶赵氏。陈氏早卒，已别葬他处。这块空地也许是为日后迁葬陈氏而预留的。但不知何故，陈氏未能祔葬，右侧的空地，遂永久留白。

墓内的棺木保存完好，但被盗墓者凿开了一个可由

出土的《史嵩之墓志》

一人出入的口子。2012年4月，中国丝绸博物馆的同行负责开棺清理，棺内尚残留有史嵩之入殓时的衣物，可惜经过盗扰，已成碎片。史嵩之的遗骸也已被搅乱，唯颅骨保存完好，一颗硕大的头颅。

遗骸和衣物的保存，部分仰赖于棺木内注满了水银，这是古代常用的防腐手段。墓室遭盗掘已有很长时间，棺内仍有大量水银留

存，可知史嵩之初葬时，可能整体浸泡于水银之中。工作人员如临大敌，静候水银挥发殆尽，又以硫黄消毒，然后，戴上口罩、头套、橡皮手套，全副武装，开始逐层揭取丝织品。即使如此，时间稍久，工作人员还是出现程度不等的晕眩恶心的症状，可见水银之毒性历经800年而不衰减。凡是当天亲临工作现场的人，无不对考古工作人员的敬业精神肃然起敬。

然而，人们又不由得倒吸一口凉气。天哪！曾经的那个月黑风高之夜，盗墓者凿开棺木，由一人出入的口子潜入棺木。操作环境之肮脏恶劣，姑且不论，他居然是浸泡在水银中作业的呀。

一两年后，陆续有消息传来。据说，盗墓者贩卖文物所得共计20万元。然而，他的肺部果然受到严重伤害，先是发炎，继而溃烂，痛苦不堪，这点收入远不足以治病。如今，他大概已不在人世了吧。我念及此事，叹息久之。

末了，另有一事可表。

大凡多古墓的地方，通常都有"金脑袋"的传说，故事千篇一律，说古代有个大官为奸臣所谋害，或遭仇家追杀，被割去首级，入殓时，只好打造一颗硕大的金脑袋，权且代替，用以随葬。如果运气好，挖到金脑袋，大家就发财了。史嵩之墓不能免俗，金脑袋的传说，同样在当地流传已久。这一次，史嵩之墓内出土了完好的颅骨，铁证如山，彻底粉碎了流毒甚广的谣言。

有关史嵩之的恩怨是非、经国大业，一切光荣与梦想，已在历史长河中化为平淡，变作可有可无的话题。只有其颅骨的发现，仍有深刻的现实教育意义，证明那些自古流传的关于一夜暴富的梦想，十之八九，只是无稽的传说。

盗墓笔记

浙江的考古工作者有个大困惑，就是汉墓数量特别多，西汉土坑墓、东汉砖室墓，一挖一大群，宋墓也多，唯独不早不晚的唐墓特别少，在许多地区只有个位数。汉墓多，唐墓少，安徽、江苏、山东等地也有类似现象。汉唐盛世，莫非汉代人口特多，唐朝荒芜一片？这个问题，我始终猜不透。

同样的西汉土坑墓，绍兴、宁波的山地丘陵地区，墓坑开口于基岩之上，即所谓"生土坑"；湖州、嘉兴平原地区的土坑墓，营建于人为堆筑的土墩之上，即所谓"熟土坑"。从发掘技术的角度，发现生土坑比较容易，周边全是岩石，唯独有个长方形的凹陷区域，茅草长势特别茂盛，或者拿根钢筋来扎，坚硬如岩石者，钢筋插不下去，忽然有块地方，钢筋入土，势如破竹，稍有生活经验的人也能判断这里可能有个土坑墓。相对而言，熟土坑的发现则困难很多，需要细致分辨坑内填土与坑外的土质、土色差异，才能框定墓坑的边界。

盗墓之风，古已有之，于今为烈。何以见得？古人盗墓，只图金银财宝，西汉土坑墓里常见的坛坛罐罐、鼎盒壶瓴之属，大概不入其法眼。而今人不同，凡经他们光顾，墓底如同经过大扫除一般，一干二净。现代人说，坛坛罐罐也有历史价值、文化价值、艺术价值。各种价值，归根结底，都是经济价值。把经济价值说成历史文化价值，这是我国文物收藏界取得的最高学术成就之一。

如前述，生土坑容易被发现。绍兴的盗墓风气，历来就较湖州为盛。1998年，我在湖州杨家埠发掘西汉墓地，墓葬大多完好，工地结束，出土的坛坛罐罐，层层叠叠，一卡车都拉不完。2009年，为配合绍（兴）诸（暨）高速公路建设，我在绍兴平水、栖凫等地发掘战国至西汉墓地，墓葬数量不少，出土文物却只够装一个蛇皮袋——多年以来，当地盗墓猖獗，覆巢之下，古墓几无完卵。

东汉以降，券顶砖室墓流行，逐渐取代土坑墓成为主流的墓室形式。砖室墓固然气派、牢固，但是比土坑墓更容易被发现、被盗掘。所谓"十墓九盗""十室九空"者，狭义所指，正是汉六朝时期的砖室墓。我不能理解的是，今天有人居然会把盗墓者描述成身怀绝技的高人，其实，发掘砖室墓本质上是种体力活，略带经验活的成分，钢筋入土，遇到砖头，死活钻不下去，这也用不到太多的生活经验。欧阳修笔下的卖油翁自嘲"无他，惟手熟尔"，是形容手艺人的，但我认为，盗墓够不上手艺活的标准。

宋元明清，年代晚近，封土累累，墓葬多有明确的地面标识、地形特征，盗掘更无技术含量可言。我们不能将目无法纪、胡作非为视作本事技能。

浙江省文物鉴定委员会，是负责浙江省内盗墓案件司法鉴定的机构。近年盗墓风气日盛，我忝列为文物鉴定委员，有段时间忙得不亦乐乎，哪里破获了盗墓案子，就第一时间赶赴现场。

多年的竭泽而渔，绍兴已无古墓可盗。盗墓者遂流窜至丽水、衢州、金华等地作案，被抓了现行。我们前往现场鉴定，多数为不起眼的宋元小墓，搁在早些年，古董贩子是看不上眼的。如今有组织的盗墓者，大范围流动作案，所经之处，如蝗虫过境，古墓不分大小，无不遭殃。

古墓资源枯竭后，就对近代墓葬下手。2015年，嘉兴王店沈曾植家族墓被盗，沈曾植是清末民初的大学者。墓地紧邻村庄，来自江西的盗墓者竟然使用炸药爆破。一声闷响，划破寂静的夜空，将全村人从睡梦中惊醒。许多天后，当我们赶到现场，自沈曾植生父沈宗涵墓圹内拖出的衣物，仍散发着刺鼻的异味。现代盗墓者的技术越来越粗糙，手段越来越野蛮，伤风败俗，莫此为甚。

看得多了，渐渐明白盗墓犹如其他的犯罪行为，并非考古学的问题，而是关乎社会学与心理学。盗墓源于人心的欲望，亏本买卖无人干，杀头生意有人做，自古未有不发之墓，欲望不灭，盗墓不止。两汉时期，俗尚厚葬，盗墓盛行。曹操父子，有感于此，主张薄葬，墓圹内少埋点财物，以绝人之念想，墓表也尽量低调一点，弃用丰碑、翁仲。然而，千百年后，人去楼空，终不免发掘之厄。

也许只有加强墓地的现场守护，才能有效规避盗掘。2014年，东阳市南马镇，有一批清代墓葬被盗，有墓碑仆于地，曰"陆公之墓，康熙十年季冬吉立"。墓地之上，盗洞遍布，一片狼藉。

墓地附近，有户民居，废弃约十年有余，许姓人家曾住，他们的祖先是墓地的守护人。有位老人，70多岁，说："从曾祖父起，我们许家开始为陆家看守墓地。此前，另有一户王姓人家替陆家守坟，后来不干了，将守墓的工作转让给了许家。"陆家供给许氏"一亩三分"的墓田，由其免费耕种，田租收入，除供奉墓祭外，可以自由支配，除此别无报酬。1950年土地改革后，陆家败亡，许氏不再承担守坟职责，但仍住在墓地附近，出于道义，时有看护墓地之举。直至10年前，因为高山移民，全家搬到平地居住，其地遂墟。

自从许氏搬到山下，无故不再上山。不几年间，陆家坟地一再遭盗，现场千疮百孔，不堪入目。

妾之命运

温州市瓯海区潘桥街道焦下村南部的焦下山，村内的建筑杂乱无章，头顶的电线纵横交错，犹如胡乱织就的蜘蛛网。尤其不能忍的是，路上垃圾遍地、污水横流，空气中总是弥漫着一股胶鞋燃烧的呛鼻气味，外地人只要在村庄里停留稍久，眼睛即有灼痛的感觉。如果不是为了配合生产建设的考古发掘，我绝不会到这边来。

2013年，因为公路建设，我们来到焦下村发掘一处即将被推平的明代墓地。所谓"古不考三代以下"，考古工作者传统上更加关注史前与商周时代的早期文物，年代晚近的明清墓葬，结构简单，又不出精美文物，素来不为考古学家所重。如果不是抢救文物的职责在身，我绝不会到这边来。

宋明时期，焦下村属于永嘉县吹台乡地界。吹台山，郁郁苍苍，是一块风水宝地，向来是温州重要的公共墓地。我所寓目的温州出土宋元明墓志，数量不下数百通，就有相当数量出土于"吹台乡吹台山之原"，非但永嘉本地人葬身于此，邻近的瑞安县人也乐意埋到这边来。

历时两个多月的发掘，焦下山共清理了27座墓葬，据出土的14通墓志，这是明代中晚期温州陈氏、王氏、周氏等家族聚葬的公共墓地。墓地排列有序，不同家族占据各自的区域，井水不犯河水。

不出意料，本次发掘并未出土任何精美文物，但细细琢磨起来，明墓也挺有意思的。比如墓地中编号为M14（第14号墓）、M17（第17号墓）的两座墓葬。

M14是座夫妻合葬的双穴并列砖室墓。墓主人陈魁是个乡绅，生于明正统六年（1441），卒于正德八年（1513）。娶汤氏，子男三人：长子陈行之；次子陈定之，"擢弘治乙丑进士，授工部主事"，可惜英年早逝；三子陈谅之，系庶出，为侧室李氏所生。陈魁去世的时候，陈谅之尚为6岁之幼童。

M17位于M14东北方向约1.5米处，是一座单穴的砖室墓。墓主人正是陈魁的侧室李氏，名叫李香，生于弘治二年（1489），卒于嘉靖十二年（1533），弱笄之年，在15岁左右，成为陈魁的侧室。

侧室，也就是妾，并非正式婚姻制度内的夫妻关系。在明代，男子纳妾是合法的，"不孝有三，无后为大"，纳妾以求子嗣，非但合法，简直合情合理。《大明律》规定"庶民年四十以上无子者，许选妾一人"，原配夫人没有理由加以反对，自己肚皮不争气，还想胡闹，那就是妒妇、悍妇。

陈魁纳李氏为妾时，已经是个62岁的老翁，两个成年人的父亲，还当了爷爷。在这个年龄纳妾，颇有"纵欲淫逸"的嫌疑，是我们民族的淳厚风俗所不能鼓励的。我屈指一算，当陈谅之降生时，陈魁已届67岁高龄，真乃神奇的爸爸。

妻妾名分不同，不可混淆。"妻者，齐也，与夫齐体之人也"，名义上夫妻平等，夫唱妇随，所谓"死当同穴"，百年后，礼当合葬；"妾者，接也，伺人者也"，人格上依附于丈夫。妾称丈夫为"君"或"家长"，称正室为"女君"，气氛宽松的家庭，也有称呼为"姐姐"的，这在惯于粉饰太平的古装戏里常见。在公婆看来，妾也许不能算儿媳妇，妻子是明媒正娶的，纳妾虽然也有婚书、契约、仪式，但毕竟是"纳"，在性质上，终归是一笔买卖。

李氏之于陈魁是妾的身份，如果在宋代，原则上绝不能与丈夫合葬，姬妾只能另辟墓地。元代以后，稍稍网开一面，如元人赵昞《族葬图说》："其有子之妾，又居继室之次，亦皆与夫同封。"意思是，育有子嗣的妾，可以排位在续弦的继室之后，与丈夫合葬。这种做法，本来有乖礼法，但在明清时期似乎已为许多人家所接受。如江宁景泰、成化年间的沐斌夫妇墓，初建时，作并列三穴，沐斌居中，先娶张氏、继娶徐氏分列左右，侧室梅氏以其子沐琮袭封黔国公爵而贵，所以死后享受"合葬祖茔"的待遇，实则在沐斌墓左侧添建一穴。嘉兴王店万历年间的李湘夫妇墓，李湘与正妻的并列双室居于后方，妾陈氏单室墓居左侧前方，妾徐氏单室墓居右侧前方，陈氏所出的儿子李芳曾高中进士，母以子贵，故而相对于徐氏，占据左侧的尊位。当然，在江浙地区的历年考古工作中，夫妻姬妾合葬的墓例数量并不特别多，而且多出于"母以子贵"的殊遇。

李氏的墓志，由她的亲生儿子陈谅之执笔。墓志的写法耐人寻味，李氏虽为传主，但其事迹在志文中一笔带过，几乎不做正面描述，更多的篇幅倒用来追述嫡母汤氏的妇德。在陈魁及其正妻汤氏相继去世后，"妪（李氏）及谅之失怙恃，赖孟兄（陈行之）存恤"，聊以为生。

侧室与庶出子，地位卑微，人格依附于主人。男女主人双亡后，仍不能独立，在家庭生活中，庶母与庶出子的人格关系竟然还要依附于嫡长子。宁波方言骂人曰"小娘生的"，也就是庶出子，

温州瓯海区焦下M14的发掘情景

两通刚出土的圹志，是墓主人陈魁及其妻汤氏一生的盖棺论定。因为墓志的偶然出土，他们的人生得以重回人们的视野

表示对他人的羞辱与蔑视。

李氏去世后，"安厝于邑之十六都吹台乡之原，从先兆也"。据考古发掘揭示，实为另建一个独立墓室，祔葬于陈魁的东北角。如果李氏不曾生子，或者儿子不争气（陈谅之当时已是生员），恐怕她无缘埋入家族墓地，并紧邻主人身旁。明代温州永嘉人、嘉靖八年（1529）进士项乔《项氏家训》规定："庶母不可入祠堂，其子当祀之私室。若嫡母无子，而庶母之子主祭祀，亦当附嫡母之侧。"也许是当时嫡母之子陈行之已经亡故，庶出子陈谅之当家"主祭祀"的缘故，李氏得以登堂入室，祔葬于丈夫身旁。

南宋权相史弥远，也是庶出子，生母周氏葬于鄞县福泉山王坟畈，距离史弥远生父史浩墓甚远，生子尊贵如此，也无法改变庶母的名分；南宋时期"母子合葬"的例子，通常也只限于庶出子与生母之间，除了母子情深，主要原因是身为侧室，无缘葬身于家族墓地的中心区域。处州丽水县出土南宋《王琮生母潘氏墓志》，潘氏弥留之际，与王琮约定"生与吾儿相依，死而同葬，勿相违也"，正是庶母与儿子的对话，其情可悯。相较于前朝，明代永嘉李氏的待遇，堪称礼遇。

妾，人身依附于主人，这一点与依附于帝王的臣僚高度类同。古汉语遂将"臣妾"二字连属。傅斯年先生说："中国向来臣妾并论，官僚的作风就是姨太太的作风。官僚的人生观：对其主人，揣摩逢迎，谄媚希宠；对于同侪，排挤倾轧，争风吃醋；对于属下，作威作福，无所不用其极。"著名报人王芸生评价道，"这段官僚论，的确支配了中国历史上大部分的人事关系"。

傅斯年的"臣妾论"和"官僚论"，痛快淋漓。如果我们无法在经济上、思想上做自己的主人，那么在生活中、工作中，遭遇一点不顺心，也就无可抱怨。别的行业我不知道，就说我这考古工作吧，一年到头，走南闯北，难免要去一些不喜欢的地方做一点不喜欢的工作，这是我们应该承受的工作的一部分，也是应该接受的人生的一部分。

【附记】明代陈魁家族墓的资料，参见浙江省文物考古研究所、温州市瓯海区博物馆《温州市瓯海区焦下明清墓发掘简报》（刘建安执笔），《浙江省文物考古研究所学刊》第十辑，文物出版社2015年版。

龟 山

　　温州乐清和永嘉两县交界的地方，有个小山头，蜷缩在一座更大的山脚下，据说远看像只乌龟，故名龟山。我登临大山之巅，一览众山之小，顺着老乡的手指头望过去，龟山果然像一只探头探脑、首尾完整的乌龟，越看越像，乌龟脑袋伸进乐清境内，尾巴则落在永嘉这边。

　　龟山旁的大山，属于雁荡山余脉，照例有名有姓，当地唤为凤凰山。江南到处有凤凰山，杭州凤凰山是南宋皇宫遗址所在地；上虞市上浦镇凤凰山是三国西晋时期的越窑精品窑场；临海县的许墅和梅浦窑都是北宋的青瓷窑场，两个地方各有一座凤凰山，北边的叫雌凤凰，南边的是雄凤凰。天下的凤凰山都有来头，山势发脉于远方，大开大合，犹如展翅翱翔的凤凰。我看不出大山哪里像凤凰，也许应该飞到太空俯瞰才行。江西的风水先生踏勘地理形胜、指点阴阳穴位，就需要寻找这样的制高点，用时髦话说，叫上帝视角。

　　2014年，我来到龟山，不为看风水，而是为了发掘古窑址。龟山南麓散落着许多碗碗盘盘、坛坛罐罐的碎片，据此可以判断为五代末至北宋初的青瓷遗址，面貌与同时期的越窑瓷器类似，只是品质更差一点。不过，龟山在行政区划上属于温州地区，所以大家就说是瓯窑。其实，越窑与瓯窑，大同小异，青瓷出于温州者叫瓯窑，出于宁绍地区者，唤作越窑。

考古发掘是乐清方面的主张，而窑址的分布范围又多半落在了永嘉境内。于是，我们固守乐清一头，像是守卫在边防线上的战士，恪守"人不犯我，我不犯人"的宗旨，不敢越境半步，眼睁睁看着窑炉遗迹和废品堆积延伸进入了永嘉境内。考古发掘从来不是单纯的科学探索，常常涉及复杂的人事关系，比如占地补偿、青苗赔偿，我有时像考古学家一样琢磨古代的遗迹、遗物问题，有时又像个乡镇干部整天跟老百姓打交道。乐清地头的青苗赔偿，我们与乐清这边的老百姓谈判，永嘉地头的占地补贴，就找永嘉人讨价还价。既然是乐清地头的工作，永嘉人没有配合的义务，除非我们心甘情愿被永嘉人敲竹杠；反之亦然。我们既然奉命为乐清办事，只好秉承"多一事不如少一事"的古训，轻易不动永嘉的一草一木，以免引起纠纷。

清理掉龟山地表的杂草后，看见遍布山野的瓷片

其实，这本来是沿乌牛溪分布的同一窑址群——龟山窑是乌牛溪流域古窑址群的一个组成部分。山水相连，本与人为的行政区划无关，古窑址群是有机联系的整体，但如今乌牛溪是乐清、永嘉两县的界河，在乌牛溪中下游，两县以河为界，泾渭分明。但在其上游地区，却并未严格按照河流分界，将好端端的龟山，硬生生割裂为两地，乌龟脑袋属于乐清，下半身留在永嘉，毫无道理可讲。

说到考古发掘，朋友们说那一定是个妙趣横生、悬念重重的神奇之旅，电视上的纪录片，都这么演的：在考古人小心翼翼的手铲下，千年前的遗址，渐渐撩开了她神秘的面纱……

是的，这一次的考古发掘确实堪称传奇。我本来只有乐清的半壁江山，白花花的现代坟墓又占去大半面积。温州地区流行的坟墓，呈太师椅造型，习称"椅子坟"（明清时期，琉球也流行类似

瓷片、窑具的废品堆积成山，可以想见当年烧窑时的成品率并不高

的坟墓，称"龟甲墓"）。就这样，我们在龟山半山腰的考古工作，与其说是探索古代瓯窑的青瓷文化，不如说在现代坟堆里见缝插针，刨点东西。

考古发掘时，龟山更高的地方另有一帮造坟师傅正忙着新建椅子坟。一条简易道路，从山脚直通山顶，径直穿过窑址区，无数的陶瓷碎片被翻了出来，散落一地。造坟所需的水泥、块石、石子、砖头，沿着道路，由马队驮着，源源不断地搬到山上来。倘若不加约束，不出几年，古窑址必将消亡，而代之以一片崭新的坟场。我在前头弯弯绕绕，说许多话，原来就是为了这事前来龟山抢救发掘古窑址的。

椅子坟，自山脚蔓延上来，密不透风，疏可走马。山脚下的村庄，洋房林立，屋前屋后全是坟墓，阳宅阴宅和谐共处——这是温州乡间的特色风物。此情此景，本地人习以为常，只有初来乍到的外乡人，才会觉得触目惊心。

凤凰山下还有多处比龟山规模更大的坟地，椅子坟层层叠叠，漫山遍野，白花花一片。经常有老人，在家人陪同下，来现场考察"寿坟"。温州人素以具有忧患意识著称，许多人正值壮年，就为自己量身定制了百年后的长眠之所。我每每看到老人们前呼后拥地过来，春风满面地离开，打心眼里为他们高兴，想必大家对阴宅的硬件、风水的软件相当满意。子孝孙贤，风水完美，人生一世，夫复何求。

坚固的椅子坟，由块石、石子、砖头，拌和水泥筑成。造坟师傅说，建造稍稍体面的椅子坟，费用从几万元、几十万元至上百万元不等，当地甚至有举债造坟的人家。

我说："死者已矣，耗费许多钱，占据许多地盘，何必呢？"

窑址区域有很多的现代坟墓

考古发掘时，山顶正在建造新坟

"人生在世，辛苦一世，死后就应该住舒服点。"师傅头也不抬。

"死者已矣，有什么舒不舒服？"

师傅说："做人一辈子，到头一场空。到了孙子、曾孙那代人，谁还记得爷爷、太公的名字呢。做个显眼的好坟，至少让子孙在清明节容易找到地方。"

"好坟可以管多久，100年？1000年？眼前的坛坛罐罐，距今1000多年，谁还记得当年的烧窑人？"我问。

"唉，哪能管100年、1000年。造个好墓，大家就说这户人家有财力，是个孝子，名气好听，好坟做给死人用，更要做给活人看。"

我在龟山的工作收获，除了调查乌牛溪流域青瓷窑址群和获取大量瓷器标本外，就是终于读懂了温州的椅子坟——自古及今，人类以最大的激情从事各种劳动，只为换取内心的充实，以抵抗宿命的悲凉。做点事情，有个念想，找个寄托，椅子坟如此，考古工作亦如此。

工作结束后，我向乐清方面汇报考古成果，主要意见有：龟山窑址产品丰富，品质较高，对认识温州五代、北宋时期的青瓷生产有重要的学术价值。永嘉的朋友听闻消息，心头一热，说："既然龟山窑址这么好，那么也来挖掘一下我们永嘉这边的青瓷文化吧。"

于是，前一年我在乐清那边挖龟山。第二年，又应永嘉文物部门要求，在永嘉这边接着挖龟山。老实说，我反对第二年的工作，因为此前的收获，对认识当地的青瓷面貌，材料已经足够充分。扩大发掘面积，只是多挖几件坛坛罐罐而已，200个罐子和300个罐子没有区别。量的简单积累，无法给我们新的知识。

曾几何时，我常常抱怨重复性劳动的无意义。现在我的心态好多了，就算无法创造新知识，考古发掘至少可以充实地方的馆藏文物，就算没有精美文物，数量的增加也可能会让更多的人看到本土的古代青瓷，犹如龟山的一座座椅子坟，据造坟师傅说，大大小小，多多少少，总有意义的。超越了自然界的人类，都是为"意义"而活着的动物，而"意义"本无所谓有，也无所谓无，只能依靠自己去寻找、去定义、去创造。我们每天都在努力赋予世间万物以各种各样的意义，当我能够这么想，人生容易多了。

长安道上

一

　　我的小学，是浙南海岛玉环市的一座杨府庙。简陋的教室墙头挂着一幅《中华人民共和国地图》，我常常盯着地图发呆。咦？连接杭州与北京天安门之间，有一条粗粗的黑线，黑线的一侧布满锯齿，像一把倒垂的梯子。老师说，这就是天下有名的京杭大运河，世界上最长、最古老的运河。怪了，运河是把梯子，船只从杭州出发，到北京去，自下而上，好比我们攀爬在陡峭的楼梯，那可如何是好？

　　我的同桌是个早慧的女生。她说，你真笨，我们把地图从墙头撤下，平铺在课桌上，航行河中的船儿，不就如履平地一般啦！对啊，我恍然大悟。

　　长大后，我到杭州工作，住在运河边，做了运河人家。傍晚，沿河散步，但见大小船只，来来往往，果然如履平地一般，始信我的女同桌，诚不我欺。

　　2012年，为了配合中国大运河申报世界文化遗产的工作，领导让我到海宁市的运河古镇长安，主持长安闸、长安坝遗址的考古调查与发掘。我满口应允，毕竟探索京杭大运河的航运模式，是本人儿时的梦想。

　　当我来到长安镇，竟又发现女同学的说法不完全正确。古代的大运河，不同段落，河床高下悬殊，河上闸坝林立，犹如一道道拦截河道的关卡。运河航运远比想象中的复杂，很多时候，大运河确实像一把梯子，航行并不容易，今日一马平川的景象，那是河道经过大规模拓宽、疏浚后的结果。

二

元至正十九年（1359），吴王张士诚割据江南期间，为运输财赋和军队，开通杭州北新关至塘栖、连接桐乡崇福镇的运河段。新开河道称为下塘运河，以东苕溪为水源，河床宽阔，水量也足，从此替代上塘河成为江南运河的主干道。此前的唐宋时期，自杭州艮山门出来的上塘河，流经杭州临平、海宁许村、长安，至崇福一线的河道，才是主航道，上塘河以西湖为水源，水量受限，航道也窄。其中，长安镇地居险要，是上塘河的"水陆要冲"。

长安交通枢纽地位的形成，乃特殊的地势、水文条件使然。由于钱塘江的涨沙冲刷，海宁靠近钱塘江一侧的地势逐日增高，地形自西南向东北倾斜。长安至杭州的上塘河水位较高，而属于东苕溪流域的崇福至长安河段（崇长港）水位较低。上河与下河之间的水位，常年落差在2米左右。

长安镇，正好位于上、下河之间的交接地带。

于是，长安镇上，筑起层层闸坝。其一，为了处理上、下悬河之间的通航；其二，为了关防上塘河水，若无闸坝阻拦，上河水会在一夜之间，稀里哗啦，跑得精光。上塘河以西湖为水源，先天不足，后来张士诚改道塘栖，主要原因不为缩短航运里程，而在于摆脱上塘河水源不足、航道狭窄的制约。

三

北宋时期，大运河是沟通杭州与都城汴京的大动脉，长安是必经之地。宋室南渡后，建都临安，长安为京畿之地，大凡漕运、贸易、宦游往来浙西与都城之间者，络绎于道，长安愈形繁华。南宋绍兴二十年（1150），范成大乘舟过此，赋诗曰"明朝遮日长安道，惭愧江湖钓手闲"。这段航路被诗人称为"长安道"。

长安道上，闸坝纵横，车船喧嚣。南宋范成大、杨万里、陆游，皆有诗文咏之。范成大《长安闸》诗："斗门贮净练，悬板淙惊雷。黄沙古岸转，白屋飞檐开。是间亩丈许，舳舻蔽川来。千车拥孤隧，万马盘一坏。篙尾乱若雨，樯竿束如堆。摧摧势排轧，汹汹声喧豗。逼仄复逼仄，谁肯少徘徊！传呼津吏至，弊盖凌高埃。嗷嗷议讥征，叫怒不可裁。"因为船闸的拦截，狭窄的河道上，有大量船只聚集，为生计而奔波的旅人等待放闸通行，各不相让，而闸官（税吏）出来厉声喝阻，船家们则又逆来顺受。当时的范成大只是赴临安应考的举子，此情此景给刚刚步入社会的年轻人上了一堂生动的社会课。元灭南宋，伯颜大军经由长安进取临安。在《水浒传》中，宋江等梁山好汉也借道长安征伐方腊。我们只要稍稍读书，就能体认长安航道的重要性。

今天的长安镇上很少两宋遗迹，元末运河改道后，长安航道的重要性下降，1909年沪杭铁路开通后，水运的光景，又江河日下。但是，长安始终不失为浙西巨镇。

长安老街，依河而建，分东街、中街、西街三段，全长3华里。吾乡玉环的老县城，中轴线大街，走到头不过一根烟的工夫。长安

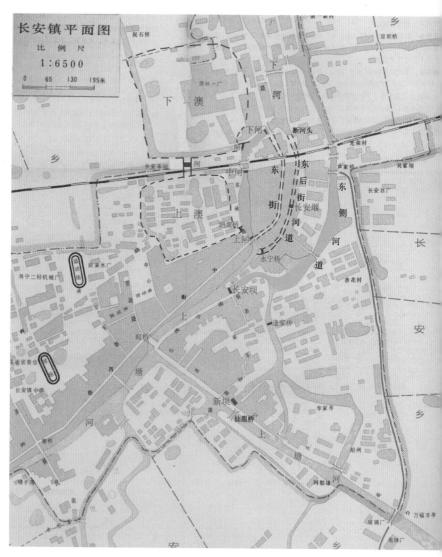

长安三闸、两澳及古河道复原图

河道宽阔的下塘河上，塘栖广济桥犹如长虹卧波

上塘河及长安中街

虽非县治，然旧日繁华，绝非浙南普通小邑可比。

老街两侧的商铺，多为民国建筑，以东街保存最好，完整的两面街格局，风貌未改，有纯正的民国范儿；中街的北侧，传统建筑多已拆除，代之以高大的洋房，街道南侧的老商铺与北侧的现代建筑，相对而立，好比长衫人物和"假洋鬼子"面对面，这是更加纯正的民国范儿。

我描写江南水乡老镇，始终不失"调侃"本色，那是因为我住在长安这两个月，不为观光、采风。运河人家，小桥流水，百般风情，各色小吃，点缀以张岱《夜航船》的掌故八卦，如此作文，倒也爽快。但如果当真这样写文章，那么，我就不是一名合格的考古工作者。

是的，我来长安是为配合大运河申遗调查发掘长安闸、坝遗址的。范成大、杨万里的诗歌以及江南风情，不是重点。我的问题是，长安运河文化遗产的核心价值在哪里？

唐宋大运河是以漕粮运输为主体的物资运输大动脉，也是维系帝国兴亡的生命线；大运河是人员交通往来的客运大动脉，也是维系南北经济文化交流的大通道。航道的疏通淤塞及其运营效率，事关重大。以当代考古工作者的角度，运河文化遗产的唯一重点，就是航道。

四

长安镇口有一座清代的石拱桥，名叫虹桥。该桥宋代已有，南宋《咸淳临安志》所附舆图《盐官县境图》，在长安入口处赫然绘有虹桥。上塘河穿过虹桥，进入长安镇内，再前行，来到了分水墩

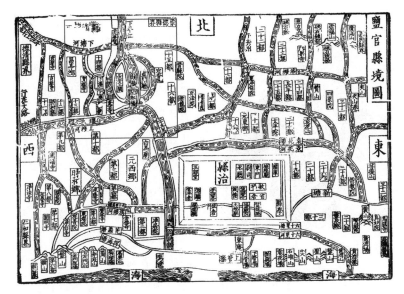

《盐官县境图》中所见长安三闸

前。上塘河至此，分为两条河道，向左通往长安三闸（上闸、中闸、下闸），向右通往长安坝。

一条向左、一条向右的河道，在长安镇的土地上，画了一个圈，最终在下闸附近合流，汇入下河，继而一路向北，流向崇福、嘉兴、苏州、中原大地。

长安镇上，既有以闸门次第启闭、实现通航的长安闸，又有以人力拖船、翻越斜坡堰坝的长安坝。长安闸在元代以后废弃，而长安坝则沿用到20世纪70年代。这两种不同的拦截河道并实现通航的模式在一地并存，就我所知，在浙江境内的浙东运河、江南运河上并不多见。

考古工作者不能满足于表面现象。这里还有个关键问题，闸、

日本僧人成寻肖像

坝是否同时共存过？如果闸是宋代的闸，坝是晚清民国的坝，二者风马牛不相及，闸、坝本来都是运河上的常见物事，也就不过尔尔。反之，如果在宋代闸、坝同时运行，那么，在科学技术史上的说法，将会完全不同。

唐宋大运河航运技术的具体细节，史籍极少记载，本地的旅行者对此习以为常，通常并不在意，反而是外国人，好奇于异域风情，倒愿意为此耗费笔墨。日本僧人成寻（1011—1081）《参天台五台山记》，记他参访山西五台山，从杭州出发沿江南运河北上，次年又自北方沿运河返回杭州，先后两次经过长安，对长安闸、长安坝留有珍贵的实录。

成寻于北宋熙宁五年（1072）漂洋过海，前往佛教圣地天台山、五台山巡礼，其入宋日记《参天台五台山记》，逐日记录了旅行见闻，多有他在京杭大运河中过水门、越堰坝、过闸的描述。

成寻从杭州出发，乘舟北上。沿上塘河（上河）抵达长安，去往崇长港（下河）时，船过长安的情形是这样的：

（熙宁五年八月）廿五日庚子，天晴。卯时，出船。午时，至盐官县长安堰。未时，知县来，于长安亭点茶。申时，开水门二处，出船。船出了，关木曳塞了。又开第三水门关木，出船。次河面本下五尺许，开门之后，上河落，水面平，即出船也。亥时，至县宿。七时行法了。今日过六十里。

从上河往下河的航程，采用"过闸"形式。卯时，清晨五六点钟，从杭州出发；午时，中午十一二点，船到长安；"申时，开水门二处，出船"，指开启两道水闸门，即上闸与中闸；过中闸后，开启"第三水门"，即下闸门；过下闸后，即进入下河，"次河面本下五尺许，开门之后，上河落，水面平，即出船也"，等待上、下河之间形成"平水"，船儿驶离长安；"亥时，至县宿"，入夜后，抵达崇德县城。可见，长安闸是由上、中、下三闸组成的复闸，以三闸的次第启闭，调节不同闸室内的水位，形成上、下河之间的平水，实现通航。

第二年，成寻访五台山归来，自汴京返回杭州，沿下河，过长安，去往上河。船过长安的情形如下：

（熙宁六年五月）十九日辛酉，……今日未时，左右辘轳，牛合十四头，曳越长安堰了，盐官驿内也。

与前者不同，从下河往上河的航行，采取翻坝的形式。以左右各7头牛，转动辘轳，牵引船只，翻越长安坝。自下往上的航程，过闸的方式可能较难实施，故而翻坝。

这说明长安闸与长安坝在北宋后期同时并存，分别用于"自上而下"与"自下而上"的航程。

与堰坝相比，多重闸门组成的复闸系统，代表了古代最高水准的内河通航技术。据南宋《咸淳临安志》记载，北宋崇宁二年（1103），长安三闸设有两澳，即上澳与下澳。上澳，位于上闸与中闸之间，下澳位于中闸与下闸之间，"水多则蓄于两澳，旱则决以注闸"，其实是两个为闸室输水、蓄水的大水柜——船只过闸耗水量很大，而上塘河水量不足，两澳可以实现上游水量循环利用的工程目的。当然，澳闸系统在运营上很复杂，成本也高，宋代为确保长安闸运行，设有数目众多的闸吏、闸兵，也就是年轻的范成大在《长安闸》诗中描述过的情形。

或问，这不就是读书嘛，书，关起门来也能读，又与田野考古何干？

那我会说："不！如果没有考古调查发掘的经历，《参天台五台山记》的记述，我们未必会注意，也未必能真正读懂，即使能懂，可能也无法揭示其独特价值。"

五

古人有过许多伟大的发明创造，只保留在古籍中，这是纸面上的历史。古人的创造只有以文物的形式保存到今天，才是更有生命、有温度的历史。二者完全不同，北京故宫是世界文化遗产，那是因为故宫建筑本体尚存，我们不能拿着书本去申遗，说，按照古书的记载，紫禁城灿烂之极、巍峨之极，可惜今天不见了。

就是这个道理，成寻笔下的长安三闸，今日遗址犹存，实物昭昭可鉴。

我在长安发掘了中闸遗址。中闸两侧的石闸槽柱保留在原址，未经后世扰乱。经测量，闸门宽度为6.9米。这是评估古代运河通航能力的重要数据。

我们又发掘了下闸遗址，解剖揭示了闸门的砌筑工艺，在从地

宋代长安三闸的中闸遗址

长安三闸下闸遗址的北侧石闸槽

层内获取的遗物判断，下闸与中闸遗址均为宋代实物，这是认识宋代江南运河船闸砌筑工艺的第一手资料，说明长安闸及其所在的河道，与两宋时期并无根本改变。

《参天台五台山记》的记载获得考古工作的实证，从而奠定了长安闸遗址申遗的学术基础。

六

我们还发掘了长安坝遗址，即前文提到的以人力、畜力牵引船只翻坝的遗迹。吾乡台州明代大旅行家王士性《广志绎》载："宁、绍之间，地高下偏颇，水陆不成河。昔人筑三数坝蓄之，每坝高五六尺，舟过者俱系绢于尾，榜人以机轮曳而上下之。过乾石以度，

民国时期江南运河上的翻坝情景

亦他处所无也。"王士性所指正是这种堰坝，但他说此为"他处所无"，其实江南、浙东运河上常见同类堰坝，明代朝鲜人崔溥的江南游记《漂海录》就有很多的过坝记载。或许台州、温州远离运河，罕见这类风物，吾乡伟大的旅行家王士性尚且少见多怪，也就不怪我儿时面对《中华人民共和国地图》时的一惊一乍。

许多堰坝曾长期沿用，比如长安坝、杭州德胜坝，都曾沿用到20世纪70年代。据老人回忆，德胜坝用以隔断南北河道的水位差，船只抵此，依靠人力牵引翻坝。在旧社会，有些刁顽的坝夫，也就是吃"坝头饭"的，敲诈过往船只，把人家的木船搁在坝顶，一哄而散。船主只好求爹拜娘，又加钱又赔说好话，坝夫才肯帮忙将船只拖过坝。今天的长安坝头，立有清光绪八年（1882）《新老两坝永禁需索碑》，此碑明文规定船只过坝的收费标准，严禁坝夫的敲诈勒索行为，是认识堰坝管理制度的好文物。

因为历史上的河道变更，我们发掘的长安坝已非宋代原址。但田野调查证据显示，宋代的长安闸与长安坝，处于两条不同的并列河道上。

对考古工作者而言，田野才是真正的舞台。来自田野的知识，具有化腐朽为神奇的力量，将赋予成寻《参天台五台山记》的文字以格外的光彩。

让我们闭上眼睛，想象：

两宋时期，江南运河，大小船只，鱼贯而来，鱼贯而往。

从杭州去嘉兴的航程，即自上河往下河的航运，船只穿越长安，采取闸门次第启闭的过闸形式。这原理有点类似于今天的长江三峡大坝，到过三峡旅游的朋友知道，大船需要通过多级闸室的逐级升降，翻越大坝。今天的高科技，宋朝人也懂。

从嘉兴来杭州的航程，即自下河往上河的航运，船只过长安，采用以畜力或人力转动辘轳，牵引船只，翻越坝顶。这是近代运河人家熟悉的景象。

　　上、下悬河之间的通航，是古代运河航运的关键技术。南来北往的船只，在长安一地，分别采用过闸与翻坝两种完全不同的航运技术。而两种不同的技术，又分别在两条不同的并列水道上，以"分航道"的形式实现。

　　这是怎样引人入胜的情景，又是怎样匠心独运的创造，而古人伟大的发明创造，在长安道上，以实物形式存留至今。

第二编

田野记

渤海纪事

一　渤海

渤海，是景宁县城至青田县北山镇沿线最大的集镇。说是大镇，只是相对于丽水山区而言，若在宁绍温台地区，只能算规模稍大的村庄。

村庄北面靠山，南面傍河。这条河是瓯江中游最大的支流，可当地人却称这条江面宽阔的大河为"小溪"，因为瓯江的干流叫作"大溪"。

2007年上半年，我来到村庄。因为滩坑水库的建设，山村即将淹没，人们正忙着移民，村庄显得杂乱颓败。尽管如此，还是可以清晰分辨村庄的基本格局——大江在村庄的尽头拐一个弯，迤逦东去；江畔有一片鹅卵石滩，滩头有个简易的码头，泊有渡船，算是渡口；自渡口登岸，有条与大江平行的道路，这是村庄的主干道；在主干道侧方，生长出的枝枝杈杈，使村庄的道路系统看着像是圆周率的符号"π"；村舍就沿道路两侧散布开来。这是浙南山区沿河村落典型的聚落形态。

我们的考古队，租住在江边空荡荡的房屋内。推开窗户，便是鹅卵石滩，空闲时，我们喜欢坐在滩头闲聊。

入夜后，江边空旷无人。据说，20世纪50年代，滩头曾经枪毙

为滩坑水库淹没前的渤海村

过人，每至深夜，大鬼小鬼，哭声啾啾。其实，那是风过树梢的声音。

二 陈坦庵墓

　　我到山村来，为了渤海一座明代墓葬的清理和迁建。古墓位于水库的淹没线之下，即将随同村庄淹没，必须赶在水库蓄水之前，将坟墓迁往更高的山头。

　　古墓保存很好，是景宁畲族自治县的县级文物保护单位。据矗立墓表的《坦庵先生陈公墓志铭》碑，墓主人姓陈，名旭，号坦庵，"成化间以赈边授承事郎"，是捐钱换来的小官。陈旭生于永乐二十一年（1423年，《墓志铭》作"永乐癸酉"，实为"癸卯"之误），卒于弘治十年（1497），寿七十五，下葬于嘉靖八年（1529），当地称为陈坦庵墓。

明陈坦庵墓规模宏大、营造考究

　　陈坦庵墓，规模宏大，营造考究，是浙南山区罕见的豪墓。当地《渤海陈氏族谱》收录有清康熙五十五年（1716）《重修墓记》，称"上下左右石板圈砌，宽广十余丈，立墓铭，建墓门，创石庵，结构甚佳"，县官老爷见了，赞叹道："为孝子者，不当如是哉！"

　　旧族谱中的这类大话，未必全然可信。然而，陈坦庵墓园犹存，实物与文献互证，果然"上下左右石板圈砌"，规模确实不小，营造确实讲究，确实非富甲一方的孝子莫办。

　　孝子，即陈旭之子，名叫陈瓒，是明代景宁的巨富。刚才说到，陈旭下葬于嘉靖八年（1529），距其去世，已隔30余年——这是孝子发家致富以后，为先父补办的风光大葬。

　　至于陈瓒如何致富，详见后述。

三 渤海陈氏

今日的渤海村，依然是陈氏族居之地，陈旭是他们共同的祖先。考古队开工时，乡亲们听说我们从省里来帮助陈家人迁移祖坟，纷纷表示欢迎，来看望、指导我们工作的人终日不绝。

清明节当天，陈氏族人每家各户派出一位代表前来上坟祭祖，列为数排，仪式隆重。不同房派、彼此血缘疏远的族人，约四五十人，齐聚陈坦庵墓下，祭祀400多年前的远祖，这在别处是不常见的。古话说"礼失求诸野"，今天在浙南山区仍有生动的例子。

有个老人，家住墓地下方，退休前是小学教师，我叫他陈老师。因为白内障，陈老师眼睛不好，即使我站到他跟前，他也看不清我。但是，陈老师思维敏捷，谈吐优雅。

陈老师给我带来各种《陈氏族谱》。我所寓目的《渤海陈氏族谱》，共有4种版本，最早的是清道光二十八年（1848）的，最晚是1995年新修的。历史上，《陈氏族谱》共修过8次，"道光本"已经是今天村庄里能见到的最早版本，只剩一册。光绪十六年（1890）编修的族谱，是个足本，有赖海外族人保存得以传世，前些年又流回村里。我在渤海时，主要就读这个"海外孤本"

光绪《渤海陈氏族谱》村图所示格局与今日所见未有大改

的复印本。

《族谱》中绘有坟图、村图。坟图描绘祖坟的山水格局、外观样式，记载其具体地点，为人子孙，祖坟自当岁祀不废，书中的陈坦庵墓虽为示意图，但与今日所见，大同小异；村图描绘村庄的地理形势、道路建筑，连水井、古木也具以标明。100多年后，换了人间，村庄的基本格局和过去仍无根本性的改变。

四 "银王"传说

陈老师说，他的明代祖先陈鏖，也就是建造豪墓的孝子，是个大银矿主，号称"浙南银王"，渤海对岸的银坑洞全是他开采后留下的遗迹。鏖公有本事，站在山头，呵一口气，地下的银子，便会泉涌而出。或说，鏖公在大江对岸，每至一处，左脚下有银，右脚下即有金，丝毫不爽。种种神奇的故事，在当地流传了几百年。

陈鏖经营银矿开采之事，文献不载。各种版本的《景宁县志》《渤海陈氏族谱》都只说他是个"富甲一郡"的义士孝子。这倒并不奇怪，"重本轻末"的传统社会，经商做生意已算末业，以开矿这样复杂的业态，一个包工头，即使暴富，又有什么可夸耀的呢？明代龙泉县的顾仕成，以经营青瓷生产、贸易致富，旧《龙泉县志》亦仅载其孝行义举。相对于发家致富，好人好事、善行义举才更值得载诸文字。

传说是可信的。山高田少的偏远山村，乡居者何以暴富？对岸的银坑洞遗址，村庄里散落的粉碎矿石用的石磨盘，都是证据。

明代的银矿开采由政府控制，不论军、民人等，若非官府特准，私掘、私煎属于重罪。银矿开采，多采用"官督民办"的方

《陈旭墓志铭》碑原先覆盖有碑亭，碑亭毁圮后，只剩下一通光秃秃的碑刻立于墓表

式，由官府在产银地设立银官局。银官局成立后，有司征集矿头、矿工进行开矿，每年向朝廷缴纳额定的银数，名曰"银课"。矿头多以地方豪右充任，负责银矿生产的组织和管理。很多人因此而破产，也有个别人因此发家致富。陈鋆，就是当年少数的幸运儿之一。

在第一线劳作的矿工，来自社会底层或亡命之徒。朝廷设局组织生产，是一种变相的杂税徭役。只要一纸命令，一切人工、成本责成地方筹措，每年按定额依期缴进银课，朝廷坐享其成。各级官吏趁机上下其手，矿头也不肯轻易吃亏。于是民不聊生，矿工暴动，时有发生。明代丽水县陈善恭、庆元县叶宗留、邓茂七等矿工起事，在浙南山区为祸之烈，旷古未有。

开矿的名声，终究不好听。据陈坦庵墓前竖立的《墓志铭》碑载，陈旭天性至孝，但是家境贫寒，母亲去世时，"罔豫石礨以固封域"，财力不足以置办砖石墓室，日夜唏嘘，"忽梦神人来告，舍侧瞳场有瘗金，发土如梦"，于是建墓冢、做祠堂，不在话下。《墓志铭》以神仙托梦在屋外空地得"瘗金"致富的故事，来神化陈氏家族的财富来源。然而，采矿致富的真相，则含蓄地在族人中以口耳相传的方式，传颂至今。

五　银坑洞

在浙南山区近千年来的历史中，大概很难再有比明代银矿开采更重大的历史事件了。

明代处州府（丽水地区）的银矿开采，规模之大，远逾前代。《明史》《大明会典》《明实录》多有载之。传统矿业有金、银、铜、铁、铅、汞、朱砂等，以银、铜、铁在经济上较重要，其中尤以银矿扰民最深，这是明代银矿之利独厚的缘故。

银矿开采改变了山乡历史。丽水地区所辖诸县，景宁、云和、宣平（今隶武义）三县均设置于"矿乱"平息之后不久的景泰三年（1452），初衷都是管理银矿开采与防范矿工暴动。

景宁县的银矿喧嚣一时，但到清代只剩下了"废坑诸址"。同治《景宁县志》载境内"废坑"凡11处，均为明代银矿遗址，其中，"渤海坑"名列榜首。

渤海坑，《景宁县志》所载地望"在一都。东至本村一里，南至金钟十五里，西至菉草十五里，北至县六十里"。所谓"本村"，也就是渤海村。今天渤海村的隔江对岸，崇山峻岭之间，有许多废弃的矿洞。

我见到的银坑洞，位于峭壁之上。矿洞是矿工用锥凿、火爆法开凿出来的，古人沿矿脉走向，在暗无天日的洞穴内，上下曲折斫取。枝枝蔓蔓的矿洞里，今天偶尔还能捡到锤子、凿子等工具。

明代景宁籍进士潘琴，有一篇作于成化十四年（1478）的文章《送曾二尹致仕序》，描述当地的银矿开采，大意如下：矿工在洞内燃起火烛，像蛇一样曲折前行。用锥凿一寸一寸地取下矿石，遇上

渤海坑的山上有很多银坑洞，当年，一位名叫陈学普的老人充当我的向导寻找银坑
废洞。如今，我不知道他移民去了何方

我所见的银坑洞，洞口仅容一人出入，入洞后，始豁然开朗

坚硬的岩石，就用火烤，火烈石爆，经常有人当场毙命。他们在暗无天日的洞内，蜷曲在"粪壤寒水"之中，形貌饮食与猴子蛇虺没有两样。因为极度疲劳，或为毒烟侵蚀，丧命者不计其数。稍稍有点收获，而有权势的人早已睥睨在旁，强取豪夺，任凭你如何哀求也没用。"呜呼，银冶之毒，殆有过于捕蛇、采珠者欤！"

开矿之乱象，矿工之艰辛，今日读来，犹催人涕下。

六 太监局

渤海坑有个名叫"太监基"的地方，当地传说，明代这边出生的一个男孩，后来去紫禁城里当了太监，故曰"太监基"。

我见到的太监基遗址，地表不见明确与采银、炼银有关的遗迹。但有一处老房子的基址，在一夏姓村民的宅基地西侧。暴露的屋基，面阔约14米，进深约8米，后、左、右三方为整饬的石驳墈墙。条石地栿用材粗大，规格明显高出一般的山区民居。该基址是否为明代遗构，未敢遽断，然其地处荒僻，其地素无祠堂、寺庙等大型公共建筑，则是可以肯定的。

我推测，这可能是明代的银官局遗址，当年负责银矿开采、催征银课的官署机构。明代后期，朝廷大量起用中官（太监）担任"矿使"，派驻各地银官局。浙南山区的银官局，也称太监局。1988年，景宁的邻县云和黄家畬银官局遗址，曾出土明天顺二年（1458）管理银官局太监阮料所立的碑刻，其文曰："普庵菩萨在此百无禁忌。钦差内官阮料在于黄家畬坑，管采办煎销课银官局。天顺二年六月。"同治《云和县志》卷八《古迹》载："太监局，一在县北二十里石富，一在县西五十里黄家畬，明季内臣管矿税处。"

黄家畲的"百无禁忌碑",见证了银官局与监矿太监扰乱地方的历史

钦差太监的到来,骚扰地方。地方官员或与其狼狈为奸,或选择洁身自好,但地方的抗争多以失败告终。天顺年间,矿税盛行,云和知县刘洁走投无路,竟至于自杀。万历年间,银矿开采变本加厉,毫无制度可言,人民苦难空前,所谓"矿税之弊",臭名昭著。《牡丹亭》的作者汤显祖担任遂昌县令,忍无可忍,挂印而去,也是因为无法处理开矿带来的严重的社会问题。

因为渤海曾经设置过太监局,后世音讹为太监基,并传说这里出过太监。银官局的设置,说明渤海坑曾是浙南重要的矿区。当然,太监的到来,本身就是官府残酷盘剥底层民众的象征。

我在调查银矿史迹时,当地人对鄙公的开矿故事津津乐道,却没有人能够准确说出家乡曾经遭受的苦难,有人甚至说银矿开采证明我们的祖先科学发达,技术高明,真伟大、了不起。

如今,太监局遗址已为水库淹没,唯余无数的矿洞散落山间,诉说着过往的历史。曾几何时,在这片偏远的山野,从底层民众、士绅豪右,到地方官员、钦差矿使,直至地方治安、国家兴亡,所有人的命运都因为开矿而紧密地联系在一起。

历史的记忆或遗忘,都是选择性的。很少有人愿意铭记历史的苦难,在传说中,臭名昭著的太监局成了一则八卦插曲,千万苦力的悲惨命运不如一个矿头的致富佳话。

七 陈鎏事迹

陈鎏的发家致富，对村庄的历史发展影响深远。在流传有序的《族谱》中，鎏公都是家族史上承前启后的重要人物。

陈鎏开矿积累的财富，十分巨大。陈老师说，当年鎏公进县城办事，要路过另一位富豪的家门。富豪说，你不是很有钱嘛，有本事就别从这边过。鎏公气不过，果真另辟了一条通向县城的大路。

这个故事也很离奇。同治《景宁县志》卷一《古迹》"陈鎏旧道"条，记载陈鎏与同县胡岳的竞富逸事，与陈老师的说法几乎完全相同。可见，两个暴发户之间的斗气竞富，实有其事。这条因为赌气而开辟的道路，《县志》称为"陈鎏旧道"，在大江对岸仍有断续存留，在水库蓄水前，我曾去过。

《县志》《族谱》中有很多关于陈鎏建造义塾、义冢、祠堂、豪墓、赈边鬻爵的记载，全是"义士孝子"的标准做派。除此，陈鎏还有地方豪强的一面，《县志》说他于正德七年（1512）"捐资千余金"，招募义兵，讨伐山寇，保卫家乡。

不过，陈鎏的子孙们似乎并未继承开矿的祖业，陆续走上了读书"进学"的道路，据《县志》卷九《选举》篇，陈伦、陈佑是景宁县嘉靖年间的"岁贡"。伦、佑，是陈鎏的儿子。

鎏公是村庄辉煌历史的象征，所有人都乐于传播他的故事，夸奖他有本事，富而好仁，是个义士，修祠堂、建豪墓，是个孝子。即便在四五百年后的今天，族人们依然以他为荣。

八　消亡

瓚公当年的作为，除了陈坦庵墓，多数未能保留下来。义冢、义塾估计很早以前就消失了，大祠堂则在"文化大革命"期间被拆除。

陈老师说，拆除之前的祠堂气派极了。这是我在乡下到处都能听到的话，最好的祠堂和牌坊，从来只在老人的记忆中。

他见我不服气，就带我去看散落在村庄里的祠堂旧构件。我见到一个圆鼓状的柱础石，砌在土墙里头，果然硕大无比。柱础雕刻有精美的纹样，其上镌刻有"大明嘉靖九年"字样。这是陈瓚为父亲建造豪墓的第二年。我在浙江乡下见过具有明确纪年的柱础石，只有这一次。

陈老师说，我们的村庄反正就要淹了，你要是喜欢的话，我把土墙推倒，你把柱础拉走吧。而我说，"这家伙好几百斤重呢，我可搬不动"。

2007年下半年，水库开始蓄水。我未能带走的柱础石随同村庄，永远长眠水底。随之淹没的，还有那片鹅卵石滩——陈老师曾与我坐在滩头，同看夕阳落山。

我让陈老师失望的，还不止柱础这一件事。1995年新修的《渤海陈氏族谱》为八卷本，印数较多，每个独立的家庭各藏一部。陈老师家藏新谱的第一卷因为子女携往异地不慎遗失，他很生气，说，族谱应当妥善保存，遗失是极不应该的行为。何况移民在即，数百年聚居的族人一旦失散，我们这一辈人还彼此知道亲人们移居他乡何方，但下一代人就不同了，异日重逢，如同陌路，竟不知身体中淌着同样的血液。族谱更要妥善保存，有谱为凭，任何亲人都有迹可循。他乡遇故知，已是人生快事，更遑论他乡遇亲人。陈老师决定补全族谱，计划将第一卷全本复印。我说，复印本可能难以长久保存。不料陈老师听了，非常失望，直到我离开山村前夕，他依然为族谱的缺本而忧心。

家乡淹没后，作为库区移民，陈老师移居宁波某地。我们通过一次电话，拜年。

陈老师的孩子在杭州工作，2010年前后，陈老师让他与我联系，问我手头是否有陈坦庵墓淹没之前的照片。他说现在常常会想起祖坟，但记忆中的总是不够真切。

我与陈老师的孩子见面了。他告诉我，爸爸的眼睛越来越不乐观，爷爷离开山村到宁波不久就病逝了，遗愿是把骨灰埋回老家去。

陈老师遵嘱将父亲的骨灰带回家乡，埋在老家的后山。山坡下的一面湖水，淹没了家乡的一切证据，在他的记忆中，祖先的光荣事迹将会被进一步放大。

在宏大叙事的历史中，这样的村庄注定将被遗忘。但对水库移民而言，他们生于斯，长于斯，关于家乡的历史与现在，关于家族的悲欢与记忆，却是人生的全部。

2011年8月，水库蓄水已久，随着蓄水位的升高，明朝开国元勋刘伯温生母富氏的坟墓，据说也要被淹没了。我去现场考察，路过渤海，景宁畲族博物馆的朋友陪我旧地重游，眼前的一片汪洋，若非朋友提醒，我已经认不出这是我曾经生活过的地方，一个名叫渤海的村庄。

竹　口

一

浙南山区的丽水市（古处州）龙泉市，自古以出产龙泉青瓷闻名，外省人多半知有龙泉而不知有处州，犹如我们知道浙北水乡有乌镇，却不知有桐乡一般。

南宋庆元三年（1197），鉴于龙泉县山谷险远，析其南乡置为新邑，并以年号为名，是为庆元县。乾隆《龙泉县志》说，青瓷窑"昔属剑川（龙泉），自析乡立庆元县，窑地遂属庆元"。这种说法是不对的，因为龙泉青瓷的核心产区大窑、金村、溪口，以及龙泉东乡规模更大的窑址群，自古及今都在龙泉境内，划归庆元境内的窑址只是一小部分而已。

往来龙泉、庆元两县之间的官道，古已有之。庆元县竹口镇，就是大道上必经的地方。

从龙泉出发，道经后坑，公路边有一座美丽的木构廊桥——后坑桥。这是进入竹口地界的地标，我每次路过，都会特意下车，坐在廊桥内小憩片刻。后坑桥，由康熙年间庆元知县程维伊重建，旧称程公普渡桥，今天又叫红军桥。1934年8月，闽浙边境的红军决定北上抗日，路过竹口时，与国民党军有场遭遇战。这一仗打得真漂亮，重挫敌人的反动气焰。竹口镇至今立有"竹口战役"纪念

木构廊桥是浙南山区最有特色的风物之一，而后坑桥是进入竹口镇的地标

2009年9月，因为龙（泉）庆（元）高速公路建设的沿线考古调查，我拍摄的培兰亭。不久，路亭即遭拆除

碑，碑文激情洋溢，以"红军精神永远激励着庆元人民奋勇前进"的口号结篇。因为这段光荣的历史，作为交通要津的后坑桥，易名为红军桥。

红军桥附近，有一座路亭，原名培兰亭，据脊梁上的墨书，此桥本为清末竹口乡绅田洪为祈愿子孙繁衍而建，据说他的孙子单名一个"兰"字，故名。今天也改叫了红军亭。2009年我路过时，见到的红军亭保存尚好。两年后，路亭在龙（泉）庆（元）高速公路建设中被拆除。

我举红军桥、红军亭的例子，是想说明竹口地据险要，为往来浙江龙泉、景宁、庆元和福建政和、松溪、浦城各县之间的要冲。竹口乃兵家必争之地，自古以来设有兵寨、巡检司，民国时期政府也曾派重兵守卫，故有1934年的竹口一役。

二

竹口古称"闽浙通衢"，但在今天看来，只是小镇。小镇的西边，有条竹口溪，自北而南，向福建省境内流去，是闽江的上游。而龙泉境内的河流，则是向北汇入瓯江的。人们认为，龙泉出产的青瓷，多由瓯江经温州入海；而庆元的青瓷，则由闽江经福州出口。其实未必如此，龙泉大窑、金村的青瓷，也可以翻山越岭，先挑到庆元这边来，经由闽北，漂洋过海。

竹口溪上原来也有一座木构廊桥，叫作阜梁桥。桥头挂有牌匾，榜书曰"宋王伯厚先生故里"，据光绪《庆元县志·艺文》收录沈镜源《重建阜梁桥记》，匾额由清道光三年（1823）竹口的贡生田嘉修所书。

王伯厚，即宋末元初大儒王应麟，著有《玉海》《困学纪闻》，传说还是《三字经》的作者。山乡竟然有这样的大人物，县里的官员往来过之，无不望风景仰。镇上更建起纪念王应麟的牌坊、祭祀王应麟的祠堂，庆元自来人物，以伯厚先生名声最大，有乡贤如是，"不可不庙食也，故祀之，景行仰止，以光山岳"（郑惟飚：《重建竹溪（竹口）公馆记》，见嘉庆《庆元县志·艺文》）。

当然，这是清代的情景。而今，王应麟牌坊、祠堂固然全无，阜梁桥也毁圮已久，取而代之的是一座水泥桥，横跨于竹口溪上。

小镇内的老街与溪水平行，街道两面保留有若干旧时商铺，长约300米，这是山乡巨镇的证明。现在的竹口镇比老镇更大，也更杂乱，过客需要稍稍留心，才能分辨出古镇的旧格局——尽管破败，然而简洁。

三

2011年秋，我住在竹口镇，不是来古镇采风，而是为了调查竹口溪流域的古窑址。中国古陶瓷考古的先驱陈万里先生说："一部中国陶瓷史，半部在浙江；一部浙江陶瓷史，半部在龙泉。"他说的龙泉，包括龙泉、庆元两地。宋元明时期，龙泉窑是我国最重要的青瓷烧造中心，产品畅销海内外，直至明末清初，窑业才告衰亡。

今日说龙泉窑者，言必称大窑、金村、上垟。这是龙泉精品瓷器的生产中心，南宋时期大窑的粉青、梅子青釉瓷器，是中国古代青瓷审美的典范。上垟窑创烧于北宋，至元代极盛，位于庆元境内，但其河流是汇入瓯江的，并不属于竹口溪流域。

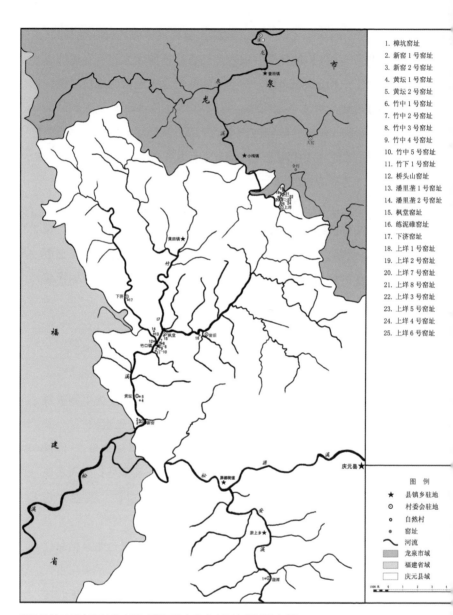

图例（右侧列表）

1. 樟坑窑址
2. 新窑1号窑址
3. 新窑2号窑址
4. 黄坛1号窑址
5. 黄坛2号窑址
6. 竹中1号窑址
7. 竹中2号窑址
8. 竹中3号窑址
9. 竹中4号窑址
10. 竹中5号窑址
11. 竹下1号窑址
12. 桥头山窑址
13. 潘里垄1号窑址
14. 潘里垄2号窑址
15. 枫堂窑址
16. 练泥碓窑址
17. 下济窑址
18. 上垟1号窑址
19. 上垟2号窑址
20. 上垟7号窑址
21. 上垟8号窑址
22. 上垟3号窑址
23. 上垟5号窑址
24. 上垟4号窑址
25. 上垟6号窑址

图 例

★ 县镇乡驻地
◎ 村委会驻地
○ 自然村
• 窑址
〰 河流
▨ 龙泉市域
▨ 福建省域
☐ 庆元县域

庆元县竹口溪古窑址分布图（浙江省文物考古研究所刘建安制）

竹口溪沿线，青瓷窑众多，有练泥碓、枫塘、竹口、桥头山、新窑等。论年代，以练泥碓、枫塘窑址较早，所出青瓷具有典型的元代风格。练泥碓，顾名思义，是个制瓷的取土地点，当地传说从新窑到龙泉大窑之间，一共有36条窑，多在这里取土。练泥碓的山上到处有瓷器、窑具的碎片，过去瓷片不值钱，很少有人上山捡瓷片，经常能够挖到完整的器物。附近的村民，家里缺碗少盘的，也不必到市场买，背起锄头到后山挖一口宋元时期的龙泉窑青瓷碗，将就着用。

从调查材料看，竹口溪流域的青瓷烧造主要始于元代，随着海外市场的开拓，元代龙泉窑业全面兴盛，窑址从传统的瓯江流域，自上而下，逐渐蔓延至竹口境内；以竹口溪上游的练泥碓年代为早，以新窑最晚，约在明末，此时龙泉窑已在消亡边缘，所出瓷器造型粗劣、釉色灰暗，除了碗、盘，几乎见不到第三种器物。

竹口窑，位于竹口镇的后山，才是竹口溪流域最重要的典型窑场。明天顺年间（1457—1464）前后，大窑、上垟等传统窑业产区逐渐衰亡，青瓷生产中心转移到了竹口镇。竹口是继大窑后起的明代后期的中心窑场，生产规模大，产品精美，大花瓶、香炉残片，随处可见。明清时期的本地寺庙，常常供奉有类似的瓶炉，器型高大端庄。近代以来，古董卖到上海可以换钱，寺庙里的香炉、花瓶等瓷器很快就被盗卖一空。

由窑址所在的"后窑许""后窑陈"等地名可知，当地大族许氏、陈氏的明朝祖先可能就从事烧窑行业或瓷器买卖。据民国二十三年（1934）《竹口许氏宗谱》记载，许绍琳公于明成化十三年（1477）来竹口做生意，"生理获息十倍"，弘治十年（1497）索性

竹口窑一角

就从江西临川老家搬来竹口定居，是为竹口许氏的始迁祖。1934年，陈万里先生来竹口调查古窑址，当地陪同的许君说，他的祖先"从江西迁来，在明末的时候，已有两代，如此推算起来，大概在明天启年间。移家来此，为的是做瓷器。当时姓许的迁来竹口以后，买得山地极多，……许家原藏有制造瓷器的秘本，最近已遍觅不得"（陈万里：《陈万里陶瓷考古文集·龙泉访古记》）。

陈万里所记许氏徙居竹口的年代，可能偏晚了一点，但明确说徙居的目的就是做瓷器生意。传说大体可信，许绍琳公徙居竹口时的15世纪后期，正值竹口窑的兴盛期。当然，烧窑也不算什么光宗耀祖的事业，《许氏宗谱》交代来龙去脉，语焉不详，是可以理解的。

竹口窑衰落后，零星的青瓷烧造活动，转移到了更加下游的地方，也就是前述的新窑。陈万里认为，"新窑"之地名，是相对于竹口的"旧窑"而言的。

明代以来，景德镇青花瓷风行天下，逐渐垄断了国内外市场，龙泉青瓷渐渐丧失了市场竞争力。明清之交，竹口曾试图放弃传统的青瓷生产，改烧青花瓷。我们在竹口后山，曾捡到过一件瓷器标本，青瓷与青花瓷的残片，竟然粘连在一起。救亡图存的竹口窑工，曾经在青瓷窑中兼烧少量青花瓷，以寻求仅剩的一点点生存机会，然而终不可得。

四

竹口地处闽浙边界，以烧造浙南的龙泉窑风格青瓷为主。但也有个别窑场，在南宋时期，烧造闽北建窑风格的黑釉茶盏。竹口镇北1千米的潘里垄，就是专烧黑釉茶盏的窑场。

两宋时期，建州（建宁府）的黑釉茶盏，适宜斗茶，风靡海内，称为"建盏"。我曾到建瓯考察过黑釉窑，偌大窑场，碎片堆积如山，竟只有茶盏一种产品，真不可思议。同期的浙南地区青瓷窑，瓯江上游的龙泉，飞云江上游的泰顺、文成县，通常也兼烧少量的黑釉盏，以迎合当时的市场。但像潘里垄这样纯烧黑釉茶盏的专业窑场，则极其罕见。当然，细想起来也不奇怪，一方水土养一方人，所谓"闽浙分界"只是人为的行政分界，处州和建州本来就山水相连。

潘里垄窑址，是浙江境内已知唯一的专烧黑釉茶盏的窑场。因为其独特性，很早就公布为庆元县文物保护单位。2009年，因为规划中的高速公路可能要经过窑址，我曾前去调查，很为沿线的文物如红军桥、红军亭、古窑址的安全而忧心。后来听说公路并不经过窑址，才算放心。

可躲得了初一躲不过十五。潘里垄总算躲过2009年的一劫，2011年竹口镇地方建造工业园区，未经文物部门批准，发扬愚公移山精神，填平山谷，培高地基，竟将窑址填埋在十几米深的土石下方，为上级文物部门检查发现后，亡羊补牢，于是我组织并参加了潘里垄窑址的抢救性考古发掘。

这是我迄今经历的最奇怪的考古工作——先用挖掘机掘开覆盖其上的泥石土方，露出原来的地表。考古队员在十多米深的"坑下"作业，四壁高峻的土方，常有泥石滑落。每当收工，考古队员都会长出一口气，仿佛自火线下来的战士，深感平安归来，已属不易。

与潘里垄相仿，竹口窑也是庆元县文物保护单位。其实，以竹口窑在龙泉窑系统中的重要地位，完全可以升格为省级文物保护单位乃至国家级文物保护单位。但是，竹口窑紧邻集镇，人口众多，房屋密集，文物保护面临的压力大，当地政府不愿意自找麻烦，将文保单位升格。近年，"盛世藏宝"之风大兴，完整的龙泉瓷器固然可宝，釉色好的瓷片也能卖钱。山上的窑址，早已被古董贩子、文物爱好者、热衷传统文化的人士翻过很多回了，从土里翻出来的碎小瓷片，俯拾皆是。

当年，陈万里先生来竹口调查龙泉窑、捡拾瓷片，老百姓问他："你是江西人么？"言下之意，这些零零碎碎的没用的东西，只有江西人才肯收罗。如今，我在竹口窑游走终日，从未有人前来盘问，因为到这里寻宝的人太多了，本地人早已司空见惯。

2009年以前，潘里垄窑址区的地表随处可见南宋黑釉茶盏

2011年考古发掘时，潘里垄窑址已遭掩埋

竹口窑所处的保护环境很复杂，公布为县级文物保护单位已是负担，如果升格为更高级别的文保单位，谁来负责？在经济建设和现实利益面前，有时文物保护并不总是最重要的。

五

靠山吃山。除了烧窑，竹口的香菇栽培业、伐木业、造纸业，同样历史悠久。

我们认为，古人的传统生业、生产方式甚有研究的必要，山乡的经济史，就是乡民的生计史。然而，古人一般不会这么看，乡邦文献中，对烧窑、造纸几乎不著一字。惜墨如金到这种地步，只能说明这些东西在古人眼中都是不值一提的"末业"。尽管今天的人们把龙泉青瓷当成宝贝，说瓷器、造纸是中华民族的伟大创造，并誉之为中华文明的象征。

《竹口许氏宗谱》不载窑事，各种版本的《庆元县志》亦是如此，一个烧窑的，有什么可说呢？

过去的山乡，很少读书人，"或有耕而兼读者，或有耕而挂名胥吏者，避役故也"（嘉庆《庆元县志·风土》），读书多半只是为了逃避繁重的劳役赋税而已。清朝两三百年，山乡不出一个举人，更遑论进士。然而，旧《县志》偏又对读书人的事，连篇累牍，不厌其烦。同样，这也只有一种解释，就是古人认为读书做官远比烧窑有意义，那才是值得夸耀的事业。

"人杰地灵"的说法，怎么说都能成立。不出读书人就是"人不杰"，"人不杰"就是"地不灵"，反之亦然。就算你把龙泉青瓷吹上了天，也无法证明家乡藏龙卧虎、钟灵毓秀，这就是古人的价值观。

不知从什么时候开始，竹口老街的这头有了"宋神童尚书墓"，老街另一头有座"神童故里"的门坊。看上去，都是清代文物。

神童，名叫陈嘉猷，南宋竹口人。照嘉庆《庆元县志·人物》上说，他是镇上不世出的人物，自幼聪颖，出生三日就能开口说话，"登绍兴神童科，累官至礼部尚书。公忠耿介，有经济大略，朝绅重之"。然而，我遍稽《宋史》《建炎以来系年要录》等基本史籍，未能发现有个叫陈嘉猷的庆元籍高官。按理说，南宋前期这种级别的人物，国史多少应该有点记录。

宋代规定，寄禄官在中散大夫（从五品）以上的文官，国史一般皆予以立传，按照官员差遣即实际职务的高下，文臣自少卿、监以上，死后在国史、实录中撰有"附传"。元代修《宋史》列传，均以宋朝国史列传为本，当然也酌情参照其他文献。所以，除了在亡国匆促的南宋末期，国史未及修成，许多官员失载或语焉不详外，其余够格的官员，《宋史》大多有传。如果宋高宗朝果真有陈

"宋神童尚书墓"

"神童故里"门坊

嘉猷其人,他的差遣之一礼部尚书是从二品官,《宋史》不可能不予立传。即便不立传,这样的高级官员在宋代史籍中也不可能踪影全无。

本土的秀才,大概也发现了这个问题,神童固然厉害,可是底气不够强硬。于是,竹口又出现了一块名头更响亮的招牌"宋王伯厚先生故里",就是我们前头在阜梁桥上看过的牌匾。

王应麟,字伯厚,号深宁居士,南宋淳祐元年(1241)进士,宝祐四年(1256)中博学宏词科。王应麟著述丰富,是名满天下的大儒。然而大家都知道,他是南宋庆元府鄞县(今宁波鄞州区)人,千真万确的宁波人。查清钱大昕《王深宁先生年谱》、今人龚延明《王应麟事迹编年》,综观王应麟一生,他似乎从未到过万山深处的处州庆元县。

求贤若渴的秀才,不知道是故意还是无知,直把南宋庆元府当作庆元县。于是,王应麟就成了处州府庆元县竹口的乡贤。雍正《浙江通志》严厉批评了这种攀缘名人的做法,指责庆元的"陋儒"将庆元府和庆元县混为一谈,荒唐至极。当然,关于王应麟是竹口人的说法,在当地传承有序、逻辑自洽,从明代开始就流传开了。

毫不意外,竹口镇里,挂起"宋王伯厚先生故里"牌匾,竖起为宋进士王应麟立的进士牌坊,竹口水尾的回龙潭甚至还有王应麟的坟墓。

从此,一切无可辩驳,王应麟才是竹口"人杰地灵"的象征。县官、乡绅经过竹口,造访王应麟史迹,摇头晃脑,赋诗撰文,说王先生的大名与日月同辉,海内之士谁人不晓,"先生居敬穷理,道学阐濂闽之蕴",大家做晚辈的理当见贤思齐。

这故事多么匪夷所思。但是,各种版本的《庆元县志》都当王

2012年新建的阜梁桥

阜梁桥头新建的王应麟纪念馆，桥头新挂起"宋王伯厚先生故里"的牌匾，却将
"故里"讹为"故裡"

应麟是竹口人，山乡的历史就是这么写的。

六

2011年秋，我在竹口调查古窑址、发掘潘里垄期间，竹口溪上的阜梁桥，尚在重建中。在我离开竹口时，正值桥墩的奠基仪式，噼里啪啦，燃放着鞭炮，仿佛在为我们的考古队送行。

次年，我们回到杭州后，竹口镇传来重大历史发现的信息，据清咸丰二年（1852）《竹口王氏族谱》记载，历史疑案终于水落石出——原来南宋亡国后，王应麟先生以遗民自居，隐居到了竹口。经过地方文史学者研究，王应麟果然是竹口人，铁证如山。镇里有个朋友打电话来，邀请我去论证论证。我没有去。

我至今未能读过这本历史秘籍，然而就算见到了，犹如我读过的各种县志，又能证明什么呢？

2014年，竹口镇上有老百姓扩建自家房屋，将"县级文物保护单位"竹口窑挖开了一个大口子，豁口上挂满瓷片、窑具，地表一片狼藉。因为涉嫌破坏国家文物，派出所决定对房主行政拘留。我再次来到竹口，前往现场评估遗址的破坏程度，以作为采取进一步处罚措施的依据。

村民随意破坏国家文物的行为，必须制止，违法者必须为自己的行为付出代价。但是，当年未经审批将潘里垄窑址就地填埋的决策者，又该如何处罚呢？我不免有点同情这位可怜的擅自扩建自家房屋的村民。

我从小镇出来。新阜梁桥，落成有时，金碧辉煌，已为竹口镇的新地标性建筑。桥头果然重新悬挂起"宋王伯厚先生故里"的匾额，并建起了古色古香的"王应麟先生纪念馆"。

【附记】感谢浙江省文物考古研究所刘建安先生对本文写作的帮助。

樊　岭

　　1934年，梁思成、林徽因夫妇调查宣平县（今属武义县）陶村的元代建筑延福寺。当年不通公路，梁思成夫妇乘坐轿子前往陶村，曾经路过武义樊岭村，这段旅行记载于梁思成1946年出版的《中国建筑史》中。梁思成在工作之余，顺带考察沿途的山区民居，他认为樊岭的乡土建筑因地制宜、随形就势，"就地取材的农村建筑，如人们在浙江武义山区的农村中所见……这使人不得不承认，建筑总是渗透着民族精神，即使是在如此偏远地区偶然建造的简陋小屋，也表现出这种情况"。

　　梁思成多年前的学术著作，一再重版，至今畅销，堪称中国出版史上的奇迹。今天的人们，说起梁思成，就想到林徽因，继而便是"人间四月天""你若安好，便是晴天"之类的掌故。这是可以理解的，但我们要记住，他们夫妻俩的主要成就，并不在于鸳鸯蝴蝶。

　　文艺青年捧红了很多人，也糟蹋了很多人，糟蹋了张爱玲，再来糟蹋林徽因；文艺青年炒热了很多地方，也糟蹋了很多地方，糟蹋了云南丽江，再来糟蹋浙江乌镇。这叫作"依次糟蹋"。我在武义工作期间，不能免俗，总想追寻梁思成伉俪当年的足迹走走看看，曾经的老地方，如今的新模样。

　　我来到这里，远处的山峰，高耸入云，就是樊岭。山脚下的村庄，名叫樊岭脚，梁思成当年所见"渗透着民族精神"的民居，如今依然大量可见。

有一条不大不小的河水，流过樊岭脚。出村后，汇入武义江。然后，依次流过兰溪江、新安江、富春江、钱塘江，在杭州湾奔腾入海。

钱塘江，分段起了许多好听的名字，听着复杂，其实就是一条江。富阳至桐庐段称富春江，建德以上至徽州段称新安江，兰溪江是新安江的支流。总之，樊岭这边的支支叉叉，也属于钱塘江水系。

河水离开村庄的地方，称为水口。如同我们在生活中能够感悟到的道理，金钱财富是水性的，财富之水会聚集、流动、冻结、蒸发，既能以柔克刚、无往不利，也能藏污纳垢、吞噬生灵。风水先生说，流水是财富的象征，流水滚滚而逝，犹如财源滚滚不可留，所以，水口必须加以关锁，以锁住财源。于是，樊岭脚的水口，浓荫蔽日，并建起廊桥、文昌阁。精心建构起来的水口，环境宜人，小憩片刻，清风袭来，旅途的劳顿，顿时烟消云散。

樊岭的另一边，河流是往大山背面的瓯江去的。先是汇入宣平溪，继而流经丽水、青田，最终在温州入海。我猜想，山那边的山脚，也该有个村庄，也该有个水口，也该与樊岭脚一样古意盎然——可惜我不曾去过山那边——也无妨，想象中的田园更有意境。

一山之隔，河流各奔东西，互不相扰。明清时期，山这头的樊岭脚，隶属于金华府武义县；山那边的无名村庄，隶属于处州府（今丽水市）宣平县。作为两府之间的分水岭，大山两边，风俗方言，迥乎不同。樊岭，是浙江金华与丽水地区的自然分界线。

1958年，丽水宣平县撤销建置，并入金华武义县。曾经的两府

樊岭脚村的水口

武义传统农村最漂亮的水口在郭洞村。郭洞是何氏家族聚居地，村落依山傍水，因"山环如郭，幽邃似洞"而得名，村北水口松柏、香樟、红枫等古树参天，掩映着城垣、回龙桥和海麟院，与东侧的龙山互为依托，形成秀丽、幽邃的水口风光

分界——远近闻名的樊岭，已为武义县境内一座平凡的山峰。

或许是"平凡"之故，如今的樊岭，果然改名为"凡岭"。当地的朋友说，你的说法是不对的，谁都不愿意自甘平庸，大家只是嫌弃"樊"字繁杂，不好写，于是顺手找个字形简单的同音字，代之以平凡的"凡"字，如此而已。

"樊"字到底有多繁，这个问题，我无法回答。

无独有偶，吾乡台州玉环市清港镇凡塘村，南宋时期出过一个进士，名叫樊汝舟，是宝祐四年（1256）"文天祥榜"进士。《宋宝祐四年登科录》至今完整存世。玉环是个海岛小邑，南宋时期，对不起，当时并无玉环市，只是温州乐清县的玉环乡——不说蛮荒之地吧，至少也是相当偏远的海岛。玉环名见经传的进士，历宋元两朝，唯独樊汝舟一人。

樊汝舟进士及第后，曾在家乡建造过一条海塘。后人感念他筑塘围田的功绩，称之为樊塘，村以塘名，也便唤为樊塘村。沧海桑田，南宋时期的海塘如今已沦为乡间的田埂小路。樊塘，大概是樊汝舟留给家乡的唯一存世的文化遗产。

地不分东西南北，人不分男女老幼，玉环人与武义人，海边人与山里人，一样怕麻烦，同样嫌弃"樊"字难认难写。曾几何时，也将樊塘改名为"凡塘"，凡岭的"凡"，平凡的"凡"。

贪图一时的便利（如果这也能算便利的话），乡土文化中最具诗意、最有故事的部分，从此韵味全失，说来索然寡味。我以为，这种做法是不划算的，只是不知道，梁思成先生若有机会旧地重游，又该作何感想？

杜范墓

我从台州高铁站下来，黄岩的朋友接上我，驱车前往宁溪镇牌门村。车子在山水之间，兜来绕去，两个小时后，终于抵达目的地。

在一个山坡上，我看到的杜范墓是新造的，以水泥、块石筑成，与本土常见的现代坟没有两样，墓地前方是密密层层的新旧民居、洋房。我无法相信长眠于此的人竟是一位南宋名臣。

杜范，台州黄岩县杜家村人，嘉定元年（1208）进士及第，理宗朝官至右丞相，淳祐五年（1245）杜范拜相仅百余日，卒于任上，事迹具《宋史》本传。南宋后期，国史不存，《宋史》为人立传，通常简略，而《杜范传》足有四五千字，可能是《宋史》中篇幅最大的宋末人物传记之一。

我不是说文章越长越好，但这至少能证明杜范的道德勋业，颇孚人望，尤其是当时传说杜范是被权臣史嵩之毒死的，格外引发人们对权臣的不满和对忠臣的同情（《宋史·赵与欢传》："而杜范、刘汉弼、徐元杰三贤暴死，人皆疑嵩之致毒。"）。杜范卒谥"清献"，按传统谥法，洁己自爱曰"清"，聪明睿智曰"献"，"清廉的智者"是朝廷对他的盖棺论定。有宋一代，谥"清献"者，只有北宋名臣赵抃、南宋杜范二人而已。杜范也是自古以来官位最崇高的黄岩人，杜清献、杜丞相的故事，在黄岩本地，传颂至今。

传说杜范归葬黄岩之日，灵柩所过，乡亲们无不哀伤涕泣。牌门村的坟墓，规模宏大，据元末明初人黄中德《重建清献公祠堂记》载："即其山为造五凤楼，及封圹、坛陛、翁仲、祠宇、象设之物莫不具备，仍以境内鸿福寺为香灯院，俾供洒扫。神道有碑，祭祀有田，燕祭以时。若是先朝加殊礼于丞相者，可谓厚矣。"（明谢铎编《赤城后集》卷五）。墓地之上，设有五凤楼、祠堂、石像生、神道碑等设施，论观瞻之雄伟，极一时之盛。墓葬所在地牌门村，大概就以墓前设有高大的牌坊而得名。尽管如今万物皆非，方圆几里内，全无牌坊的影踪。

杜范的老家——杜家村，就在台州高铁站附近。我从那边过来，两个小时的车程。对古人来说，绝对可算路途遥远，即便另有水路捷径，我估计，杜氏子孙上坟，往返大概需要一两天工夫。

山高路远，往来不便，墓地就交给当地的鸿福寺管理。宋代达官贵人的豪墓，多数建在寺院附近（日本的禅院古风犹存，至今依然附有众多坟墓），由朝廷赐额，作为墓主人的功德坟寺，也就是前揭《重建清献公祠堂记》所谓"香灯院"。杜家支付香灯院一笔财物，鸿福寺既为墓主人荐福亡魂，也替丧家守墓，保护坟墓免遭损毁。

就我所见，杜家村有山有水，也不能说没有合适的埋骨之所，杜范不远百里葬到宁溪，原因不详，我猜测是他看中了宁溪更好的风水。如今的坟墓固然是新造的，不复旧观，然而青山依旧，伫立墓前，极目远眺，山水果然清嘉。

可惜，好风水并不必然带来好运。宋元鼎革后，杜家衰败，坟茔失祭。鸿福寺的僧人，不安分守墓倒也罢了，居然趁火打劫，侵吞了杜范的坟山墓田。直到明洪武元年（1368），杜氏子孙告状，官府找到寺僧，谕以祸福，说杜范是大家敬仰的乡贤，如此这般。寺僧从善如流，叩头谢罪，归还山田，并重建祠宇以奉祭祀。于是皆大欢喜。

明弘治十三年（1500），黄岩知县黄印因公事路过黄杜岭，见坟墓败坏，祠宇、墓田又为豪右所夺，杜范后裔对此束手无策。黄印上书礼部要求修复墓园，礼部于次年批复"移文浙江布政司转行该府县，将杜范墓修葺。坟前量立祠堂三间，每岁春秋本县正官致祭二次"。

此后，杜范墓又经历哪些风雨，无人确切知晓。嘉靖年间可能再次毁圮，据万历《黄岩县志》所载，墓地已无墓祠，仅有"石羊马卧草中"，一派荒凉景象。据乡老传说，民国初年，杜范墓曾经重修，重立牌坊，中题"宋右丞相杜公墓道"字样。"文化大革命"期间，牌坊拆除，封土铲平，墓迹荡然无存，改为一块番薯地。万历年间犹存的石像生，也已不可复见。

2006年12月，老乡在耕种番薯时，出土"宋少傅清献杜公墓"石碑。消失已久的杜范墓，竟然重现人间。

消息传到县里。领导说，杜范是我们黄岩的头号乡贤，"清献清献，清，是清正廉洁的清，献，是献身国家的献"，"清献精神"具有跨越时代的精神力量。有关部门应该组织发掘杜范墓，并在原址重建墓园，新建纪念堂，大力弘扬"清献精神"，激励全县人民开拓前进。

杜范墓的时代意义，大大超出人们原先的意料。社会上下掀起重建杜范墓的舆论热潮。文物部门按照领导指示，立即组织人员，及时清理了墓穴，似乎并未出土什么值钱的东西，这很好，颇符合"清献精神"！但是，按照规划，建设墓园、纪念馆、停车场等等，费用不赀，一时无从筹措巨额经费。何况如此偏远的山村，有谁愿意风尘仆仆、远道赶来看望一座跟自己毫不相干的坟墓呢？这是六七百年前杜范的孝子贤孙们也办不到的事情啊。

这么一想，豪情消减了大半。此后的5年间，杜范墓长期废置，无人问津。当地村民听闻消息，都盼着借助建墓、开发旅游的东风，改善山区交通，建设新农村呢，希望有关部门按照原规划方案尽快实施。退一步说，墓穴长期暴露野外，风吹日晒雨淋，这也不是我们对待乡贤该有的态度。

如今的杜家村、牌门村，已无杜氏后人。黄岩邻近的临海县小芝镇的杜氏家族，倒是黄岩杜丞相的后裔。临海人听闻消息，赶到现场，说，我们临海杜氏后人为自己的祖先而自豪，只要有关部门出面协调，愿意出钱为祖先修坟，如果黄岩决定不要杜范了，也可以考虑把坟墓迁到临海去。

这像话吗？杜范自古以来就是黄岩乡贤，还能说不要就不要？我们黄岩人考虑重建坟墓，挖掘黄岩历史文化资源、弘扬黄岩人文精神、推动黄岩旅游事业发展，确实出于公心，发乎赤子之诚。只因为当年制定规划方案时调查研究不够，经费与权责问题难以落实，一时无法实施。结果，搞得上上下下十分被动。

2013年，事情已经无法再拖了，越拖越被动。文化部门决定快刀斩乱麻，挤出一笔经费，仿照当地现代"椅子坟"的样式，重建杜范墓。跟最初的宏大蓝图相比，新建坟墓未免简陋，但总算平息了旷日持久的纷扰。

我认为，文化部门从善如流，决策是英明的，大兴土木，实无必要。那天，我为调查杜范墓遗迹，在现场待了整个下午，自始至终，不见一个游客前来。现代生活节奏快，大家自顾不暇，谁会有为古人上坟的闲情雅致呢？再说，杜丞相一辈子忧国忧民，鞠躬尽瘁，死而后已，也该为他留一片清净之地，好生安息。

基 业

我于浙江的自然地理，尝有两大喟叹：一曰"嘉兴无山"，江南卑湿之地，地势平坦，有水无山，有如美人眇其一目；二曰"东海不蓝"，东南濒海之区，海水浑浊，泥质滩涂，如此海滨，不可喻之为美人矣。

吾乡玉环市楚门镇胡新村，位于东海之滨。老家的同学问我，何时能为家乡的考古事业做点贡献。开玩笑，考什么古！吾乡由滩涂淤积成陆，距今不过两三百年，地下四五尺，全是贝壳。在这种软土上，是挖不出古董的，建造房屋倒是格外费劲，首先必须考虑加固地基。

我家老屋是晚清建筑。吾生也晚，未曾亲见当年造房时建筑台基的情形，文献也失载。反正从我记事起，由于地基沉陷，墙头倾斜，并裂开一道口子，颇有倾覆之虞。我的童年在提心吊胆中度过，幸亏它不至于像雷峰塔那样真的倒掉。

1982年，拆除老屋建新居，沿墙基的走向，挖掘深约1米的长沟，在长沟内，填以大小不一的块石，以为承重之基。此种奠基法，吾乡称为"做墙脚"。做墙脚的块石，由家父用板车从远方的采石场载来，一连数月，劳累过度，疾病乘虚而入，家父因此染上肝炎，长年反复之病情，重挫了男人的豪情壮志。即使后来的小洋楼拔地而起，也不足以抚平创伤，家父常常后悔当初不该如此拼命，输了身体，赢了世界又如何？

万丈高楼平地起，关键在于基础，家父的付出终有回报，直到2014年拆迁之前，吾家小洋房，始终不动如山。

如今，我家又在建造新房子。这一次不再有劳家父，一台台打桩机，此起彼伏，穿透地层深处，直抵基岩，注之以钢筋混凝土。从此基业稳固，大可高枕无忧矣。

与吾乡的海滨滩涂一样，嘉兴水乡平原也是软土之乡。行文至此，朋友想必明白，我以一段阴阳怪气的话语作为文章开头，只为了抛出蓄谋已久的话题——在"前打桩机时代"，浙江沿海地区如何处理建筑地基。

在明成化十二年（1476）以前，吾乡玉环楚门隶属温州府乐清县。我读乐清史乘，从来将其视同于乡邦文献。楚门镇的前身是明初创建的楚门所，与乐清的蒲岐所，隔海相望，同属于磐石卫（今乐清磐石镇）。两大所城，共同守卫乐清湾，防御着来自海上的倭寇。

楚门所城，除了绕城一周的护城河、城内的十字街，尚可分辨旧时格局外，已无具体的古迹遗存。蒲岐所城的城墙与城门，还有部分保留，当年拆除城墙时，有人曾记下城墙基础的做法："地平以下1—2米深处的基础，均是乱石、条石一排排铺陈，并有烧焦表面的杉木、松木打桩，间以横木，填以巨石、捣臼、杵头、础石、残石柱、破碗、乱砖等。"

软土之乡，以打木桩的方式加固地基，古已有之，北宋李诫《营造法式》卷三"筑基"条称其为"地钉"，用来打筑入地的地钉，正是一段段"木橛"。木桩烤焦表面，或为防腐。1995年，磐石镇的温州电厂建设，磐石卫城东门遗址下，也出土大量木桩，为便于打桩入土，一端削成尖锥状。嘉兴地区运河两侧的驳岸，其下亦有密密麻麻的木桩。2012年，据我在海宁长安镇调查唐宋大运河史迹所见，在驳岸之下打地钉是普遍采用的地基加固法。至于以残石柱、破碗、乱砖等杂物填充地层，也是地基加固的常规手段。

传统的木构建筑，以平面铺开为主，地基的负载不算太重。相对而言，高耸入云的塔幢，对地基有更高的要求。乐清县城乐成镇，东西两塔对峙，乃当地观瞻所系。东塔，始建于北宋，至今犹存；西塔，则为近年重建，旧塔已在元代坍塌。两塔始建年代相当，后来的命运却大不相同。因为东塔建于山梁基岩上，基础牢固，故而挺立至今；而西塔建于泥岩上，地基松散，很早就倒掉了。

嘉兴平湖市报本塔，前些年在重修时，从塔刹中发现了明郑和款《妙法莲华经》经卷，轰动一时。明嘉靖四十二年（1563）疏浚城河，堆土成墩，建报本塔于沙洲之上。由于地基不牢固，未及百年，便已坍塌。清代顺治、康熙、乾隆、道光年间屡修屡塌，皆因根基先天不足。海宁硖石镇东山之巅的智标塔，坐落于基岩之上，就坚固多了，如果1969年不炸毁，也许今天还在呢。

大凡保存到近代的嘉兴古塔，必有过人之处，例如嘉兴城东的东塔，重建于北宋晚期，虽无基岩可以凭据，但在1968年拆除之前，始终巍然挺立。考古发掘揭示的塔基，平面呈方形，由规模巨大的木板框架、陶缸群、条木基础组成：塔基的夯土分层明显，夯土塔基内设有方形的木板框架，其内打有木桩地钉，并埋下52口排列有序的陶缸（缸基）；缸基之下，再铺设块石和大型条木，以加固基础的最底层；陶缸内填以夯土，伴有铜钱、铁器等物，可能在奠基时举行过一些今天已不能知晓的宗教仪式。东塔的缸基营建技术，代表了在太湖流域软土之乡建造高塔的最高工程技术水平，也

嘉兴东塔的宋代塔基内，埋有52口陶缸，缸基是在江南软土之乡建塔时特有的基础处理技术

是高塔屹立千年的秘密。

嘉兴地区的石头山本来就不多，境内现存古塔自然也较他乡为少。海宁、海盐县的近海处，如黄湾、袁花等地，倒有点像样的山丘，可惜当地的采石场，将好端端的青山挖得千疮百痍。我路过黄湾，每每为之叹息，境内少山若此，居然不自珍惜，目光短浅，一至于此。

牌坊，作为一字排开的立面式建筑，对基础也有很高要求。1997年，乐清县城南大街路面翻建，曾经发现一座明代牌坊柱的基址。乐清市文物馆陈纬先生亲临施工现场，并撰写《明"潜昭"坊遗址调查》一文记下坊表的基础构造，自上而下，其结构是这样的：一、坊柱深插入土中，约占全柱高度的四分之一；二、立柱后，置条石斜撑，填入沙石灰混合土，夯实，其上安斗板石、设基座、施抱鼓，使坊柱纵向固定；三、为杜绝地基沉降，先以成排的木桩插入土中以增强淤泥的抗压强度，木桩上置边长七八十厘米的方形础石，础石上植柱，把牌坊的垂直承重扩大分散于地下，分解为面的均摊负荷。各地数量众多的明清牌坊，历经百年风雨，至今屹立不倒，良有以也。

我第一次读到这篇文章，感动不已，仿佛看见一位老人，蹲坐在纷乱的街头，任凭路人投来古怪的目光，埋头记录着公路施工队挖取牌坊柱时的每个细节，这是怎样的有心人。陈纬先生于2012年病逝，愿他的灵魂安息。

东南沿海地区的最大传奇，来自福建泉州洛阳桥。洛阳桥，建于北宋皇祐五年至嘉祐四年（1053—1059），由泉州知州蔡襄倡建，大桥建在松软的泥沙冲击层上，桥长784米，凡41孔。建桥佳话，在闽浙两地广泛流传。我在乐清北白象镇的乡下，看过一出名叫《蔡状元造洛阳桥》的瓯剧戏文。

在戏文中，蔡状元（原型即蔡襄）目睹行人往来江海时的种种不便，发愿造桥，艰苦卓绝，幸亏有观世音、东海龙王以及从温州赶来的各路神仙的鼎力相帮，终于得偿所愿。在史实层面，建桥的技术难度主要集中于地基，先将无数大石块沉于江底，作为桥墩基址，再种下成片的牡蛎，附着于桥基上繁衍生长的牡蛎，把分散的石块胶结成牢固的整体，从而加固桥墩。洛阳桥匠心独运的工艺，脍炙人口。乐清县天成乡的万桥，宋代尚位于入海口，如今距离海岸线已远，据说也采用了"种蛎固基"的办法。

大小桥梁，是江南水乡的特色风物。高耸的单拱石桥，犹如初月出云；弧线优美的多拱长桥，宛若长虹饮涧。我在嘉兴、余杭时，偶尔像个风雅文人，欲将眼前美景，入诗入画，偶尔又像个不解风情的工匠，只想钻入地下，一探桥塈、桥墩基础之究竟。好在持类似想法的过客如我辈者，一定不多，简直绝少。

泽国水乡，地基松软，先天不足，遂发展出建造牌坊、桥梁、佛塔等格外高明的地基工程技术。海水浑浊的滩涂地，养料丰富，适宜养殖，最是盛产美味的小海鲜，而那些阳光、沙滩、海浪、仙人掌的所谓"蓝天碧海"，在我等出生于东海之滨的乡下人看来，不能吃，不能穿，除了用来休闲度假，并无半点实际用途。世上没有完美，有得必有失，有失必有得，上帝造物，就是公平。

子 城

唐宋时期的州郡城市，通常有内、外两圈城墙：外城，称罗城；内城，称子城。州府的官署衙门，设于子城之内，刺史知州、大小官吏在此办公，子城遂为一地政治权力的中心。我们的国度，素来讲政治，城市亦多政治型城市，子城既为权力中心，也就是城市的中心，譬如紫禁城之于北京城。

城市中心，黄金地段，在历来的城市建设活动中，容易遭到破坏，唐宋遗址难以完整保留下来。比如湖州子城，只保存了东城墙的一段，2008年发掘后，作为考古遗址展示于市中心；台州子城，今为临海城内某医院用地，医院门口，车水马龙；温州子城，南门的谯楼尚存；宁波子城，也只存南城门，称为鼓楼；经过整治开发的金华子城，是个观光区，除了太平天国运动留下的侍王府，古迹殊少。唯有嘉兴子城，晚清以来，由衙门改为军营，1949年后为军区医院，从而躲过20世纪90年代以来的城市化浪潮，整体格局保存至今，在浙江的"古今重叠型"城市中，堪称奇迹——2015年以来，调查勘探嘉兴子城遗址是我的本职工作之一。

子城，是相对罗城而言的，若无外城，也就无所谓内城。隋开皇九年（589），杭州立州之初，州城位于凤凰山上，城墙"周围十里"，范围甚小。晚唐时期，钱镠割据两浙，在小城之外，又围以一周大大的外城，将凤凰山上的小城改为吴越国王宫，也即杭州子城。吴越国纳土归宋后，杭州城承袭旧制。宋室南渡，南宋定都临

清末的嘉兴府谯楼

今日的嘉兴子城谯楼

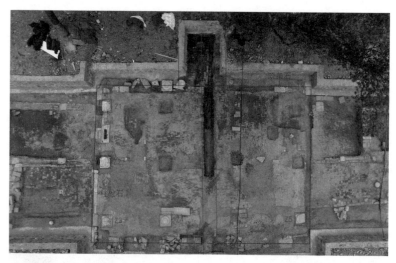

嘉兴子城仪门及翼室遗址俯视图（下为北）

我在嘉兴子城的北城墙位置，做了一条解剖探沟。从地表至生土约有5米，从现代的水泥地面，走到底部的战国时期地层，嘉兴城市2000多年的发展史直观地展示出来。我希望每一座历史文化名城，都有这样的考古地层剖面，犹如城市年轮，将悠久的历史变迁具象呈现

安，将子城辟为大内皇宫，元陈随应《南渡行宫记》说"皇城十里"，可见南宋皇城正是隋城的规模。元灭南宋后，拆毁杭州城墙，大内亦遭毁弃。元末重建杭州城，竟将原来的政治中心凤凰山，整体割弃于城外。此乃唐、宋、元三代杭州城市变迁之荦荦大端。

我的朋友、浙江大学历史系教授陈志坚《杭州初史论稿》对该问题有精彩发明，他认为南宋临安三志（乾道、淳祐、咸淳《临安志》）记载"隋杨素创（杭）州城，周回三十六里九十步"，是个句读错误，正确读法是"隋杨素创州城。（今城）周回三十六里九十步"。该误读始于宋人，早在宋代，人们就误以为隋杭州城的规模等同于南宋临安府城。殊不知隋代杭州只是凤凰山头的蕞尔小城，"周回三十六里"的大城是经过钱镠加筑的结果。《杭州初史论稿》纠正了流传已久的误会，也揭示了中古时期江南城市常见的发展模式——初为小城，后来加筑外城，发展为宋代州郡典型的"内外重城"形态。

金华、湖州、嘉兴子城遗迹，照例都是所在的历史文化名城的最重要的历史文化地标。自宋代以来，各地的志书，通常把子城的源头追溯到三国孙吴时期或更早。将子城的前世，追溯到唐代以前，当然合情合理，如金华（东阳郡）、湖州（吴兴郡）升格为郡城，均在孙吴时期，区域的政治中心当然就是郡城。无奈孙吴距今已远，文献不足证，当时的郡治是否筑有城墙，地点是否与后世子城重叠，诸如此类，一切皆是未知数，我们至今无法确切知晓唐代以前多数江南城市的形态。至于嘉兴县升格为秀州，已晚至吴越国时期，孙吴时代的嘉兴县，县治是否就设在今天的子城位置，也不得而知，我们固然不必贸然否定古书，但也不能"尽信书"。

1994年，我游学厦门时，选修过一门叫作"泉州港考古"的课。宋元时期的泉州港，是当时世界性贸易大港，泉州城市史的研究课题很受福建历史学者重视。最初的几堂课，总在争论一个问题，泉州的子城、罗城，孰先孰后？有人说，当然是先有罗城，后有子城，未有"母"城，何来的"子"城？如今想来，这是把城市史当成生物学来研究，结论大有问题。其实正好相反，南方城市的发展模式：通常先有小城，用来保护官衙，更像是城堡，不必贪大；后来，随着城市发展，有了盛民的需求，所以有大城的建设；加筑大城后，原来的小城，遂为子城。

　　子城是唐宋州郡城市最重要的特征。宋元鼎革后，天下城墙尽毁，犹如销毁核武器不足以保障世界和平，城墙的毁弃非但未能带来太平盛世，反而招致更大规模的动乱。元末，各地纷纷重新建起固若金汤的城墙，然而大力恢复的通常只有外城，内城该拆的拆、该倒的倒，随其自生自灭。至明代，多数城市的子城普遍堕毁，只保留其南门城楼——谯楼。谯楼作为官府的象征，相对容易保存下来，在传统社会中，衙署的其他建筑一般比较朴素，正如明代谢铎《赤城（台州）新志》卷八《公廨》所说，衙署公廨固然不可失之敝陋，太敝陋则不足以慑服民心，但尤不可过于侈丽，太侈丽"则劳民伤财，而为民怨之所聚矣"，唯独谯楼建筑比较讲究，规格也高，以壮官衙之威武。然而，子城作为制度，逐渐消失于历史长河之中，曾经城市生活中的常态，如今听来倒像陌生而遥远的名物，在金华、温州、临海等地，仅仅残存一个地名而已。

望海潮 · 盐官

　　杭州湾北岸的古镇盐官，历来是海宁县城，直到1945年县城迁去了硖石。我游学厦门时，老师听说我是浙江人，竖起大拇指，说最厉害的文学家鲁迅，是绍兴人，最厉害的史学家王国维，是盐官人，两地一南一北，隔杭州湾而相望。

　　今天更多的人知道盐官，不是因为王国维，而因盐官是杭州湾最佳的观潮地点。

　　唐宋时期的观潮胜地在杭州，不在盐官。唐白居易咏叹钱江潮的名句"郡亭枕上看潮头"，即指在杭州衙署所在的凤凰山观潮。南宋时期，海塘在今杭州秋涛路一带，八月十八大潮，出候潮门，便可观潮，从庙子头（今上城区新塘附近）至六和塔，沿江十余里，皆可临江观潮，尤其以"浙江亭观潮"最为赏心乐事。

　　在南宋时期的盐官城是看不到潮水的，盐官距离钱塘江约有30里地，城南宽广的滩涂地，坚实有如平陆，设有灵泉、时和二乡，分布着很多的村庄和盐场。明末史学家、《国榷》编撰者谈迁的故居枣林村就在城南，当时尚未沦陷于钱塘江中。滩涂上，芦苇遍野，适宜刮卤煎盐，为海盐的重要产区，西汉时期的吴王刘濞在此设置盐官，专营食盐事务，此即盐官镇得名之由。

　　大概在明末清初，钱塘江发生了决定性的大改道，灵泉、时和等乡沉陷于江海之中，明末尚屹立于杭州湾北岸的赭山、蜀山，一夕之间，竟然"漂移"去了南岸的绍兴府萧山县境内。经此巨变，盐场沦陷，钱塘江从此紧贴着盐官城下流过。盐官地名仍带有"盐"字，但不再以产盐著名。好在应验了一句老话，"失之东隅，收之桑榆"，盐官因此取代杭州成为观潮胜地。

杭州湾是个大喇叭。从杭州湾到钱塘江河口，自东而西，两岸距离不断缩小，湾口入海处宽达100千米，到海盐澉浦段收缩至20千米，在盐官则不足3千米。海潮涌至盐官，喇叭口骤然收窄，并受到两岸石塘的约束，遂形成壮观的钱塘江潮。

潮水奇观的生成，与海塘的修筑有关。杭州湾南岸，群山连绵，而北岸并无大山阻挡，海潮的肆虐方式主要表现为南岸不断涨沙，北岸不断被冲刷、退缩。自唐宋以来，修筑海塘的主要压力就集中于北岸。一旦海溢，房屋摧毁，地为盐碱，非经五六年不可恢复生产。

面对海水的日夜冲击，兴建北岸海塘，工程艰巨。自两宋至明清，从土塘、柴塘、石囤木柜、条块石塘，工艺越来越讲究，工程越来越浩大——在此谨向朋友们推荐位于杭州九堡的海塘遗址博物馆，该馆生动展示了海塘及其修筑技术的演进史——所谓"道高一尺，魔高一丈"，日益坚固的海塘依然阻挡不了海潮的冲击，直到明末清初发生大改道。

我初次参观海塘遗址博物馆，感慨于钱塘江两岸的沧桑变迁。改道和涨沙，是沧海桑田故事的两个主角。2020年，我在盐官发掘清代安澜园遗址，听房东说，20世纪60年代，江中有过一次大涨沙，人们走到江中央，在沙洲中搭建房子，种植庄稼，如此有二三年。忽有一日，沙洲呼啦啦地垮掉，转瞬之间，化为江水。大自然的神秘力量，令人生畏。

海塘兴筑真是浙西地区头等重要的民生工程和民心工程。清康

鱼鳞石塘与钱塘江

熙、雍正、乾隆三朝的鱼鳞石塘，远较此前的土塘、柴塘、条块石塘坚固。从康熙五十九年（1720）始筑，至乾隆五十九年（1794）为止，历时70多年，海宁鱼鳞大石塘基本告竣。

石塘之外，通常会保留前朝的柴塘作为"坦水"，防御海潮侵蚀石塘基础。石塘之内设有土备塘，土备塘内又有护塘河。里里外外两三层，构成多层防御体系，确保浙西大地的安全。

雍正一朝，共修筑海塘18次，并确立后世浙西海塘的岁修制度。雍正八年（1730），浙江总督李卫奉敕建造盐官海神庙，正殿供奉浙海之神，以伍子胥、钱镠配享左右——他们都是历史上以降服海潮著名的传奇英雄。正殿后面的御碑亭，八角重檐，亭下覆有御碑，阳面为雍正御笔《海神庙碑记》，阴面为乾隆皇帝的《阅海塘记》。

海神庙，是盐官城内最高规格的官式建筑，民间称呼其正殿为"银銮殿"，御碑亭上覆盖的黄色琉璃瓦，代表皇家建筑的最高等级。琉璃瓦上戳印的铭文，多数为"浙省碑亭"，也有少量"国子监""若办""词堂""雍正八年琉璃窑造，斋戒宫用"等字样。据王文涛《关于紫禁城琉璃瓦款式的调查》（《故宫博物院院刊》2013年第4期）所载，近年故宫大修中曾发现"雍正八年琉璃窑造，斋戒宫用"铭琉璃瓦，与海神庙所见完全一样，而琉璃窑为紫禁城烧制瓦件的年头，正值海神庙建造之时。由此可知，海神庙御碑亭的琉璃瓦，经雍正皇帝恩准，为琉璃窑特制，不足部分使用了紫禁城和国子监的建筑材料，并专程从京城运来。一般而言，包括海神在内的山川岳渎祭祀并非最高等级的朝廷祀典，规格还够不上使用绿瓦，而海神庙竟然用上了黄瓦，足见雍正皇帝对钱塘江潮治理的重视。

御碑亭内的雍正《海神庙碑记》

清代，浙西使用琉璃瓦的建筑，目前所知约有3处，除盐官海神庙御碑亭外，另外两处是杭州孤山的乾隆行宫（今杭州中山公园）及其附近庋藏《四库全书》的文澜阁。行宫与文澜阁，以萧山湘湖烧造的琉璃瓦为主，常见绿色、黄色两种。无独有偶，海神庙御碑亭的琉璃瓦也见有"孙克让承造"的铭文，可知雍正九年（1731）海神庙落成后，至乾隆二十三年（1758）海宁知县金鳌重修御碑亭，曾替换过少量湘湖出产的新瓦。据浙江省博物馆的王屹峰先生研究，孙克让是乾隆年间萧山湘湖的琉璃瓦工匠，杭州文澜阁大修中见有"孙克让承造"的同款板瓦。

总之，在雍正朝，盐官城外的鱼鳞海塘，固若金汤，城内的海神庙，规格非凡。二者互为表里，有点物质文明、精神文明建设"两手都要硬"的意思。

乾隆皇帝对海塘的重视程度，不让其父。乾隆六下江南，四度前来盐官阅塘，每次都下榻于盐官城西北角的安澜园。安澜园是江南名园，初为明万历年间陈与郊所建之隅园，亦称陈园。雍正十一年（1733），内阁大学士陈元龙（民间传说其为乾隆之生父，人称陈阁老）归里扩建，其子陈邦彦续有建设，称遂初园。乾隆二十七年（1762），第三次南巡时赐名为"安澜"，并将安澜园景物仿造到北京圆明园。安澜园四度为乾隆行宫，因此名声大噪。后来，安澜园衰落，"蔓草荒烟，一望无际"。我来盐官就是为了调查、发掘安澜园遗址，2020年前后的遗址，现场除了几口大池塘，尽为桑田。

江南园林一般以拙政园、沧浪亭、水竹居等为名，以闲适散淡的名号，寄托主人归隐山林的理想。而乾隆皇帝赐名为"安澜园"，这雄心万丈的名字，说明他来盐官，即使悠游林下，亦不忘驯服海潮。

经过康熙、雍正、乾隆三朝的努力，鱼鳞石塘全线建成，杭州湾北岸的海岸线从此被硬生生地固定下来。唐宋时期并不临海筑塘，海塘以外有大片的滩涂地，作为过渡和缓冲地带，二三十里外才是大海。吴越国王钱镠所筑的钱塘江捍海塘，位于今杭州城东的建国路与环城东路之间，平时远离大江，海塘所在是数十年一遇的大潮才会冲击到的位置。清代，钱塘江北岸的海塘线与海岸线重叠，北岸为石塘包砌得严严实实，全线封闭。海宁县境内的大小河流与近在咫尺的钱塘江由此隔绝，本该属于钱塘江水系的河流，转向流入太湖流域。盐官全境没有入海口，南北两岸的商货往来，只凭人力转运，摆渡过江。转驳货物的"过塘行"，繁荣一时，是旧时盐官的一道风景。

"八月十八潮，壮观天下无。"汹涌的大潮，壁立的海塘，海塘线与海岸线重合，盐官遂为第一观潮胜地。

观潮，需要调动起所有的感官。海宁文史学者张镇西先生为盐官观潮归纳了"候、听、望、辨、观、送"的六字诀：候潮，伫立江岸，守候潮水到来；听涛，潮未至而声先到，如鼓如雷，愈近愈响；望潮，潮水自海口涌起，一条白浪，自远而近，席卷而来，愈近愈见其浪潮翻腾；辨潮，辨识潮水的千形万态，白浪翻滚忽高忽低，江中若有沙洲涌起，来潮会被沙洲分割成两股，越过沙洲后，两股洪流汇合，形成"碰头潮"或"交叉潮"，潮头合拢的景象，更加壮观；观潮，一线潮掠过眼前，自脚下冲刷着鱼鳞石塘，卷起泥沙，翻滚的巨浪，伴随着空气中的泥土气味，连嗅觉也参与到审美之中；送潮，目送巨浪排山倒海而去，渐行渐远，消失在天际。

我与朋友在安澜园遗址工作期间，只要天气好，夜晚必来海塘散步、小憩，天地悠悠，感念古人，遥想来者。正值深秋初冬时分，大潮汛已过，江阔天高，大江在脚下缓缓流过，像是梦里呜咽的小河。

山中的杭州史

江山湖海，四大自然因素，钱塘江与西湖对杭州城市生成、发展的重要性，自不待言。

但从文物考古的角度，杭州的精华，首先在于山，毕竟江海流动不居，而几度夕阳，青山依旧，环湖诸山之中，有众多历史古迹存焉。

一

老和山遗址，顾名思义，位于老和山脚下的今浙江大学玉泉校区内。遗址发现于1936年初建造杭州第一公墓时，同年5月31日吴越史地研究会和西湖博物馆做了仅为时一天的清理，获得石器6件、陶片3片（浙江省立西湖博物馆：《杭州古荡新石器遗址之试探报告》）。在今天看来，收获微不足道，但有个名叫施昕更的年轻人参加发掘工作后，深受鼓舞和启发，稍后在他的家乡余杭良渚发现了足以改写中华文明历史的良渚文化遗址。

1953年浙江大学新校区建设，华东文物工作队会同浙江省博物馆（原西湖博物馆）、浙江省文物管理委员会开展了较大规模的抢救性发掘，除了一些汉六朝至宋元时期的墓葬，也出土不少新石器时代的陶器和石器。据参加发掘工作的牟永抗先生回忆，工作在三伏骄阳下进行，"既有马家浜文化的遗物，也有良渚文化和马桥文化的堆积"（牟永抗：《关于良渚、马家浜考古的若干回忆——纪念马家浜文化发现四十周年》），这是新中国成立后浙江最早正式开展的考古工作之一。

如今我们知道在四五千年以前，以余杭瓶窑"良渚古城"为中心的良渚古国，开创了辉煌的古文明，而在20多千米以外的今杭州主城区附近，大概只在老和山附近的古荡等零星地点存在边缘性的同期聚落。

也许可以把良渚古城视为杭州的前身，1977年苏秉琦在良渚说过一段高屋建瓴的话："我本来想说良渚是古杭州。你看这里地势比杭州高些，天目山余脉是它的天然屏障，苕溪是对外的重要通道。这里鱼肥稻香，是江南典型的鱼米之乡，杭州应该是从这里起步的，后来才逐渐向钱塘江口靠近，到西湖边就扎住了。"回顾40多年前的谈话，我由衷感佩苏公纵横捭阖的历史地理视野，在历史长河中，城市中心确实是流动的。但如果缩小视野，就今日杭州主城区范围而言，那么，老和山脚下就是"最早的杭州"。

二

除了新石器时代遗址，老和山北麓也曾发现杭州迄今为止最有规模的两汉墓地，有座西汉墓葬出土"朱乐昌"铜印，随葬品丰富，墓主人可能是个等级不低的武官（蒋缵初：《杭州老和山遗址1953年第一次的发掘》；朱伯谦：《杭州古荡汉代朱乐昌墓清理简报》）。从老和山、玉泉、岳坟一带的汉六朝墓葬，并结合此前的先秦遗址，可以认定这里是杭州最早出现的中心聚落之一，有学者认为秦至西汉时期的钱唐县治"应在茅家埠（鸡笼山下）至灵隐寺，再沿灵峰山下顺东北方向由白乐桥至玉泉和浙大，然后沿浙大路南折入曙光路、西山路至西湖宾馆（即刘庄）一带范围内。这里方圆数里，地势较平，三面环山，一面水，确是人类繁衍生息的好地方"（林华东：《钱唐故址考辨》）。

会稽郡钱唐县，是秦始皇统一六国后在境内推行的首批郡县，更是杭州的直接前身。秦代钱唐县治位于灵隐山一线，既有南朝钱唐县令刘真道《钱唐记》"县在灵隐山下"的文献记录，又有考古发现的佐证，也符合普通人的日常生活经验。今日之杭州城区曾为江海故道，邻近大江，地下水苦恶，唐代以前的江干滩涂平地不宜人居，只有高度适中的山麓台地，有山泉可饮，又不为洪水所淹，适宜形成聚落，继而发展为县治级别的城市。

灵隐至岳坟一线的西湖北山就是这种好地方，除老和山遗址外，岳坟外宾馆工地（今杭州香格里拉饭店）也发现过史前至汉代遗物（王士伦：《从出土文物看古代杭州文化》）。但从目前掌握的考古资料看，在商周时期，杭州只有零星且较低级别的遗迹和遗物，论社会发展的程度，依然落后于北部的余杭区，像余杭潘桥镇小古城遗址这种规格的马桥文化（约当中原夏商时期）聚落、余杭镇近年发现的较大规模的战国至西汉早期墓地，在杭州城区迄今未见。

先秦时期，最靠近杭州城区的考古大发现，出现于半山一带。1990年，半山石塘村两座战国贵族墓是浙江省最大的先秦墓葬之一，尽管被盗，依然出有30多件原始瓷乐器，其中的水晶杯尤其神奇，堪称国宝。据发掘者推测，墓主人应是本地的"行政长官或军事首领"，可能就是本地的县官；既然县官葬于半山，县治也应在附近（杜正贤：《钱唐故址新探》）。这是个什么县呢？应该是楚国灭越后在钱塘江北岸设置的无名之"县"，作为楚国故县，后为秦朝承袭并取名为钱唐县。这是考古工作者基于考古发现的合理推测，至于秦朝钱唐县治为何从半山迁移到灵隐山下，那就无法进一步揣测了。

总之，从新石器晚期至秦汉时期，"大杭州"的区域政治中心自北而南移动，从早期的瓶窑良渚古城，历经小古城、老余杭、半山，最后定于灵隐山下，"到西湖边就扎住了"。

三

刘真道《钱唐记》又载，"防海大塘在（钱唐）县东一里许，郡议曹华信议立此塘，以防海水"。东汉有个名叫华信的人，在钱唐县东约一里的地方修筑过防御钱塘江的海塘。

华信立海塘，作为西湖以东至钱塘江之间陆地开发进程中的里程碑，是杭州城市史上的大事件。华信海塘必在城区范围内，主流观点认为即今杭州中山路。一里，约今四五百米，距离甚近。如果钱唐县治在西湖以西的灵隐山或老和山，到中山路的距离绝不止此数，所以，大家相信此时的钱唐县治已从灵隐迁到了宝石山东麓。宝石山东至中山路的距离，约一里许。

学者所据主要只是"防海大塘在县东一里"这句话。先由唐宋时期钱唐县治位于西湖东北的事实，推断钱唐县治先从灵隐迁至宝石山东麓，再以此推定华信海塘即今中山路，并以中山路反过来坐实县治在宝石山东麓。如果缺乏考古实证，在逻辑上，是个死循环，但它符合杭州城市发展的趋势和事实，因为隋唐时期钱唐县治确实在今宝石山东麓，由后代的事实，反推县治必有从山中搬出的过程，那次搬迁活动可能发生于华信立海塘前后，逻辑自洽，合情合理。

宝石山东麓区域，今天地势平坦，历史上则多连绵的山丘，杭州少年宫（原昭庆寺）后到今省政府大院之间有一些小山，名叫弥陀山，旧称霍山，也称武林山（附近的杭城北门武林门，由此得名）。霍山不高，但地位尊崇，号称杭城诸山之祖，东汉以后的钱唐县治即在此附近。

说来奇怪，四五百年的县治所在，竟然连一点重要的考古遗迹也无。据说，民国初，"宝石山畔有毁掘坟墓者，初为近人之墓，其下乃有宋人之墓，再下乃有晋人之墓，千百年间堆积如此"（钟毓龙：《说杭州》）。20世纪50年代，葛岭曾经发现过十几座东汉至两晋墓葬（金祖明：《浙江省文管会清理了杭州的十几座汉墓》）。网络和民间口碑中倒有更多的线索，从弥陀山至六公园附近的都锦生织锦厂、望湖宾馆一带，发现过东汉水井、汉晋砖瓦和青瓷器等文物（林盈盈、林华东：《再论秦汉钱唐县故址地望》），但从未有科学的考古调查和发掘报告刊布，聊备一说，真相只能期待将来的地下发现。

秦汉六朝时期的杭州，谭其骧《杭州都市发展之经过》称之为"山中小县时代"。杭州早期历史可以视为一部山地聚落的变迁史，先是由北至南，从余杭到西湖周边，继而自西而东，从西湖以西的深山走向湖东的低山丘陵。

环湖诸山中，将台山顶的排衙石和飞来峰山顶的莲花峰，应该是分布有唐宋摩崖石刻最高的两个地点，前者邻近凤凰山的杭州唐宋衙署，后者的灵竺山水从晋唐以来就是佛教圣地和热门景区。至于其他更高更偏远的山峰，例如十里琅玕、石人岭、天门山等地，对唐宋时期的文人墨客而言，路途太过艰难，则为白居易、苏东坡的足迹所未及。清代曾有一种说法，秦钱唐县治在粟山（石人岭），但那里山高路遥，在唐宋乃至近代，尚属荒僻，不宜人居，作为秦汉县治是没有可能的。

四

隋唐五代时期的杭州，谭其骧称之为"江干大郡时代"。江干最重要的地点，曰柳浦。柳浦位于凤凰山下的钱塘江北岸，与对岸的西陵（今萧山西兴）隔江相望，是跨越钱塘江的津渡要地。

隋开皇九年（589），隋平陈后，废郡设州，杭州之名正式在历史上出现。两年后，在柳浦之西的凤凰山东麓建成州治。这座"周围九里"的小城，即隋唐五代至北宋的子城，后来的南宋皇城。

凤凰山之名，听着普通，其实是一座高峻的石灰岩质的山峰，论宜居程度，未必胜过宝石山东麓。依山建城，主要出于战略考虑，因为占据柳浦渡及其附近的制高点，等于扼住了两浙之间的咽喉。

白居易《余杭形胜》诗云："余杭形胜天下无，州枕青山县枕湖。"唐代的杭州，南为江干凤凰山麓的州城（子城），北有宝石山麓的钱唐县城，浙江大学历史系教授陈志坚的著作《州傍青山县枕湖——杭州城址变迁史话》，以此句为书名，可谓醒豁。陈志坚说唐代的杭州是"州城"和"县城"两座小城并列的布局，上演一出"双城记"，直到长庆年间（821—824）白居易任杭州刺史期间依然如此。陈志坚对南宋以前杭州城市历史的研究极其精彩，我于此一篇之中三致意焉。

唐宋子城（南宋皇城）"周围九里"，规模不小，千年以下，城墙、衙署、楼阁亭台，已无迹可寻，但馒头山一带尚有建筑基址埋于地下，杭州市文物考古研究所曾勘探到皇城遗址，保存尚可。子城的主要特征就是"依山筑城"，而凤凰山本是陡峭的山峰，山谷之间并无太多可供建设的平旷台地。2019年，我到皇城西侧考察圣果寺（南宋改为殿前司，岩壁间留有宋高宗"忠实"摩崖）遗址考古工地，杭州市文物考古研究所孙媛领队在此已发掘一年有余，令人大开眼界——今天的地面很高，触手可及"忠实"摩崖和吴越国十八罗汉造像，而吴越国时期的寺院台基已在距今地面5.72米深的地下，隋唐时期的地面还埋在更深处。1000多年来，此地屡兴屡废，屡废屡兴，地面不断抬升，今天我们已经站在了比隋唐时期至少高出6米的地面上。

圣果寺遗址是凤凰山的一个缩影，有理由相信南宋皇城的核心区，恐怕正是隋开皇九年（589）以来经过无数次的兴废和填筑、抬升起来的。凤凰山东麓地表抬升的过程，就是杭州子城的发展过程。

今人不见唐宋子城、南宋皇城的盛况，终究令人遗憾，但南宋宫廷绘画也许可以部分满足我们的想象。南宋马远《踏歌

马远《踏歌图》中段：高耸的歇山顶，修长的连廊，如此华贵的建筑，位于高山上盘旋的城墙内侧——这样的场景，如果是写实的话，只能是描绘凤凰山上的南宋宫廷建筑。宋宁宗御笔"宿雨清畿甸，朝阳丽帝城"，也暗示其描绘的是京城一角

图》画面中段的云雾深处，若隐若现的松林，掩映着歇山顶的建筑群，云雾边缘的一堵城墙，可能就是南宋皇城北城墙的一段，果如是，画面下段踏歌而行的人们，正是凤凰山下的万松岭。马麟《楼台夜月图》、马远《雕台望云图》等团扇小品，山石、楼阁、树木、空旷的天空，画家笔下的景物，可能也是南宋皇城的一角。

也许读者会说，南宋画家以"斧劈皴"技法表现的山峰，太过峻峭、奇崛，不像人们惯常想象中的江南秀丽山水。但如果我们曾经取道八蟠岭，直趋山顶，看到裸露的石灰岩山体，一定会感慨凤凰山的峻峭，并折服于画家在写实基础之上的概括与升华能力。

凤凰山是神奇的。浙南山区真实的大山，不如她灵动；浙北水乡雕琢的假山，不及她自然。夏圭、马远笔下烟雾弥漫的山水景观，不正是湖山的写照吗？

五

唐代南北双城之间的腹地，即今杭州主城区，由于远离山麓，迫近钱塘江，饮水很成问题。唐建中年间（780—783）杭州刺史李泌开六井，导西湖水入城后，"自是民足于水，生齿日繁"。

893年，割据两浙的钱镠修筑大城（罗城），将子城、钱唐县城和"主城区"包罗在内。杭州筑城的过程，是先完成两头，再连接中间，故而呈现为南北两头粗、中间略细的腰鼓状，故称"腰鼓城"。910年，钱镠在东城墙外修筑起捍海塘，从此海潮不犯城内。经过钱氏吴越国近百年的经营，腰鼓城终于一跃而为"东南形胜第一州"，并在南宋临安城时期臻于鼎盛。

南宋《咸淳临安志》所附《西湖图》（姜青青改绘）

　　随着西湖以东的主城区人口的发展和繁衍，凤凰山在城市生活中的地位逐渐降低。元灭南宋后，拆毁城墙，皇城亦遭毁弃，元末重建杭州城，竟将隋唐以来的政治中心凤凰山整体割弃于城外，沦为城市边缘。自五代吴越国以来，城区逐渐成为城市日常生活的中心，但由于"古今重叠型"城市的特性，古代城市遗迹深埋地下，南宋临安城遗址普遍埋于距今地表2米以下的深处。在今天的主城区很难见到早期的古迹，真正的唐宋遗物，例如慈云岭、烟霞洞、石屋洞、九曜山的吴越国佛教造像，南屏山、飞来峰、排衙石的两宋摩崖题刻，则深藏于环湖诸山之中。

　　且往山中行，山中才有好风景。

六

自从凤凰山被割弃于城外，吴山遂为明清杭州城内唯一的山。吴山是篇大文章，这里只说瑞石洞的奇石，常来吴山的人，注定会爱上此地的石头。

与凤凰山、飞来峰一样，吴山也是典型的石灰岩山体。陆游《西湖春游》"灵隐前，天竺后，鬼削神剜作岩岫"，张岱《西湖梦寻》形容飞来峰"棱层剔透，嵌空玲珑，是米颠袖中一块奇石"，同样可以用来描述吴山瑞石洞。不同的是，灵竺是唐宋的热门景区，而紫阳山（吴山的一部分）瑞石洞一带，邻近南宋太庙，是为

吴山瑞石洞的奇石

朝廷禁地，宋宁宗朝权臣韩侂胄曾在此建造阅古堂等私家府邸，一般平民想必无缘欣赏这里的奇峰异石。

宋元鼎革后，此地逐渐开放，周密《癸辛杂识》说他从青衣洞的阅古泉，走到瑞石洞，看过月波池、飞来石，天色向晚，据说山中有虎，就不敢继续向前走了。莫非宋元之交的吴山，果真荒凉如此？元代诗人萨都剌《游吴山紫阳庵》诗："天风吹我登鳌峰，大山小山石玲珑。赤霞日烘紫玛瑙，白露夜滴青芙蓉。飘绡云起穿石屋，石上凉风吹紫竹。挂冠何日赋《归来》，煮茗篝灯洞中宿。"瑞石洞奇石已是士大夫的赏玩对象，并已有紫玛瑙、青芙蓉、飞来石等承袭至今的奇石命名。

乾隆皇帝南巡，常来瑞石洞，多次为飞来石题诗礼赞。我热爱瑞石洞，绝不在乾隆之下。吴山紧挨喧嚣的市井，一墙之隔，便进入幽深的山林，杭州是把市井烟火与山林意象结合得最完美的城市。瑞石洞的每一块奇石，翠壁、寿星、鳌峰、垂云、紫玛瑙、青芙蓉等，均有贴切而典雅的命名，并以大小、疏密、排布合宜的字体镌刻在石头恰当的部位。题名与奇石，浑然一体，犹如《登徒子好色赋》形容佳人"增之一分则太长，减之一分则太短，着粉则太白，施朱则太赤"，是那种分寸感恰好的完美。

我赞赏奇石和题名所共同创造的审美范式。但瑞石洞的奇石题名，并无落款，年代不详，杭州文史工作者多据萨都剌《游吴山紫阳庵》诗把这组石刻系于元代。但萨都剌诗与石刻年代并非一回事：或许在萨都剌以前，石头已先具美名；口耳相传的美名，并不非要题刻在石头上不可，犹如吴山十二生肖石，每块石头都有老杭州人耳熟能详的名字，但至今也未将它们镌刻其上。

无法判断年代的文物，就谈不上研究，我每次到瑞石洞，都心存歉意。明万历三十一年（1603）浙江布政使范涞撰《紫阳庵碑记》，记录瑞石洞的紫阳庵及奇石的形态和空间关系甚详，在西湖历代记文中，描述景物很少有如此具体的。范涞对瑞石洞的一草一木、一山一石，了然于心。后来我在丁丙《武林坊巷志》中读到一则材料，始恍然大悟，范涞非但做过这篇文章，可能也是奇石题名的最终完成者，据清人姚靖《西湖志》："万历三十一年，布政司史继宸、范涞建秀石堂、远览堂。……其山多胜迹，有采芝岩、载药圃、涤凡池、寻真路、成道树、松关、补衣石、青芙蓉、归云洞、天籁谷、三台石、紫阳亭、……瑞石洞、飞来石、龙窟、鳌峰、翡翠岩、垂云峰、月波池、蟾蜍石、蹲狮石、丹药灶、翠壁、迎真桥洞、朝元路、透天关诸胜。范公（范涞）悉为镌识，复撰《紫阳仙迹记》，绘其图景，并勒石空翠亭中，并诸名人诗石在焉。"（丁丙：《武林坊巷志·丰下坊三·紫阳庵》）。奇石经其品题，名实之间的关系就此固定下来，后人按图索骥，将名叫垂云峰、寿星石、橐驼峰的石头，逐一确指。奇石的定名，极其形象，"紫竹林"奇石上有类似竹枝的天然纹样，"寿星石"果然颇似额头前突的南极寿星，"青芙蓉"如出水芙蓉，"飞来石"倒悬于两侧山崖之间，犹如自天外飞来。石景与题名，有机融合，体现了古人造景的匠心。

我不厌其烦地描述吴山奇石，是因为环湖诸山在我国园林史上的特殊意义。宋徽宗在汴京建造艮岳，模拟凤凰山；宋高宗退居德寿宫，其园林则模拟灵隐寺前的飞来峰和冷泉溪。凤凰山、吴山、飞来峰，是宋代最重要的皇家园林师法造化的范本，恐怕也是奠定后世园林"叠山理水"审美范式的灵感源泉之一。

凤凰山圣果寺附近的月岩，中秋夜，圆月从奇石上空掠过，是南宋皇城内脍炙人口的赏月地点。明万历年间杭州才人高濂的《四

西湖全景

时幽赏录·胜果寺月岩望月》是篇好文章：

> 胜（圣）果寺左，山有石壁削立，中穿一窦，圆若镜然。中秋月满，与隙相射，自窦中望之，光如合璧。秋时当与诗朋酒友，赓和清赏，更听万壑江声，满空海色，自得一种世外玩月意味。左为故宋御教场亲军护卫之所，大内要地，今作荒凉僻境矣。何如镜隙，阴晴常满，万古不亏？区区兴废，尽入此石目中，人世搬弄，窃为冷眼偷笑。

凤凰山，月岩，左瞰西湖，右览钱江，奇石嶙峋，江潮起落，万壑松涛，中秋之夜，与三两诗朋酒友，赓和清赏，南宋的大内要地，今日之荒凉僻境。无限风光，不尽唏嘘。

环湖诸山，是士大夫向往的地方，也是杭城普通民众归去的方向。明万历《杭州府志》卷十九《风俗》，谓杭州南北二山是"百万居民坟墓之所在"。坟墓为考古工作者所关注，却并不为民众所喜闻乐见，故而点到为止，但环湖诸山与杭州市民生活和情感的紧密关联，是可以想见的事实。

环湖诸山之于杭州古代城市和文化的发展，具有多重的历史、人文、审美的价值。我说，杭州的精华在山，不亦宜乎！

第三编

历史记

越地佛迹

——浙江古代石窟造像概述

一 佛教石窟发展简史

浙江为海陆交汇的吴越之地，自东汉三国时期起，佛教已传入境内。东晋以来，会稽郡剡县（今嵊州、新昌）一带高僧云集。南朝齐梁时，剡县（今新昌）石城山弥勒大佛开凿，为我国南方最早的大型石窟造像；鄮县（今宁波）阿育王寺则为当时公认的华夏排名第一的释迦真身舍利塔。浙江现存南朝石窟寺，主要有新昌大佛（即剡县石城山大佛）、新昌千佛岩等，可证剡县在东晋南朝时期江南佛教发展中的重要地位。

隋代高僧智顗在天台山创立天台宗，唐代的明州鄮县阿育王寺、台州天台山已是名闻东亚的佛教圣地。安史之乱和会昌灭佛后，中国佛教重心南移，浙江成为佛教发展的中心地区之一，越州、杭州、台州、温州、婺州等地，大寺林立，名僧辈出。但是，浙江现存的唐代石窟极少，主要有绍兴柯岩大佛（或说开凿于五代）、建德玉泉寺石佛等，以大佛造像为主。

五代吴越国时期，钱氏三代五王奉行"善事中国""保境安民"的国策，大力扶持佛教，在境内广泛建寺立塔、开窟造像。吴越时期的佛教与王权联系紧密，具有强烈的护国色彩，经过近百年的经营，两浙遂为"东南佛国"。末代国王钱俶礼佛至诚，重用德韶、延寿等法眼宗高僧，鼓励信众发愿净土、营造经像，国都杭州的寺塔营建和造像工艺，臻于鼎盛。吴越国时期的现存石窟，几乎全部分布在杭州西湖周边，包括圣果寺、资延院（慈云岭）、石龙院、神尼塔、灵鹫院、石屋院、烟霞院、慧日永明院（净慈寺）、天龙寺、香严院（九曜山）等寺院造像，其中部分造像属于钱氏王家敕建。

北宋以后，禅宗和净土为两浙地区佛教信仰的主流。南宋定都临安，浙江成为全国性的佛教中心，禅宗鼎盛。官方建立禅寺"五山十刹"制度，浙江一枝独秀，占其五山六刹。僧人倡导和实践净土信仰，民间盛行起塔造像、念佛结社。同时，道教作为国家信仰，亦极盛兴。北宋造像主要分布在杭州青林洞、玉乳洞、石佛院、大佛寺等处，南宋造像则有杭州通玄观道教造像、南观音洞、宁波补陀洞天等处，体现了宋代"三教融合"的发展趋势。

宋元鼎革后，藏传佛教被奉为国教，在元代皇室的支持下，深度影响汉地。以杭州为中心设置的江淮诸路释教都总统所，由西夏人杨琏真迦管理，治所在飞来峰前的永福寺。杨琏真迦支持开凿的飞来峰造像群，汇集了南宋禅宗造像和元代萨迦派造像两种不同风格的造像艺术，是宋元之交融合汉藏文化的尝试。白云宗为元初统治者所推崇和倡导，势力极盛，余杭南山普宁寺为白云宗的传教中心，由其开凿的余杭南山造像，规模宏大。

明清时期，宗教信仰更加世俗化、民俗化。观音信仰流行，普陀山在明代被确立为观音菩萨道场。家庭、民间造像供养逐渐替代寺庙造像供养，布袋弥勒、送子观音等题材为信众所喜闻乐见。道教、儒教题材的造像也应运而生，甚至与佛像组成"三教合一"的造像龛。该时期的石刻造像遍布全省，如杭州宝石山、西山庵，及绍兴石屋禅院、余姚胡公岩、普陀山潮音洞等。

总体而言，浙江古代石窟造像，八成以上的龛窟集中在杭州地区，尤以五代吴越国和元代开凿数量最多。因为杭州作为吴越国和南宋都城，自五代起就是两浙地区的政治、经济、文化和宗教活动中心。进而言之，杭州甚至可以称为10世纪以后我国石窟造像的中心。

二　浙江石窟的龛窟特点

石窟原是印度的一种佛教建筑形式。佛教提倡遁世隐修，僧侣们选择在城市以外的幽僻之地开凿石窟，以"岩居""洞居"的形式修行。4—7世纪，我国最早出现的石窟，仿照印度和中亚石窟制度开凿，分布在新疆、河西、中原等地区，如克孜尔石窟、敦煌莫高窟、永靖炳灵寺石窟、天水麦积山石窟、云冈石窟、龙门石窟等。5世纪后期，石窟制度传入南方，新昌大佛和千佛岩均开凿于此时，是我国南方最早建设的石窟。这些石窟本身即为寺院主体建筑或主要组成部分，僧人的礼拜和修行主要在窟内完成，是名副其实的石窟寺。

盛唐以后，伴随着佛教中心的南移，北方不再流行开凿大型石窟。9—13世纪的石窟造像主要分布于南方的巴蜀和浙江地区，如四川安岳、重庆大足、杭州环湖诸山和飞来峰等处。吴越国时期敕建的个别大型石窟，如圣果寺、资延院等，仍然延续早期石窟寺的传统，石窟造像结合窟前的建筑，具备或部分具备寺院主体建筑的功能，仍可勉强称为石窟寺。

2021年，浙江省石窟寺专项调查队在宝石山大佛寺造像前合影

新昌石城山弥勒大佛

但是，浙江五代至宋元时期绝大多数的石窟，以摩崖龛为主，在寺院附近的山崖上，开凿于浅龛之中，以群组的形式出现。这些摩崖造像，仅有小型窟檐遮挡，只是某寺院的从属部分，不再具备石窟寺的基本形态和功能。

摩崖龛造像的选址，一般会综合考虑岩石性状、周边环境、宗教场所、施主意愿、附近聚落和交通条件等多种因素。虽历经千百年，多数造像选址的山水环境仍有迹可循，例如杭州慈云岭、石龙洞造像均附属于相应的寺院，开凿于幅面较广的石灰岩质山体，岩体前方有开敞的朝拜空间，附近有慈云岭等交通要道。

明清时期的摩崖造像，多为民间主持开凿，遍布各地，呈点状分布。部分摩崖造像，不再附属于寺院，而独立散布于山野之间、道路之侧。除了少数规模较大的群组之外，多数造像只有零星几龛甚至一龛。造像大多技法粗拙，体量偏小，甚至有近似涂鸦的线刻作品，难以区分宗教或题材内容。该时期的摩崖造像，可以说已脱离寺院的范畴，而是广泛民间信仰的衍生物。

从龛窟形态、功能、窟前建筑和附属寺院等因素考察，浙江古代石窟造像，仅在南朝时期的新昌存在个别名副其实的石窟寺，而五代以来大量带窟檐的摩崖龛造像，以及部分在天然溶洞内开凿的摩崖造像——这些造像龛群，可能雕造于同一时期，也可能由不同时期、不同寺院的造像龛组成，甚至可能与寺院无关，并不具备石窟寺的形态。这是江南石窟与北方石窟显著的区别。

试举一例，浙江流行的罗汉造像。如在杭州烟霞洞或飞来峰所见者，往往没有规则的龛形，或单独一身，或三两成对，或分成两排、三排甚至多排，难以区分龛数。文物工作者在编制罗汉造像的龛号时，习惯将相对集中的罗汉群组编为一龛，如飞来峰青林洞第

7龛有7身罗汉造像，第17龛有18身罗汉造像，第14龛则有多达50余身罗汉造像。这种编号方式存在较大的主观性，不同时期、不同人员主持的调查报告存在各不相同的龛窟编号方法和数量统计，亟待统一和规范。

这说明绝大多数的浙江古代石窟造像，无论形态，抑或功能，与严格意义上的石窟寺概念不符。但是，2020—2021年开展的浙江省石窟寺专项调查，是全国石窟寺专项调查统一部署工作的组成部分。石窟寺，作为一种顺应山势开凿的寺院和龛窟的总称概念，与中古时期我国西北和北方地区的佛教寺院发展历史相适应，却不适用于五代以来浙江佛教摩崖造像的实际发展状况。生搬硬套石窟寺概念，势必会给浙江石窟造像的调查、分类和研究带来困扰，因此我们在整理资料、编写报告时，就有意识地以更普适的石窟造像概念，替代原来的石窟寺概念。

三 石窟造像的题材特征

浙江石窟造像，包括佛、菩萨、弟子、罗汉、高僧、天王、童子等多种佛教造像题材，以及少量道教、儒教和民间信仰造像。其中，布袋弥勒、白衣观音和十八罗汉题材，最具地方特色，是10—12世纪佛教持续中国化的典型反映。飞来峰元代藏传佛教造像，则是13世纪藏传佛教萨迦派造像在汉地的珍贵遗存。

早期石窟造像，如南朝剡县石城山大佛、唐代羊山大佛、柯岩大佛，均为当时流行的弥勒大像题材，代表了弥勒信仰的流行。至吴越国时期，弥勒造像组合趋于定式，如九曜山香严院、玉皇山天龙寺的一铺七尊组合，弥勒承袭唐代风格的倚坐佛像造型。吴越国时期的明州神僧契此，俗称布袋和尚，因其弥勒化身的灵异神迹，在北宋时逐渐被神化，成为国家信仰。自北宋初期起，浙江率先出现笑口常开、大腹便便的布袋和尚形象，该形象风行海内，甚至远播西夏，在明清时期更成为弥勒的标准像。浙江石窟中现存最早的布袋弥勒造像，是开凿于元初的飞来峰冷泉溪第45龛和第68龛的布袋弥勒，继承了南宋亲切、柔和的艺术风格。此外，北

柯岩大佛全景

宋末杭州宝石山大佛寺的弥勒大像，则走出另一条新路，气势恢宏的半身大像，成为宋元时期江南大像的另一种模式，但在后世衰微不显。

　　观音信仰自5世纪初期《法华经》译出后，即流行于中原地区。至唐代，观音作为阿弥陀佛的胁侍菩萨，与大势至菩萨一起构成"西方三圣"，主要出现在净土经变的造像题材中。五代吴越国延续唐代流行的净土信仰，在杭州地区大量开凿"西方三圣"造像龛，如凤凰山圣果寺、慈云岭资延院、飞来峰灵鹫院等。同时，单尊的观音造像龛也悄然兴起，如将台山石龙院、飞来峰神尼舍利塔院、飞来峰灵鹫院、玉皇山天龙寺等处，均有单尊的杨柳观音或水月观音形象。尤其值得关注的是，在南高峰烟霞洞口，出现了杨柳观音

飞来峰造像中的布袋和尚与十八罗汉

慈云岭造像

和白衣观音相对而立的场景，其中杨柳观音承袭唐代以前的风格样式，白衣观音则为吴越国首创的题材，开启了一条观音中国化的新道路。飞来峰元代初期的汉式佛教造像，继承了南宋种类繁复的观音形象，塑造水月观音、白衣观音、杨柳观音、莲蕾观音、观音三尊等题材，极具艺术性，代表了宋代造像艺术的最高水准。明清时期，普陀山成为观音道场，观音造像日益普遍，甚至还出现鱼篮观音、渡海观音、送子观音等种类繁多的题材。

　　7世纪中叶，自高僧玄奘译出《法住记》，罗汉信仰始风靡中国。据《法住记》所述，释迦在涅槃之前托付自己的十六位弟子，不入轮回，住世传法，作为当世所有信众应当追随的导师。罗汉信仰流行于唐五代时期，吴越时期的杭州石龙院十六罗汉造像是我国现存最早的十六罗汉造像实例。吴越后期，又在十六罗汉的基础

烟霞洞口的白衣观音像

上，增加了《法住记》的作者庆友尊者和另一位不具名罗汉，创造性地组成了十八罗汉的组合，并大兴于后世。吴越广顺三年（953）开凿的杭州烟霞洞十八罗汉造像，是我国现存最早的十八罗汉造像实例。此外，晚唐五代时期开始出现的五百罗汉，是罗汉信仰的另一种表现形式。吴越开运元年（944）始凿的杭州石屋洞罗汉造像群，是我国现存最早的五百罗汉造像实例。南宋末期，更是创造性地将布袋弥勒和十八罗汉这两种发源于浙江地区的造像题材，融合一体，正如元初飞来峰第68龛布袋弥勒及十八罗汉造像所示，这是我国现存唯一的这种题材的组合实例。

　　江淮以南本无藏传佛教，元代统治者征服江南之初，始大力提倡。元代飞来峰造像由江淮诸路释教都总统杨琏真迦主持开凿，其中藏式造像30余龛，是江南地区规模最大的藏式石窟造像群。题材包括释迦、无量寿、药师、阿閦、炽盛光佛、观音、文殊、摩利支天、金刚勇识、坏相金刚、尊胜佛母、般若佛母、救度佛母、大白伞盖佛母、多闻天王、赞巴拉、金刚手、密里瓦巴等。其中的尊胜佛母九尊坛城，规模宏大；多闻天王骑狮、密里瓦巴及二侍女、赞巴拉、狮吼观音及九头龙王胁侍等造像，均极罕见，代表了藏传佛教艺术的巅峰水平。

此外，北宋飞来峰玉乳洞的禅宗六祖像、南宋杭州通玄观的三茅真君像、元代飞来峰龙泓洞的高僧取经像、元代杭州宝成寺的麻曷葛刺像、明代杭州西山庵的地藏十王经变像、清代余姚胡公岩的济公像，均为浙江地区独有或者国内罕见的珍贵造像题材。

四 石窟造像的题记

石窟造像龛的内外，常有人工开凿的磨光幅面，用于镌刻题记。除造像题记外，还有重装题记、佛经、文人题记等多种内容。

造像题记一般镌刻于龛侧，说明施建龛像的供养人姓名、造像内容、经费、发愿、年代等内容。造像记是石窟造像的组成部分，具有断代、定性等重要价值。吴越国时期的慈云岭资延院和西关净化院，开凿有巨大的圭首形摩崖石碑，用于造像题记和建院题记。石屋洞的五百罗汉及其他佛像，由于供养人众多，甚至开凿了200多方造像记，内容丰富。烟霞洞的罗汉造像均有题记，尤其是第24龛"庆友尊者"题记，是吴越国为十八罗汉造像起源地的关键实证。吴越时期杭州九曜山造像，由于"香严界"题记的发现和辨

吴越国九曜山香严院"一铺七尊"（一佛、二弟子、二菩萨、二天王）组合造像

飞来峰造像中的吴越国"西方三圣"造像

认，造像的性质和价值因此而明确。南宋杭州通玄观造像，分布有11方历代造像和重建题记，包括南宋初建、元代重建、明代三建的丰富内容，可补史载之不足。元代飞来峰造像遗存的十余方造像题记，记载了江淮诸路释教都总统所和稍后的宣政院各级僧官开凿造像的始末。由于浙江地区气候潮湿，石灰岩的风化和溶蚀严重，大量石窟造像题记，字迹漫漶，例如飞来峰顶的吴越时期神尼舍利塔院造像，虽能确认有30通左右的造像题记痕迹，但竟无一字可以辨认。

石窟中有一类题记，尽管不是原始的造像题记，但其内容与造像直接相关，例如造像的重装题记。江南潮湿多雨，石窟造像虽设窟檐遮风挡雨，但一般在二三十年后就需要重新修复佛像的金身彩绘。杭州飞来峰龙泓洞、青林洞、玉乳洞及宝成寺等处，均有后世的重装题记。

还有一类题记与造像有关，即佛经。九曜山香严院石窟的弥勒大龛对面，镌刻有《弥勒上生经》全文，相互映衬。吴越时期杭州石龙院石窟后方崖壁，镌有北宋时期书写的《心印铭》全文，书法极工。

当然，也有一类题记与造像并无直接关联，即历代文人纪游性质的摩崖题记。唐代杭州刺史卢元辅，在飞来峰顶的神尼舍利塔院留下一首《游天竺寺》诗刻，可弥补《全唐诗》之阙。飞来峰龙泓洞内外，有大量宋代至民国的文人题记，与元代石窟造像相辅相成，构成独特的景观。需要指出的是，后世文人题名山川，有时将题记直接镌刻于石窟之内，甚至会破坏造像内容。净慈寺后山的石佛洞造像，开凿于五代吴越国时期，正壁的三世佛、两壁的十八罗汉造像主体为明代胡宗宪、丁洪等四次镌刻的题记、题诗、大字榜题所破坏。

浙江古代石窟造像的一大特色，即是包含了种类丰富的石刻题记。不论造像题记、重装题记、佛经，还是文人墨客"到此一游"的题名，均为一处完整石窟的有机组成部分，客观反映了石窟的开凿、维修，景观的生成史与接受史，以及在后世遭到不同程度破坏的历史过程。在石窟造像的调查和记录中，题记不可或缺。

五　西湖石窟造像研究和保护的关键问题

最后，以杭州西湖石窟造像为例，分析当下石窟研究和保护工作中存在的关键问题。

西湖造像，主要分布于飞来峰、南高峰、九曜山、玉皇山、南屏山、凤凰山、吴山等石灰岩山体中，因为石灰岩地区怪石嶙峋，山水奇秀，多有寺院分布，更因其石质细腻较其他岩性更适宜开龛造像。西湖造像的主体吴越时期造像和飞来峰造像均在石灰岩地区，至于宝石山的大石佛院至栖霞岭的紫云洞一线，确有在火山岩上开凿造像之例，但仅限于北宋尤其是元明以后的零星活动。

环湖诸山，以天门山为界，以北群山称北山，包括北高峰、飞来峰、葛岭、宝石山等；南面诸山称南山，包括南高峰、南屏山、玉皇山、凤凰山、吴山等。习惯上，西湖造像因此分为南山造像和北山造像，前者以吴越国造像为主，后者以飞来峰造像为代表，文物的价值和特色，各有侧重，各擅胜场。

但是，2006年国务院公布的第六批全国文物保护单位，将慈云岭、天龙寺、烟霞洞造像以"南山造像"的名义打包，并与第二批全国文物保护单位"飞来峰造像"合并，最后以"飞来峰造像"为总名。然而，飞来峰造像既已包括南山造像，但圣果寺、石龙洞、九曜山、净慈寺慧日峰等重要吴越文物却又被割弃在外。这种不合理的文物组团和文物归并，可能说明文物考古学界对西湖造像的历史和艺术价值缺乏准确的认知。

其实，该问题也可以这样设问：在全国石窟寺（石窟造像）考古和文物保护研究体系中，西湖造像的历史、科学和艺术价值应该如何提炼和阐释？

关于南山造像，我们认为必须提出"吴越国佛教造像"的核心概念，将慈云岭、天龙寺、烟霞洞、圣果寺、石龙洞、慧日峰、九曜山等9处造像，与同期寺院、塔幢等佛教史迹整合起来，并纳入杭州城市考古、西湖景观生成史的学术视野。吴越国王室大力倡导和扶持的佛教史迹和艺术，是我国唐代以后佛教史研究的重要内

余杭南山普宁寺元代造像

容，如果将南山造像与其他佛教文物割裂认识，或与飞来峰、宝石山等处混为一谈，则无法彰显其突出的普遍价值。

关于飞来峰造像，可以讨论的空间更大。1982年公布的第二批全国重点文物保护单位"飞来峰造像"，包括了五代吴越时期的神尼舍利塔院造像（飞来峰顶一带）、五代北宋时期的灵鹫院造像（飞来峰东麓的青林洞、玉乳洞一带）、元代总统所及灵隐寺造像（飞来峰北麓的龙泓洞、冷泉溪、呼猿洞一带）、明代民间造像（散落分布）等四部分。四部分造像的时代、分布位置、所属寺院各不相同，在调查和研究时，有必要根据龛像雕造的不同背景加以区分。过去将不同历史背景的庞大龛窟群归并为"飞来峰造像"一处文物，在学理上，尚且多有可议，而在第六批全国文物保护单位中，"飞来峰造像"概念的外沿持续扩大，更将在地缘上毫不相关的"南山造像"包罗在内，势必造成概念的混乱和价值阐释的失焦。

传统观点认为，飞来峰造像的核心价值在于保存了江南规模最大的一组藏传佛教造像。这种看法固然有其合理性，但不够全面，姑且不论青林洞、玉乳洞多有吴越国和北宋造像。宋元鼎革之际，杨琏真伽在开凿藏传佛教造像之余，也开凿了一批具有江南汉地风格的造像，例如呼猿洞第98龛"西方三圣"和第99龛无量寿佛、救度佛母、文殊三尊龛像，均为杨琏真伽捐资开凿，后者虽为藏传佛教题材，但采用汉地传统工艺，造像仪态祥和，衣纹圆润，是南宋都城造像艺术和藏传佛教题材的完美结合，体现了汉藏文化的完美融合。第68龛布袋和尚与十八罗汉是飞来峰的经典形象，传统认为其为南宋造像，但今日学界则公认其开凿于元初，布袋和尚与十八罗汉，神完气足，与自然山体巧妙结合，代表了汉地美术的极高境界。在飞来峰寻觅绝响已久的"宋韵"，即研究、复原南宋临安

飞来峰第98龛杨琏真伽捐凿的"西方三圣"造像正射影像图

城的造像艺术，这一曾经长期遭到遮蔽的视角，恰恰可以揭示飞来峰造像在宋元之交特有的时代特色。

南山和飞来峰造像的突出价值，非深于杭州城市、佛教历史研究者不能辨明，反而容易为人所忽略或遮蔽，前述国保单位对西湖造像不合理的合并，以及西湖造像至今未能在中国石窟寺考古体系中赢得相应的学术地位，或许与此有关。

古人总以"金石寿"比喻生命久长，其实，受雨水溶蚀、风化、岩体失稳等自然因素的影响，田野中的石窟造像相当脆弱。在易遭溶蚀的石灰岩山体和石灰岩溶洞开凿造像是西湖造像的特点，但这为石窟保护带来了严峻的挑战。江南露天、多雨、潮湿环境下石灰岩文物的物理和化学保护，是亟须攻关的科技难题，期待文物保护科技工作者在此领域有所发明，在我们的呵护下，古人伟大的艺术，庶几不随流光磨灭。

【附记】本文与浙江省博物馆魏祝挺先生合作完成。

唐宋时期的西湖摩崖题刻

——兼论摩崖题刻的考古学研究

一 摩崖题刻在环湖诸山的分布

杭州诸山，层峦叠嶂，从北、西、南三面环绕西湖，呈现山外有山的地貌景观。由外及内，环湖诸山大致分为三圈。外圈群山：老和山、将军山、北高峰、美人峰、天马山、天竺山（天门山）、琅珰岭、五云山等，多由志留纪、泥盆纪的砂岩和石英砂岩构成，山势高峻，其中天门山海拔412米，为诸山之巅；中圈群山：飞来峰、月桂峰、棋盘山、南高峰、青龙山、玉皇山、九曜山、南屏山、凤凰山，山势较外圈稍低，主要为石炭纪、二叠纪的石灰岩，多岩溶地貌；内圈群山：指紧邻西湖沿岸的宝石山、葛岭、丁家山、夕照山、吴山等，海拔均在百米左右，宝石山、葛岭为火山岩、凝灰岩体，吴山则多石灰岩。

中圈和内圈群山的石灰岩山体，奇峰异石，山水清嘉，与城区距离适中，自唐五代以来，就是佛寺和名胜的集中分布区。文人墨客来游，慨然有感，题名山崖，以纪鸿爪，或意犹未尽，赋诗一首，即为诗刻，统称为摩崖题刻。环湖诸山的古代题刻，十之七八刊刻于石灰岩山体上，至于唐宋时期的纪游题刻，可谓绝无例外。

或问：西湖美景，所在皆是，并不限于环湖诸山的中圈或内圈群山，何以文人摩崖题刻只存于此？

答曰：古人利用天然岩壁稍加平整，而后在打磨过的崖壁上刊刻文字，故称摩崖。石灰岩较其他岩性的山石，更适宜开龛镌刻。试举一例，天竺寺后、灵隐寺前的飞来峰和莲花峰，"鬼削神剜作岩岫"，有杭州最著名的石景，山中的唐宋摩崖，比比皆是。然而，与天竺寺仅一山之隔的中天竺法净寺，近不过百米，全无古代造像或题刻，只因为中天竺前后山为石英砂岩质的山体，岩石坚硬，且含砂砾，不宜刊刻。至于火山岩地区的宝石山一带，虽有题刻，但主要形成于元明以后。

要之，文人的纪游题刻分布是有选择性的，并不与当时的名胜景区完全重叠，具体而言，环湖诸山的唐宋摩崖题刻只分布于石灰岩质的风景名胜区。

二　唐代摩崖题刻

唐代后期，尤其在安史之乱后，杭州较以前有长足发展，成文于永泰元年（765）的李华《杭州刺史厅壁记》曰："杭州东南名郡，……户口日益增，领九县，所莅临者多当时名公。"担任杭州刺史者多为名公巨卿，从白居易到杜牧，无不以到杭州任官为荣。白居易对杭州尤其一往情深，其诗文大大提升了西湖山水的知名度。

据清阮元《两浙金石志》著录，杭州年代最早的摩崖题刻系唐天宝六载（747）的"源少良等题名"，但自清代以降，实物不知所踪。近年来，经过奚珝强先生等社会人士多年的寻找，下天竺和飞

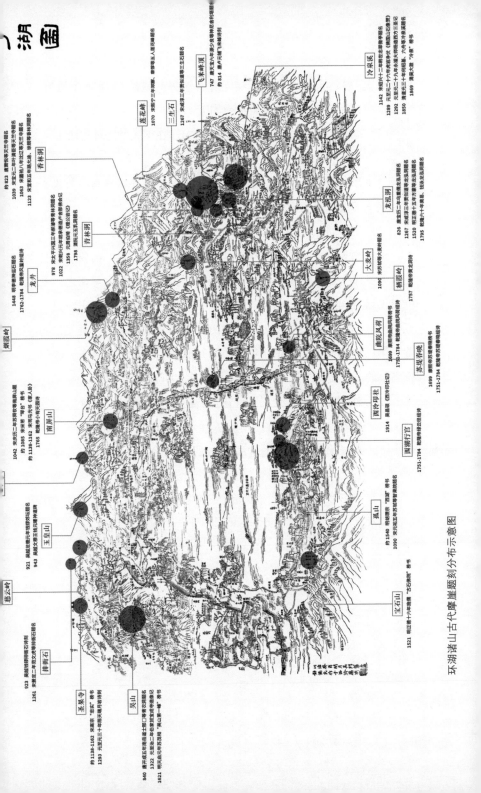

环湖诸山古代摩崖题刻分布示意图

来峰（灵竺）、定山风水洞、吴山青衣洞等三地的 13 通唐代题刻，悉数重现人间。现以年代先后罗列如下：

（1）源少良等题名。天宝六载（747）。在下天竺之神尼塔下。

> 监察御史源少良、陕县尉阳陵、此郡太守张守信，天宝六载正月廿三日同游。

该题刻为"皇宋景德三年（1006）正月二十二日，前钱唐知县光禄寺丞张文昌、前越州萧山尉郝知白、吴山寓居羽人冯德之、余杭山人盛升同游谢太守翻经遗迹，刊石立记"所覆刻；南宋绍兴十五年（1145）前后，在张文昌题名的上半部，遭"梅违、黄安仁同游"第二次覆刻；元至正四年（1344）前后，又遭"璎珞泉，沙门行之"的三度覆刻。杭州年代最早的摩崖，可谓命运多舛。

（2）沈岫题名。贞元三年（787）。在定山风水洞。

> 吴兴沈岫□元三年正月卅日题。

（3）李事举等题名。约贞元十三年至十四年（797—798）。在定山风水洞。

> 监察御史李事举、杭州刺史贾全、试大理司直王□。

题记无年款，年代据贾全担任杭州刺史年份推定。

（4）王澹等题名。永贞元年（805）。在下天竺。左行。

节度判官、侍御使、内供奉、赐绯鱼袋王澹，前右骁卫兵曹参军崔珙，永贞元年冬季。

阮元《两浙金石志》有录，但认为其于乾隆庚子（1780）为某太守所毁，实则题刻尚存，2021年经奚珣强重新访得。

（5）李幼清题名。元和元年（806）。在定山风水洞。左行。

睦州刺史李幼清，元和元年十一月廿九日题。

（6）武儒衡题名。元和二年（807）。在定山风水洞。左行。

摄都团练……前国子监四门助教武儒衡，元和二年二月廿日题。

（7）李夷简题名。元和二年（807）。在定山风水洞。左行。

饶州刺史李夷简□□游，元和二年四月十二日赴……

（8）郑敦礼题名。元和二年（807）。在定山风水洞。左行。

殿中侍御史内供奉郑敦礼，元和二年五月七日赴新安……

（9）卢缜等题名。元和四年（809）。在定山风水洞。

范阳卢缜，元和四年十月廿五日。时缜、摄富阳令郑暐、裴损后到。

（10）卢元辅《游天竺寺》诗刻。元和八年至十年（813—815）。在下天竺之莲花峰顶。

> 游天竺寺，杭州刺史卢元辅：水田十里学袈裟，秋殿千金俨释迦。远客偏求月桂子，老人不记石莲花。武林山价悬隋日，天竺经文隶汉家。苔壁娲皇炼来处，泖中修竹扫云霞。

诗刻无年款，年代据卢元辅任杭州刺史期间推定。

（11）萧悦等题名。长庆年间（821—824）。在下天竺。左行。

> 前太常寺奉礼郎萧悦、前太常寺王亘。

制作唐卢元辅诗刻拓片

阮元《两浙金石志》有录，并认为已于乾隆庚子（1780）为某太守所毁，实则题刻尚存，2021年经奚珣强重新访得。萧悦为白居易刺杭期间的属官，白有赠诗《醉后狂言酬赠萧、殷二协律》，又有《游恩德洞》诗序记长庆二年（822）白居易与萧悦等人共游定山恩德洞之事甚详。该刻无年款，年代暂系于白居易刺杭期间。

（12）乌重儒题名。宝历二年（826）。在飞来峰龙泓洞口。

　　泉州刺史乌重儒，宝历二年六月十八日，赴任过游此寺。

　　乌重儒题名下部为清嘉庆三年（1798）玉德诗刻打破，所幸
《两浙金石志》有完整著录。

　　（13）南岳道士邢念等题名。开成五年（840）。在吴山青衣洞
口。左行。

　　大唐开成五年六月十八日，□□□南岳道士邢念、钱唐县
令钱华记，道士诸葛监元书。

　　吴山青衣洞，南宋时为权臣韩侂胄的阅古堂所据，陆游《阅古
泉记》已有文记之："泉之壁，有唐开成五年道士诸葛监元八分书
题名。"今仍存洞口右壁。

　　以上13处唐人题刻，分布于飞来峰（下天竺）、定山风水洞、
吴山三地。由天竺寺、三生石、灵隐寺、飞来峰、冷泉溪等景观组
成的"灵竺景区"，是杭州城郊最早形成的佛教圣地和名胜区之一，
为唐宋士大夫必到之所，白居易关于天竺、灵隐、冷泉溪的诗文，
以及罢任刺史时采携天竺石返回洛阳以示对江南风物的喜爱，俱称
一时佳话。唐人题刻集中分布于此，并不令人意外，所遗憾者，杭
州迄今未见白居易题名。

　　定山风水洞，又名恩德洞，地处钱塘江畔，位于杭州往返钱塘
江上游新安、婺州地区的交通要道上，距离郡城又不甚远，更有慈
严院、天然溶洞等可以探胜寻幽。唐宋时期，白居易、林和靖、苏

轼、赵汝愚、朱熹曾先后到访，并有7处唐人题刻留存至今。宋代以后，随着钱塘江改道，湖埠地区和风水洞才告冷落。吴山是杭州城内的山，青衣洞旁有一通唐道士题名，亦在情理中。

摩崖石刻在于天然崖壁，虽然刊刻前也要进行整治，除去表面杂草土块，求其平整，毕竟远较碑志需要经过开采、磨砻乃至运输等多道工序为简便，也便较碑刻随意。唐代摩崖题刻的章法散漫，以左行为主，字体大小不一，就是因为唐代题刻对岩壁通常不作平整，章法视岩面的具体状况而定，无法做到像碑版那般严谨。加上年代久远，摩崖遭雨水溶蚀和人为覆刻破坏，多数漫漶不清，甚至长期湮没无闻，直到近年才得以全部重新发现。

五代吴越国时期，未见文人官员的纪游题刻，现存题刻主要有：吴越龙德元年（921），在营建都城的过程中，钱镠在龙山（玉皇山）南麓建设郊坛，并题名崖壁；龙德三年，钱镠在将台山顶建造上清宫，题诗刻于排衙石；宝大元年（924），钱镠凿通慈云岭，在路旁镌刻"开慈云岭路记"；天福四年（939），第二代国王钱元瓘派中直都队将冷求等人重修天竺寺后山前往神尼塔的山路，在路旁镌刻"开路记"。

就其内容而言，唐五代时期的西湖摩崖题刻，主要有三类：纪游类：例如源少良题名等，这是摩崖题刻的主体；遣怀类，或可称为诗刻类或抒情类，文人或官员来游，意犹未尽，题诗于崖壁，例如卢元辅《游天竺寺》诗刻；记事类：用以记录营造建设的经过，例如钱镠慈云岭开路记与冷求开路记。无论如何，正是因为有了题刻，纯自然的岩壁与石头，从此拥有了文化的标识。

三　宋代的摩崖题刻

摩崖题刻的分布具有集聚效应，灵竺、定山等公共名胜区，中晚唐以来游人如织，宋代依然是题刻的密集分布区；吴山位于城内，佳胜之处多为衙署、权贵宅邸、寺观苑囿所占，多不具备公共景区的属性，例如石景绝佳的瑞石洞，南宋时期邻近太庙，成为朝廷禁地，宋宁宗朝权臣韩侂胄在此建造阅古堂等府邸，一般平民无缘进入。宋元鼎革后，尤其是明代以来，始逐渐向大众开放。吴山的唐宋题刻，远不及灵竺、定山丰富，或此之故。

宋代的纪游类题刻较唐代最大的变化，是突破了原有灵竺、定山风水洞二地格局，在西湖南山的凤凰山、将台山、玉皇山、南屏山、烟霞三洞、龙井（如《两浙金石志》著录有"乾道七年林景度、韩元吉等龙井题名"）一带集中出现大批摩崖题刻（组、群）。

除了纪游、遣怀、记事三类，宋代新出现志胜类题刻，亦值得关注。志胜类，或可称为造景类，例如慈云岭的苏舜元书"瑶华洞"、南屏山米芾书"琴台"、飞来峰郭正祥书"连运栈"、定山元居中篆书"云泉灵洞"等。志胜类与常见的纪游类题刻不同，明确体现了文人为景观命名甚至为自然造景的用意。但是，宋代为景观命名的大字榜书题刻，尚不普遍，志胜类题刻的大流行主要在元明时期，尤其是明代以后。

古代西湖摩崖题刻的种类，至此焕然大备。西湖林林总总的题刻，不外乎此四大类——纪游、遣怀、记事、志胜。此种分类法，未必完善，古代石刻类型繁多，清人叶昌炽《语石》所列举的多达42种，其中第26种为摩崖。我对摩崖题材的进一步分类，或可补充

下天竺后山的北宋叶清臣题名

《语石》的相关论述。

摩崖题刻分布范围的扩大，是唐宋之间西湖景观开发进程的客观反映，尤其是从南屏山至烟霞三洞的"西湖南线"之形成，突破了唐代从孤山至灵隐的"西湖北线"一枝独秀的局面，是五代吴越国凿通慈云岭交通线路以后出现的新事物。

南屏山摩崖题刻，多数集中于康定元年（1040）到元祐五年（1090）之间，从康定元年司马光生父杭州知州司马池，康定二年知州张若谷和两浙路转运使张从革，庆历元年（1041）知州郑戬等，以及庆历二年地方官苏温雅、苏舜钦等人题名可知，南屏山永明禅寺（净慈寺）和兴教寺一带，在北宋中期已成为杭州地方官员喜爱的城郊游览地。

最能体现西湖南线景观生成的人物，是熙宁年间的两浙转运使王廷老。熙宁六年（1073）七月王廷老携部属游览烟霞诸洞，分别题名于石屋洞、水乐洞、烟霞洞：（1）石屋洞题名曰"睢阳王廷老伯敫、钱塘吴君平常甫、大名王颐正甫、昭武上官垲彦明、临川王安上纯甫同游，熙宁癸丑（1073）七月己未"；（2）水乐洞题名曰"睢阳王廷老伯敫、钱塘吴君平常甫、大名王颐正甫、昭武上官垲彦明、临川王安上纯甫同游，熙宁癸丑七月己未"；（3）烟霞洞佛手岩题名曰"睢阳王廷老伯敫、钱塘吴君平常甫、大名王颐正甫、昭武上官垲彦明、临川王安上纯甫同游"。佛手岩虽无年月，但从同游者名单判断，应为同日所为。

熙宁六年（1073），杭州知州陈襄、通判苏轼等人在石屋洞也有题刻："陈襄、苏颂、孙奕、黄颢、曾孝章、苏轼同游。熙宁六年二月二十一日。"由于元祐党禁期间，苏轼碑刻遭到集中破坏，不知陈襄、苏轼的当日行程是否到过水乐洞和烟霞洞。但苏轼有咏水乐洞诗："流泉无弦石无窍，强名水乐人人笑。"明《西湖游览志》载烟霞洞"东坡留题尚存"，可知苏轼确曾到访烟霞三洞。有趣的是，杭州刺史陈襄、通判苏轼与两浙转运使王廷老同为地方官，但州衙和转运使衙职责有异，结伴出游的朋友圈竟然完全不同。

两年以后，熙宁八年（1075）四月二十日，王廷老再访烟霞三洞，于石屋洞留题："睢阳王廷老伯敫、钱塘吴君平常父、孙迪彦诚、胡志忠仲举、郭附明仲、张靓子明。熙宁八年四月廿日同游石屋洞□□□。"在烟霞洞佛手岩，王廷老在前次题刻的左下角补刻小字曰："后二年，伯敫与常父、彦诚、仲举、明仲、子明同来。"

三天之后的四月二十三日，王廷老、张靓等人再次出游南山。

先在南屏山兴教寺留题："王廷老伯敫、张靓子明、孙迪彦诚、胡志忠仲举、吴君平常甫、郭附明仲。熙宁八年四月廿三日同游南屏兴教寺。"随后又往烟霞三洞，于佛手岩第三度留题："王廷老伯敫、张靓子明、孙迪彦诚、吴君平常甫、胡志忠仲举、郭附明仲。熙宁八年四月廿三日，自兴教院游烟霞洞，观佛手、落石二岩。"

王廷老三游烟霞三洞，七度题名，充分说明从南屏山出发，经赤山埠、石屋岭，至石屋洞、水乐洞、烟霞洞及佛手岩，是北宋中晚期西湖南线成熟的游览线路。

与王廷老相仿，苏轼在杭州也有成序列的题名。苏轼知杭州期间，公务之暇，寄情湖山，元祐五年（1090）三月二日，苏轼于一日之内三题西湖：

（1）龙华寺题名："苏轼、王瑜、杨杰、张璹同游龙华，元祐五年岁次庚午三月二日题。"

（2）大麦岭题名："苏轼、王瑜、杨杰、张璹同游天竺，过麦岭。"

（3）韬光寺题名："苏轼、张璹、杨杰、王瑜，元祐五年三月二日同游韬光。"

韬光寺题名载于《咸淳临安志》，未见原石及拓本；龙华寺旧址在将台山南麓，地近州衙，在苏轼以前，康定元年（1040）已有司马池等题名。南宋时期，龙华寺为郊坛的斋宫，题刻尤其多，《两浙金石志》著录有范成大、周必大、王希吕、萧燧等多款题记。由于石灰岩适宜烧制水泥，在近代水泥厂的采石活动中，包括苏轼在内的龙华寺题刻全部被毁；以上三处苏轼题名，唯大麦岭留存至今。根据三条题记，推测苏轼一行四人，从州治凤凰山出发，至龙华寺，过慈云岭、长桥、净慈寺、赤山埠，渡慧因涧，经大麦岭、茅家埠，转九里松、灵隐寺，最终抵达韬光寺。

像王廷老、苏轼这种在不同地点、先后镌刻的系列题记，是考察游线生成和士大夫出游风气最有价值的实物材料。但是，田野中的题刻，大多孤立、随机地排布于岩壁上，其于景观生成研究的潜在学术价值，则需要不同的记录和考察方法。

排衙石位于将台山顶，两排奇石，分列两行，如从卫拱立。吴越国王钱镠曾刻诗其上，据残存"一剑定长鲸，……来镇上清……"残迹判断，山顶曾为吴越国上清宫所在。入宋以后，因其地近州治，士大夫常来此游玩，成为俯瞰西湖的绝佳地点——《咸淳临安志》所附《西湖图》，可能就以此地为视角绘成。治平四年（1067），知州祖无择在排衙石侧建成介亭，其地遂为士大夫会饮饯别之所，苏轼、杨杰、蒋之奇均有吟咏排衙石或介亭的诗文传世。排衙石上至今留存的宋刻有北宋元丰二年（1079）残刻，及曾巩、杜绾、周耸、范文虎等题刻，从元丰二年至南宋末年，不同时期的题刻排布在岩壁的不同位置，既展示了题刻"层累形成"的过程，也可部分反映景观的接受史。陆游在排衙石作《春日绝句》中云："读罢南丰数行字，满山烟雨共凄迷。"曾巩题记俨然已是陆游眼中的风景，前人题刻规范了后人观看山川的方式，也成为景观的焦点，犹如一篇美文之"文眼"、一幅名画之"画心"所在。

在排衙石、吴山瑞石洞等地摩崖中，明清时期还出现"嵌入式碑刻"，以小碑形式嵌入岩壁中，与山崖融为一体。这种形式也可视为摩崖石刻的衍生形态，与前朝的题刻共同构成摩崖景观。

如前所述，唐宋时期的西湖摩崖只分布于石灰岩地区，不足以全面、客观地反映西湖景观的生成史和接受史。但是，针对将台山的排衙石、圣果寺的月岩、下天竺的三生石、龙井的神运石这类具

排衙石题记分布图。①五代钱镠七言诗并序残文题刻　②宋杜忠凤凰山题名　③北宋排衙石残题名　④北宋子中子固温伯题名　⑤南宋周耸等凤凰山题名　⑥南宋范文虎等凤凰山题名　⑦宋残字"……宣……秋……"

体的石景，真实记录摩崖题刻的次第生成过程，则大有必要。排衙石摩崖题刻的生成，固然有其偶然性，但从景观生成的角度，我们有必要将不同时期的题刻甚至整个景观视为一个文物整体，借鉴石窟寺考古的方法进行科学记录，而不宜采用清代金石学家的著录方式，孤立记录题刻文本，并依年代先后编排在不同的篇章。清代《两浙金石志》《武林金石志》诸书保留了题刻文本，却无法窥见题刻在岩壁或景观中的平面关系和生成过程，文本之外的历史信息丧失殆尽。

四　摩崖题刻的考古学研究及其他

仅就文本而言，"某年某月某日某人来游"之类的简单信息，就算涉及重要历史人物，也是碎片化的史料；从文学史、书法史的角度，摩崖通常也不是第一流的作品。如何让西湖摩崖题刻成为一种具有内在逻辑性的系统史料，是摆在现代学者面前的课题。

我们将摩崖题刻视为田野文物，而非传统金石学家在书斋雅赏的拓本或文本，继而结合唐宋之间西湖景观生成的讨论，揭示摩崖题刻与具体名胜之间的关联性。这种尝试将摩崖题刻转化为科学资料并用以探讨更具规模的历史学议题的构想，姑且可称为"摩崖题刻的考古学研究"吧。

摩崖题刻的考古学研究，一言以蔽之，就是将摩崖文物还原到田野场景中进行观察、记录和研究，考古工作者对摩崖题刻的工艺、生成过程及其所在的山崖形貌等环境要素的现场观察与记录，是我们开展后续研究的基础。

传统金石学以图像（拓本、照相）、文本考订为组合的记录范式，早在清代就已高度成熟，并承袭至今。倘若不能超越传统范式，研究无非是多释读几个字，多考证一二人名而已，整体成果很难超越古人。我们倡导"摩崖题刻考古学研究"的理念，是相信基于田野立场可以产生新的问题意识并能推进学术研究。将台山南麓的南观音洞，南宋开禧至嘉定年间利用天然洞穴雕造十八罗汉诸像，并多有题记，但清阮元《两浙金石志》卷十一"宋黄清真造像题字""宋沈宁造像题字""宋（开禧元年）造像题字""宋（嘉定元年明州比丘僧）造像题字"四条，竟将南观音洞的题记，全部误植于灵隐寺前的飞来峰，可知古人据拓本著录而未到实地核对。这是通过田野考察改进前贤成果的例子。

至于新议题的拓展，再举一个思考尚不够成熟的例子。西湖摩崖题刻肇始于安史之乱后的中晚唐，仅限于灵竺、定山等少数地点，北宋时期尤其是在仁宗朝以后，摩崖题刻始有井喷式的发展，且遍及西湖南北诸山。而唐宋之间的吴越国时期，则几乎没有任何题刻的发现，读者或许会举出钱镠的玉皇山郊坛题记和排衙石诗刻、石屋洞和烟霞洞造像记等例子，但这些题刻的性质多属记事类，毕竟与士大夫的纪游类不同。

假如把视野扩大到浙江全境，温州乐清雁荡山、丽水南明山和三岩寺存在个别所谓唐代以前的题刻，但其真实性普遍存疑，可以明确地说，三地的士大夫纪游类题刻，大凡确凿可考者，均始于北宋仁宗朝；青田石门洞、缙云仙都山，与杭州西湖类似，确实存在少量中晚唐摩崖诗刻和题刻，但是大量题刻同样要晚到北宋仁宗朝才集中出现。而在中晚唐与北宋仁宗朝之间，各地几乎均无过渡性材料的发现。

名山大川的摩崖题刻集中出现于宋仁宗朝及其以后，提示我们可能存在这样的事实：任职地方的士大夫，在日常行政工作之余游山玩水，在名山镌刻题名的风气，是从仁宗朝才真正流行起来的。这可能与仁宗朝时局安定、政治氛围相对宽松、士大夫意识高涨、士大夫追求自娱生活方式的时代背景相关。此种潮流在神宗、哲宗两朝持续发展，苏轼、王廷老在湖山到处留名，熙宁八年（1075）苏轼好友晁端彦提点两浙刑狱期间，其在浙江境内的现存题刻迄今发现共计有15处：温州乐清县城赤霞山1处，雁荡山的雪洞与挂锡洞2处，青田石门洞2处，丽水南明山2处，缙云仙都1处，绍兴阳明洞天的飞来石1处，金华双龙洞1处，杭州飞来峰玉乳洞、青林洞、香林洞、冷泉溪畔、南屏山共5处。上述15处题刻大致集中于一年左右的时间生成，北宋中期士大夫题名山川风气之盛，由此可见一斑。

王国维在《宋代之金石学》中说："宋自仁宗以后海内无事，

士大夫政事之暇得以肆力学问，其时哲学、科学、史学、美术各有相当之进步。士大夫亦各有相当之素养，鉴赏之趣味、思古之情与求新之念互相错综。此种精神于当时代表人物苏轼、沈括、黄庭坚、黄伯思诸人著作中在在可以遇之。"晚唐、五代时期，赳赳武夫当道，而北宋太祖、太宗、真宗三朝，士大夫政治尚在孕育的过程中，寻幽览胜、题名山川之风尚未真正形成。这大概是浙江各地罕见晚唐、五代和北宋早期摩崖题刻文物，而至仁宗、英宗两朝井喷式出现的原因吧。丁义珏《自适・共乐・教化——论北宋中期知州的公共景观营建活动（1023—1067）》（《中华文史论丛》2020年第3期）一文认为，士大夫在州衙郡圃或城郊营建供官民观游赏玩的亭台馆榭等公共景观的做法，亦肇始于仁宗朝，该风尚潮流并非因为朝廷倡导，而是出于士大夫自适、共乐、教化等目的的文化自觉。这一解释也许同样适用于浙江各地名山摩崖石刻集中出现于北宋仁宗朝的文化现象，唯其具体细节，尚待日后进一步揭示。

南宋：一个王朝的背影

在印象中，南宋一朝，积贫积弱，武功不彰，备受外族欺侮，无复汉唐气象。后人每念及这段屈辱的历史，无不扼腕叹息。

2015年11月13日，浙江省博物馆"中兴纪胜：南宋风物观止"开展，杭州掀起前所未有的观展热潮。面对琳琅满目的南宋文物，人们对远去的时代，心驰神往。

矛盾的两极，暗示南宋王朝可能具有超越时空的价值和魅力，只是我们浑然不觉。

一

展厅的开篇，是一枚大晟编钟。

北宋开国至徽宗朝，承平日久，宋徽宗决定制礼作乐，宣示太平，于是仿效三代铜器式样，铸造礼乐用器，时称"新成礼器"，作为江山永固、太平盛世的象征。其中，包括336枚大晟编钟。

靖康国难，金兵掳掠徽、钦二帝及后妃、宗室而去。郊坛宗庙、大晟乐府、府库积蓄，为之一空，大晟编钟也成为金人的战利品，散落天涯。不知何故，后来竟有一枚流落江南，今为临海市博物馆收藏。

这枚编钟，也是北宋亡国的象征，它敲响一个朝代的丧钟，开启另一个朝代悲喜交集的旅程。

国破家亡，千千万万流离失所的人，随同宋室南迁。多少故事无从追寻，由浙江、福建、江西等地偶尔发现的宗室墓葬可知，告别的年代，有人永远消失，有人逃过劫难，在南方开始新的生活。

因为韩世忠、岳飞的英勇抗战，绍兴十一年（1141），宋金签订和议，南宋纳贡称臣，换来偏安一隅的局面。

时局稍安，宋高宗又像他的父皇宋徽宗一样，开始新一轮的制礼作乐，标榜皇权正统。1978年，江苏武进宋墓出土一块香饼，其上印有"中兴复古"字样。这四个字浓缩了时代的特征，是那个时代政治文化的关键词。

宋人复古，取法乎上，一举跨越汉唐，力图重返三代。传世的南宋仿古铜器，鼎豆簋簠，造型纹饰，效法商周铜器，作为朝廷郊庙、各地儒学、宗教寺观的祭器，庄严肃穆。

与制礼作乐同时，宋人大兴土木，营建临安行都。历经百余年的发展，临安城是当时世界上最繁华的都市。

这里有壮观的建筑，皇宫、郊坛、太庙、景灵宫、衙署、太学、书院、寺观，城市里住着"以天下兴亡为己任"的士大夫，也有庸碌度日的官员，有道貌岸然的理学家，也有放浪形骸的才子。这里有繁华的市井生活，大街小巷，商铺连绵，瓦子酒楼里，美丽的姑娘和寻欢的男子，饮酒作乐，灯火通明。

这是前所未有的都市生活，多元的生活方式，为后世艳羡。如今，南宋临安城遗址长眠于杭州城地表之下约两三米的深处，考古工作者发掘的太庙、德寿宫、杨皇后宅等遗址，曾经撩开她的面纱一角。当然，现代都市的每一幢建筑的每一根桩子，都曾经穿透她的胸膛。

临海市博物馆藏大晟应钟（正、背面）

"中兴复古"香饼，1978年江苏武进村前蒋塘宋墓出土。正面有"中兴复古"四字，背面一左一右模印蟠屈向上、身姿相对的两条龙。据扬之水先生考证，此"中兴复古"香饼即《负暄杂录》所谓"中兴复古"，是龙涎香品之一的"内家香"，系宋高宗所合之香，以古蜡沉香为本，杂以脑麝、栀花之类，香味氤氲，极有清韵。此"中兴复古"四字，浓缩了一个时代的口号与特征

绍兴八年（1138），南宋朝廷定临安府为行在所，宫城内建起13座大殿、40余座楼阁和20余座亭台。绍兴和议后，开启大规模营建行都的计划。城市规划以御街为中轴线，街道两旁部署官署宅邸、宗庙社稷与市肆坊巷。城市的商业与娱乐活动，则通过御街和四周街巷辐射到整座都城。这是2000年杭州市文物考古研究所发掘的南宋临安府治遗址一角

2004年，杭州严官巷南宋御街遗址发掘。南宋御街遗迹通常位于距离今日地表以下2—2.7米的深处。古人搞建设、造房子，是在前人的基础上加筑台基，元、明、清乃至民国的地面依次叠压在南宋地层之上，层层累积，不过800年，南宋路面已深埋地下。现代人造房子，正好相反，向下挖掘地基，城市中每一座高楼大厦的钢筋水泥桩子，都曾经穿透遗址的胸膛

二

展厅里，金银器、瓷器、服饰、漆器、玉器、雕版印刷、书画碑帖、文房雅玩，济济一堂，从不同角度展示南宋多姿多彩的生活方式和文化艺术。

如果说南宋仿古铜器，庄严有余，活泼不足，是理学家的旨趣；那么，陶瓷漆器、文房雅玩、书画碑帖，淡雅、朴素、可亲，则是文人的趣味。南宋的气质，或庄严，或典雅，或活泼，为后世奉为最高的审美典范。

南宋艺术品具有越来越明显的世俗化倾向。今日所见的南宋器物，多数是各地墓葬的随葬品。汉唐墓葬多随葬陶俑、镇墓兽，描绘墓主人车马出行、宴饮嬉戏场面的壁画，极尽浮华，颇有"巫风"。而南宋理学家的墓穴里头空空如也，除了几件生前习用的文房用品、随身衣物、钟爱的书籍。如果你据此认为汉唐比南宋物质丰富、文化昌明，那就错了。这说明南宋人面对死亡可能较前人更加理性，这才是更加文明的社会。

有人认为，珠光宝气的金银器皿、锦缎绫罗，一定是达官贵人的随葬品，其实未必，南宋人的生活品质，更多取决于人们的财富状况，而非身份之尊卑；有人认为，典雅素净的文房雅玩、焚香插花，一定是士大夫的趣味，其实未必，对精致生活的追求并不局限于上层社会。士人的价值观念、生活方式，逐渐渗透入基层，生根、发芽、开花、结果。

南宋人倡导儒、佛、道三教，互为表里，宗教生活也日趋世俗化。宋孝宗以帝王之尊作《原道论》，倡导"以佛修心，以道养生，

石雕笔架，浙江诸暨留云路南宋庆元六年（1200）董康嗣墓出土。黑色石材，黝黑细腻，光泽明莹，雕刻出错落有致、连绵起伏的山峦32座。众山峰之间的底凹山谷，作为笔格之用，设计自然巧妙，极具文人趣味

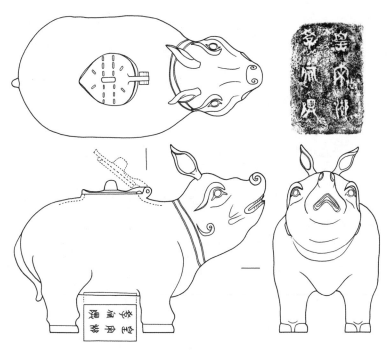

"皇宋湖学宝尊"铭铜牺尊，浙江湖州龙溪港安定书院段出土。似牛形，身躯肥硕，背部开圆孔，孔盖已失。腹部镂长方孔，孔上置有长方板，其上镌刻"皇宋湖学宝尊"六字篆书，可知其为南宋湖州儒学的祭器。宋代重视儒学建设，各地州学与文庙结合，设有祭孔的礼器。该牺尊与周代牺尊相似，其造型应取法于朱熹《绍熙州县释奠仪图》一类的礼书

江苏金坛尧塘西榭村南宋银器窖藏出土的镂空银匙，金坛博物馆藏。匙面尖首、前宽后窄，镂空作六瓣花形。匙柄有"仇四郎"戳记或"元七成良（郎）"刻铭。我们不知道当时发生了何种不可预见的动乱或意外，金银器的主人匆匆挖掘窖藏，小心藏好自己的财物；我们也不知道主人为何未能归来取走本该属于自己的宝藏。直到800年后，由于偶然的机缘，宝物得以出土，然后成为博物馆里供人观赏、凭吊的文物

以儒治世"，推动"三教合流"的思想潮流。咸淳十年（1274）衢州史绳祖墓，墓主人是个理学家，有《学斋佔毕》等著作传世，墓内随葬观音瓷像、八卦纹铜镜、八卦纹银碗、仿古鼎香炉，简直就是"三教合流"的典型缩影。

南宋文化生活领域内的诸多新气象，影响深远。史学家刘子健《略论南宋的重要性》认为，"中国近八百年来的文化，是以南宋为领导，以江浙一带为重心的模式"。汉唐气象，固然令人神往，但对今日的人们来说，只是陌生而遥远的古代史，而南宋的文化精神，则已融入民族的血液，与我们的思想、情感、审美，息息相关。

三

说起来，最大数量的精美文物，如金银器、铜器、龙泉窑精品，并不是在南宋政治、经济、文化的中心地浙江出土的，它们更

多来自遥远的四川、重庆和湖北。

13世纪的蒙古骑兵，骁勇善战，野蛮扩张的力量，席卷欧亚大陆。面对强敌入侵，南宋持续抵抗达半个世纪之久，持久的战斗力，尤其是四川、重庆、湖北一带的战役，惊天地泣鬼神。后来，四川防线崩溃，襄阳失守，南宋才算气数将尽。

宋元战争，旷日持久，川渝地区是主要战场。残酷的战争，反复的拉锯，给民众带来深重的苦难。

为战火裹挟的人们纷纷逃亡，仓皇之下，无法带走所有的财富，只好将金银器皿、玩好宝物，掘坑埋入窖藏中，幻想有一天重返故里，重新打开宝藏。遗憾的是，他们中的绝大多数人，再也无缘回家，深埋地下的宝物，从此为人遗忘。800年后，昔日的窖藏，因为偶然的机会为人重新发现，精美的文物，重见天光。

展览的最后部分，集中展示的窖藏文物，金银器皿，光怪陆离，绚烂之极！我们再也看不到古人野蛮杀伐的战场，所有的苦难，被时空压缩成一个个华美的瞬间，推到我们的眼前，如此残忍，如此美丽。

历史的底色，深沉而悠远。在历史面前，浅薄的调侃，廉价的抒情，是不妥当的。眼前的一件件文物，它们曾经的主人，最初是一个个鲜活的人，最终是一个个苦难的往生者，化为岁月的尘烟。

惨烈的战争，以南宋失败而告终。展览的尾声，是民族英雄文天祥的墓志拓本。南宋有国153年，从宋高宗的颠沛流离开始，以文天祥的壮烈殉国结束。

元至元十五年（1278），番僧杨琏真迦盗毁绍兴南宋六陵，帝后遗骨遭到羞辱和毁弃。传说南宋遗民唐珏等人，冒着生命危险，收集帝后遗骸，迁葬于绍兴兰渚山天章寺前，并植冬青树为识，史称"冬青义士"。

文天祥的牺牲和遗民们的守望，无法改变历史的结局，但他们的浩然正气，充盈天地，成为我们民族宝贵的精神遗产。

那一天，我们在浙江省博物馆欣赏一个王朝留下来的器物，赞叹南宋文化的辉煌，感慨野蛮对文明的屠戮。在地球的另一边，巴黎正发生恐怖袭击，无数平民遭殃。

【附记】2015年11月13日，"中兴纪胜：南宋风物观止"南宋文物大展在浙江省博物馆开幕。同日，法国巴黎市中心发生一系列针对平民的恐怖袭击。本文是我为展览所写的导览词。

越窑、沙僧及其他

十多年前，我在慈溪上林湖发掘越窑遗址，常常苦闷于史料的缺乏。现代人认为瓷器是中华民族的伟大创造，足以充任古老文明的伟大象征。但这只是我们的看法，古人却以为碗碗盏盏、盆盆罐罐，无当大道，无关风雅，简直不值得浪费笔墨。唐宋文献关于越窑瓷器的记载十分稀少，零星片段的材料，也是弥足珍贵，学者恨不能将其置于显微镜下剖析之。

南宋江少虞《宋朝事实类苑》卷九《名臣事迹》"魏咸熙"条：魏咸熙是北宋宰相魏仁浦之子，任杭州知州时，曾大宴宾客，"宾友集馔，陈越中银缸、陶器。僮仆数人，共举食案而前，相嘲诮，足跌，尽碎之。坐客皆失色，咸熙殊不变容，但令易他器，别具蔬果，亦不加笞责。人皆服其量，以为刘宽之比"。宴席上的"越中陶器"应即越窑瓷器。冒失的仆人，打碎了瓷器，众人大惊失色，唯独魏咸熙像个无事人，足见其为人的宽厚大度，简直可与东汉时期以仁厚宽恕著称的名臣刘宽媲美。

据《淳熙三山志》《咸淳临安志》诸书综合考察，魏咸熙知杭州，事在北宋雍熙四年（987）至端拱二年（989）间，按照考古学家对越窑瓷器的分期研究，此时越窑生产正处于兴盛期。从字面上说，在当时上层人士的宴会中，打碎越窑瓷器，是令人心痛的事件，即便故事发生在距离越窑中心产地余姚上林湖（两宋时期隶属越州余姚县，今属宁波慈溪）并不十分遥远的杭州。

可是，偏有研究越窑的学者说，"这故事一方面显示了魏咸熙的雅量，另一方面也表明越窑精品在当时很容易得到，并非稀罕之物"。这就奇怪了，既为大路货色，众人因何大惊失色，又何从体现主人的气度呢?

更合理的解释，越瓷是珍贵的，碎了，主人不以为意，适可见其气派之大。

慈溪市博物馆的厉祖浩先生曾在北宋孔延之编《会稽掇英总集》中读到的谢景初《观上林埆器》诗，可以证明越窑瓷器的珍贵。1999年，厉兄与我同住上林湖。夜间，湖上风声大作，周遭漆黑一团，我们居住的小屋像一只船儿在汪洋中飘摇，我们常常聊得很晚。有一次，他兴奋地说，最近发现了一首描写越窑瓷器特别重要的宋诗——当年的古书，是无法电脑检索的，只有真正的读书人，才能发现所谓"秘籍"。

北宋庆历七年（1047）前后，谢景初出任余姚知县，曾经到过上林湖考察，并作《观上林埆器》诗云："作灶长如丘，取土深于堑。踏轮飞为模，覆灰色乃绀。力疲手足病，欲憩不敢暂。发窑火以坚，百裁一二占。里中售高价，斗合渐收敛。持归示北人，难得曾罔念。贱用或弃扑，争乞宁有厌。鄙事圣犹能，今余乃亲觇。"

这是唐宋众多"咏瓷诗"中记事最具体、最有史料价值的一首。"发窑火以坚，百裁一二占"——偌大的龙窑，成千上万的坯件，只能成功烧造出少量的精品；"里中售高价，斗合渐收敛"——新鲜出炉的佳器，就地高价出售；"持归示北人，难得曾罔念"——把瓷器带到北方，奇货可居，北人甚为喜爱。

根据考古学家研究，北宋庆历年间，越窑生产已过了鼎盛期。但是，好瓷器依然珍贵。

慈溪上林湖的湖光山色之间，曾是唐宋越窑的中心产地

上林湖唐宋越窑
遗址，瓷片、窑
具等废品，如同
山积，可见当年
产量之大

关于魏咸熙性情宽厚的佳话，流传很广。《宋史》卷二四九《魏仁浦传》："咸熙性仁孝，尝会宾客，家童数辈覆案碎器，客皆惊愕，咸熙色不变，止令更设馔具，其宽厚若此。"所记实为一事，但未特意强调打碎的是何种器物。客人惊愕的只是碎器本身，至于器皿何种材质、珍不珍贵，实非故事的关键。

故事的重点，是为了说明魏咸熙性情宽厚，如果糟蹋了贱货，一副无所谓的态度，稍稍值钱的东西，就不淡定了，这算什么名士风度？乡下人认为皇帝的生活无非就是在紫禁城里用金扁担挑大粪，穷人家立志发财后一定要学富翁模样餐餐吃馒头而且吃一个扔一个。这些都是乡下人的逻辑，以为上等人的生活也会跟我的爷爷奶奶一样，不小心打破了瓷碗，找个补锅铜碗的，修修补补，接着用。

儿时读《西游记》，最为沙僧抱屈。孙悟空大闹天宫，捅了大娄子，被罚护送唐僧取经，罪有应得；猪八戒调戏嫦娥娘娘，影响恶劣，罚下凡间，也犹有可说；沙僧不过失手打碎了玻璃盏，竟被玉帝"打了八百，贬下界来"，难道就因为玻璃盏特别值钱？

"普天之下，莫非王土。"天下万物都是玉帝老儿的，一口碗盏，何足挂齿，犯不着火冒三丈。沙僧作为卷帘大将，是玉帝的贴身侍从，他的形象、气质代表皇家颜面。可是，他偏在王母娘娘的蟠桃会上，一个特别讲面子、拼排场的场合，冒冒失失，打碎器皿，在众神面前丢玉帝的脸。你让老佛爷一日不快活，老佛爷就叫你一辈子不快活。华贵宴会上的各种禁忌，是小民不能理解的生活，也许这才是沙僧不幸的根源。果如是，与小心眼的玉帝相比，魏咸熙确实堪称宽厚。

我过去以做学问的名义，死钻牛角尖，读书支离破碎，有悖

"读书明理"的古训。鉴古知今，终于明白，这个故事根本就不是瓷器、琉璃器值不值钱的问题，而是在告诫我们小心做人，伺候主子，务必战战兢兢。否则，活该像沙僧一般，脸色铁青，挑一辈子重担，穿一辈子小鞋。

吕祖谦的肖像

2014年，我在武义县明招山调查南宋大儒吕祖谦家族墓地。山居期间，以读《吕祖谦全集》自娱，读着喜欢，很想知道吕祖谦到底长什么模样。今天的出版商，就挺能揣摩读者心思的，一本烂书，也要将作者的肖像印在封面上，让吾人见了，在文本之外，对作者又平添了几分厌恶感。

朋友说，吕祖谦是南宋人，距今800年了，不会有肖像传世的，即便有，也是后人凭着想象的胡乱涂画，看或不看，有什么分别？

古人绘画，不讲究透视明暗，写人状物，终不及照相术般逼真，倒是真的。但认为宋人肖像全属胡编乱造，则未免厚诬古人。庙堂之高，如景灵宫内、皇陵下宫里供奉的帝后御容肖像；江湖之远，如民间影堂、祠堂里悬挂的祖宗小影。画工技艺固有高下之别，但创作态度终归是求真，风格终归是写实的。

台北故宫博物院收藏两宋帝后肖像，风格均极严谨，连坐具、衣物上的细小纹样，亦加以精心摹画。写实的工夫都武装到牙齿了，至于音容笑貌，绝无可能马虎从事。完全有理由相信，宋高宗、吴皇后的真实容颜，与宋画御容相去不远。

宋元时期的孔庙，大成殿里供奉孔子塑像。塑像相对于绘像，更加直观，更容易令人肃然起敬。这也是许多祠庙更愿意供奉塑像而不是神主牌位的原因。

明嘉靖九年（1530），明世宗朱厚熜、内阁首辅张璁，主导孔庙改制，反对供奉塑像，主张代之以神主牌。理由是，偶像崇拜是佛教徒的异端做法，殊非圣贤之道。何况孔子是千年前的人物，谁也不曾亲见他的容颜，长短丰瘠，老少美恶，完全凭着工匠的手艺和态度，信手造个像，说这个泥人就是孔子，即便其七十二弟子于地下，也不敢相认。假若孔子地下有灵，恐怕也不敢享用我们奉上的祭品吧。

宋代大儒程颐说，影堂里祭祀的祖宗肖像，与真人应该分毫不差，"有一毛不类则非其人"。这可不得了，多一根胡子毛发就是别人，祭品就让别人享用了。以上掌故，有广泛而深刻的文化史意义。在这里，只是用来说明宋人对肖像竭力写真的创作态度。

吕祖谦，与朱熹、张栻并称"东南三贤"，是当时受人尊崇的大学者。去世不久，就获得人们普遍的纪念。凡其所过之处，人们

20世纪90年代重建的吕祖谦墓。但据我调查的新认识，当地政府在重建吕祖谦墓时，认错了地方，新墓距离真实的吕祖谦墓有百米之遥

像萊東呂

今人对南宋大儒吕祖谦容貌的想象，只能借助明清时期的雕版肖像

绘而祠之，严州城、武义明招山、浦江月泉书院、金华丽泽书院，到处都有吕祖谦的祠堂，吕祖谦在金华的老家，当然还有祠堂、家庙、影堂等。毫无疑问，祠堂里头通常都应该悬挂吕氏的"标准像"。在汗牛充栋的南宋文献中，我们至今未能发现有人抗议肖像的写实性，即便吕祖谦的家人与门生也不例外。可以推知，当时通行的吕祖谦、朱熹等圣贤肖像大致准确。

可惜，宋画原作未能流传下来。后世翻印吕祖谦文集时，倒也会翻刻他的肖像。雕版印刷，以翻刻图像最为麻烦，宋代的地方志书，本来多有插图，而流传至今的版本，密密麻麻全是文字，插图通常被怕麻烦的刊工删除了。侥幸保留下来的图像，屡经翻刻，每翻刻一次，失真一回，细节不断流失，越来越失真。

我见过三四种吕祖谦肖像，多为明清雕版刊本，也有一种清殿藏本的吕祖谦彩色画像，脸庞或朝向左边，或朝向右边。朝向不同，说明肖像可能源于不同的粉本。但无论脸庞朝向哪一边，容貌和气质却高度接近，均作头戴儒巾、通肩长衣、略有须髯、长相敦厚、脸庞丰腴的中年人模样。形象如此趋同，知其必有所本，而非胡编乱造。

据史籍记载，吕祖谦体态丰腴。近代史学家何炳松《浙东学派溯源》说，吕祖谦"因体肥而死的时候，年纪不过四十五岁，以他

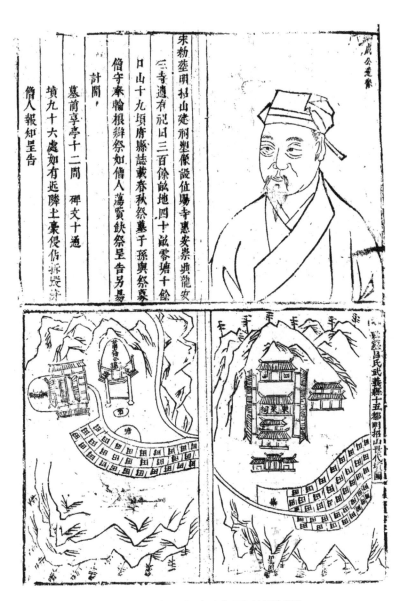

明阮元声编《宋东莱吕成公外录》所附明招山坟图与吕祖谦肖像

宋敕葬明招山建祠塑像设位赐寺惠安崇典龙安
二寺遗有祀曰三百像岭地四十亩零塘十馀
口山十九顷唐县志载春秋祭墓于孙奥祭墓
僧守奉翰根辨祭如僧人蕴赍缺祭呈告另易
计开，
墓前享亭十二间　碑文十通
坟九十六处如有近邻土豪侵作泒费计
僧人报知呈告

这样的天才竟会这样的早死，真是我国学术史上一件最可悲的事情"。

今日所见的吕祖谦旧肖像，均作丰腴模样。如果画匠只凭着想象虚构，是不可能做到的，出于人之常情，为贤者讳、为尊者讳，一定会将他描绘成五官端正、身材适中乃至体态矍铄的形象。

今天的画家，创作古代历史文化名人，无论陶渊明、苏东坡，还是吕祖谦、刘伯温，一律作标准美男子形象，眉目清秀，须发飘飘，结果，大家像从一个模子里出来的，都长一个样。这才是完全凭着想象的自由创作。

地图炮

2016年，我看过浙江省博物馆"漂海闻见：15世纪朝鲜儒士崔溥眼中的江南"的展览，决定研读崔溥《漂海录》一书。

明弘治元年（1488），朝鲜文臣崔溥从济州岛下海，返乡奔丧，途中遭遇风暴。船儿在海上漂流，九死一生，十几天后，漂到了浙江宁波府所属的下山。

在下山，崔溥一行遭到一帮强盗的打劫。然而，强盗并没有伤害崔溥，打劫之后，又将他们放回大海。

船儿继续漂流，终于抵达台州府临海县牛头外洋（今三门县沿赤乡牛头门）。明代中叶，东南沿海倭患猖獗，当地人误认崔溥一行为倭寇，暴揍之，抢走马鞍、斗笠等物，并把他们扭送至海门卫的桃渚所城。经过审问，才知并非倭寇，而是我大明藩属朝鲜国的忠臣孝子。于是报告朝廷，最终决定护送崔溥一行，经由台州、宁波、绍兴、杭州、嘉兴，沿大运河抵达北京，再经辽东回国。148天后，崔溥一行人全部回到祖国朝鲜。

天朝上国，果然是礼仪之邦。在崔溥离开临海前夕，陪同的官兵曾经特意绕道至崔溥登陆处的遭劫之地，将被土人抢走的马鞍、斗笠等物，物归原主。这让崔溥由衷感慨江南人心敦厚、风气柔弱，连盗寇都有做人的底线，只越货，不杀人，甚至也不匿藏赃物。

当时的朝鲜士人，没有机会来到江南，这段传奇经历，后来被崔溥写入《漂海录》，流传至今。读过书的人知道，宁波的强盗头子，在打劫之前，竟然有一番说教，甚至自称"我是观音佛，洞见你心"，真可谓盗亦有道。

崔溥一行离开浙江后，沿运河北上，经过山东武城县，见河中有尸体漂浮，触目惊心。陪同人员对崔溥说，大凡中国人心，北方人强悍，南方人柔顺，宁波的盗贼固然坏，毕竟是江南人，不像北方人，不劫则已，劫必杀人，"今日所见漂尸可知矣"。

南北方的民风差异，想必给崔溥留下了深刻印象，他在《漂海录》中感慨再三，书末特意安排了大段关于南北方风俗人心差异的分析。本来只是个人一时的体验，一经概括，笼而统之，作出全称判断，大凡衣食住行、人心风俗，说江南人如何如何，北方人又如何如何，例如说"江南和顺，或兄弟、堂兄弟，再从兄弟，有同居一屋。男女老少，皆踞绳床交椅，以事其事。江北人心强悍，至山东以北，一家不相保，斗殴之声，炮闹不绝，或多有劫盗杀人。山海关以东，其人性尤暴悍，大有胡狄之风"。活脱脱一副"地图炮"的模样，犹如今天的某些北方人，揶揄南方人文弱，说南人吵架半天，也不动手，不如我们北方人豪爽，凡是动手能够解决的问题，何必费口舌讲理呢。

类似的"地图炮"，古已有之。南宋时期，人们就普遍认为淮河以南，民风柔弱，不出武人，缺乏好兵源。

宁波东钱湖一带，多南宋勋臣品官大墓，墓前的石人石马，雕刻精美。2015年，东钱湖沙家山中东欧博览会馆工地出土一对武将，一铭为"石拱"，一铭为"石卫"，知为墓仪石刻，拱卫墓前。

我有位考古学家朋友，东北人，即崔溥所谓"山海关以东"人，常拿浙江人开心，说根据他的观察，南宋早期东钱湖的武将，孔武有力，虎虎有生气，南宋后期的石将军，造型趋于柔弱，笑容

东钱湖南宋墓前的武将石像生，一铭为"石拱"，一铭为"石卫"，据此可以判定墓前武将的功能和身份

可掬，赳赳武夫竟然装斯文。为了增强说服力，朋友援引南宋张端义《贵耳集》的记载："德寿、孝宗在御时，阁门多取北人充赞喝，声雄如钟，殿陛间颇有京洛气象。自嘉定以来，多是明、台、温、越人在阁门，其声皆鲍鱼音矣。"——南宋高宗、孝宗朝的庙堂礼仪，由北人拱卫镇殿，赞唱传呼，声音洪亮，后来改为宁波、台州、温州、绍兴人，声细不可闻。

哈哈！这种黑浙江人的段子，我见多了。南渡之初，有些北方来的"地图炮"，对江南风物横竖不满意，比如庄绰《鸡肋篇》有很多类似的段子，动辄说江南的习俗、口音可笑。《鸡肋篇》卷下"沈念二相公王三十太尉"条，再度调侃起了"世以浙人孱懦"的老梗。

"地图炮"的逻辑罩门，在于以偏概全。其实，浙江大地从来不乏尚武的传统，遥想越王勾践卧薪尝胆的时代，越人素以英勇善战著称，"会稽乃报仇雪耻之乡，非藏垢纳污之地"，越人逐鹿中原，强悍不驯，令北方人望而生畏。受中原礼乐文明的影响，战国初期的越人开始以原始瓷器模仿制造礼乐器皿，中原的钟鼎之属惯用青铜铸造，越人却改以瓷器。这不是因为浙江不出铜料，而是越人将相对稀缺的铜料优先用于制作兵器和农具；这也不是因为越人的技艺不足以铸造礼器，一个以铸剑闻名的民族当然有能力铸造铜器。越人将宝贵的

战国时期越人以瓷器制作礼乐器，此为长兴县鼻子山M1出土的镈钟

金属资源优先配置于兵器和农具制造，充分说明越人质朴、尚武的精神。

回到崔溥写作《漂海录》的时代，浙江一样多出骁勇的战士。明代嘉靖年间，戚继光抗倭的主力部队，主要由义乌兵和处州（丽水）兵组成。

戚继光的《纪效新书》，对训练浙江兵源颇有心得。他认为台州、温州、绍兴人，人性伶俐，即便不算顶级勇敢，但他们吃苦耐劳，守城扎营，最为合适；处州的矿徒，素习争斗，性情彪悍，且守信义，具有一切好战士的优点，美中不足者，只是韧性不足；金华义乌兵，勇敢、坚强、有血性，论彪悍，或有不及处州兵，但更能做韧性的战斗。

总之，只要因材施教、合理训练，浙东民众都能成为强兵。何况浙人心灵手巧，善于使用并制造火器。明代后期，浙江的鸟铳，品质一流。

这就是戚继光特别倚重义乌兵、处州兵的原因。万历年间，戚继光由浙江调任蓟州镇总兵官，镇守帝国北部边塞，特意上疏征调三千浙江兵，到北方守卫蓟州长城。《万历野获编》称戚继光"用浙兵于蓟，由是精兵称朔方第一"。蓟州本属"燕赵之地"，一向多慷慨悲歌之士。戚继光戍卫这样的地方，竟然不用本地人，而是倚重浙江兵。除了浙江兵英勇善战，更因为他们纪律严明，足以为恣肆放纵的北边戍卒之楷模。《明史·戚继光传》说三千浙江兵来到北方，列队于郊外，天逢大雨，"自朝至日昃，植立不动。边军大骇，自是始知军令"。

英勇善战、刻苦耐劳、聪明伶俐、纪律严明的浙江人，真乃有明一代值得大书特书的光辉典型。

金鳌山与牡蛎滩

元陶宗仪《辍耕录》卷七《金鳌山》载：南宋建炎四年（1130）正月初三，金人袭来，宋高宗赵构亡命海上，来到台州湾，滩浅搁舟，落帆于章安镇的福济寺前。面对眼前景物，高宗顾问左右："此何山？"曰："金鳌山。"又问："此何所？"曰："牡蛎滩。"

台州椒江北岸的章安，原来有一条绵延很广的牡蛎滩，滩头全是蛎、蚌、螺、蚬等贝壳。滩后有一座金鳌山，山不高，不过二十来米，风光却秀丽。南面隔江就是明代的海门卫城，即今台州治所椒江区。从金鳌山向东望去，便是浩瀚的大海，每逢大潮，白浪翻滚。

金鳌山后的腹地，是汉六朝时期的临海郡治——章安故城遗址所在。这是六朝时期东南地区重要的海港城市，出入港口的大小船只，但见金鳌山犹如浮游于海上的巨鳌，简直就是天然航标。但在唐代以后，临海郡治迁往今天的临海城，昔日的郡治遂降格为台州临海县下的章安镇。

自古以来，台州从未有真龙天子光临，此番由于宋高宗的驻跸，金鳌山和牡蛎滩一夜成名，温台沿海各地长期流传着各种宋高宗的传说，例如吾乡玉环岛，据说宋高宗流亡海上时，遗失玉环于此，故名。宋高宗在金鳌山的寺院住了17天，大小官员，接驾的接驾，送粮的送粮，章安镇和金鳌山上热闹非凡。据说，宋高宗很享受在此地的生活，在寺壁题过两首诗，其一曰："古寺春山青更妍，长松修竹翠含烟。汲泉拟欲增茶兴，暂就僧房借榻眠。"另一首曰："久坐方知春昼长，静中心地自清凉。人言圆觉何曾觉，但见尘劳尽日忙。"诗意闲适而冲淡。其实，据明田汝成《西湖游览志》卷十载，题为《赐僧守璋二首》的这两首小诗，是宋高宗题赠杭州九里松圆觉寺的御制诗，与金鳌山无关，不知何故，竟然被搬到了金鳌山。近年，在地方上的文化或旅游宣传资料中，椒江的文史工作者提及宋高宗驻跸金鳌山，必定引用这两首可疑的诗歌，不知道是赞美还是讽刺——颠沛流离中的宋高宗，镇定自若，不像生于忧患的帝王，倒似一个闲适的诗人。

从学术研究的角度，伪造或可疑的史料，弃之可也。但我在前面全文引述这两首诗，是因为这种例子可以说明历史故事在生成过程中的荒诞性和戏剧性，为宋高宗的金鳌山之行增添几分传奇色彩。

宋高宗的船队离开牡蛎滩后，继续向南，来到温州江心屿。皇帝所经之处，照例留下许多佳话，比如他曾在龙翔兴庆寺题写"清辉浴光"四字的木榜，他用过的椅子、床铺叫作"御座""御榻"，被当地作为古物供起来。后来的文人墨客前来拜谒，触景生情，纷纷赋诗感怀。当然，这种诗歌通常都不是什么好文章。

高宗在江心屿时，曾经考虑继续往南方逃亡到福建去，后来得闻金人退兵的消息，才肯施施然动身北返。稍后定都临安，开启了南宋长期的统治。

南宋德祐二年（1276），在宋高宗驻跸金鳌山146年后的又一个正月，文天祥自海上来到牡蛎滩。他是奉命与元军谈判时被拘的，自京口脱险后，经扬州、明州、台州，再往温州，与当年宋高宗的流亡路线大致相同。大海茫茫，前程未卜，一路上"穷饿无聊，追购又急，天高地迥，号呼靡及"。文天祥《入浙东》诗云："厄运一百日，危机九十遭。孤踪落虎口，薄命付鸿毛。漠漠长淮路，茫茫巨海涛。惊魂犹未定，消息问金鳌。"其诗序云："金鳌山在台州界，高宗皇帝曾舣舟于此。寺藏御书。四明既陷，不知天台存亡，忧心如捣，见于此诗。"文天祥的小船来到椒江口，但见风狞雨恶，他想起了当年的宋高宗，又作《夜潮》诗："雨恶风狞夜色浓，潮头如屋打孤蓬。飘零路上丹心苦，梦里一声何处鸿？"诗意悲怆，这才是个真正逃亡中的人。

一个月后，临安失陷。南宋王朝在宋高宗的风雨飘摇中起步，以文天祥的颠沛流离结束，两艘随波逐流的船只，都曾经停泊于金鳌山下的牡蛎滩头。

时光荏苒，又几百年过去了。清军入关，胡马南下，改朝换代的故事再度上演。

南明小朝廷四处流亡，反清复明的志士，集结海上，摩拳擦掌。更多的亡国遗民，只是"穷愁潦倒，满腹牢骚，胸中块垒，无酒可浇"而已。《水浒后传》是一本有意思的白话小说，作者陈忱，浙江乌程（今湖州市吴兴区）人，正是明清鼎革之际万千遗民中的一个。在小说自序中，陈忱自号"雁宕山樵"，又自署"古宋遗民"。

"雁宕山樵"的意思是温州雁荡山中隐居的山人樵夫，陈忱想必到过台州和温州，何况他又自称"古宋遗民"，博雅如此公，他对温台地区的南宋掌故，想必熟知。

《水浒后传》的故事接续《水浒传》而成，梁山泊一百单八将中未死的英雄好汉李俊、阮小七等人再次起义，在内替天行道，对外抗击金兵，最后到海外创立基业。用好汉们的话说："我等在中国，耐不得奸党的气，要寻一个海岛安身。"于是，在混江龙李俊的带领下，远走海外，来到暹罗国的金鳌岛。金鳌背上起蛟龙——"作暹罗之屏翰"的金鳌岛，城垣坚固，正是梁山好汉再造"海上中华"的复兴基地。

《水浒后传》末尾第三十七回"金鳌岛仙客题诗，牡蛎滩忠臣救驾"，说宋高宗甫即位，被金兀术长驱直入，攻破独松关，陷了临安。高宗遂去明州，下了海，金将阿黑麻领一万雄兵赶来，把宋高宗围困于金鳌岛附近的牡蛎滩。幸亏李俊、阮小七、燕青等人及时前来救驾，大败金兵，并迎接圣驾至金鳌岛，"用十六人轿抬入公厅，李俊等换了朝服，嵩呼拜舞已毕，进上珍馐百盘"。宋高宗大喜，册封李俊为暹罗国王。

"古宋遗民"在小说中虚构的为宋高宗大败金兵、报仇雪恨的地方也叫牡蛎滩、金鳌岛。你说巧不巧？

其实，《水浒后传》牡蛎滩、金鳌岛的原型就是台州的牡蛎滩和金鳌山。陶宗仪《辍耕录》卷七《金鳌山》："金鳌山枕海，属临海县章安镇。初，宋高宗在潜邸日，泰州人徐神翁云能知前来事，……一日献诗于帝曰：'牡蛎滩头一艇横，夕阳西去待潮生。与君不负登临约，同上金鳌背上行。'"在当时的民间传说中，先知徐神翁曾预言宋高宗此生必将莅临牡蛎滩和金鳌山。而《水浒后传》第三十七回，在李俊"牡蛎滩忠臣救驾"的故事之前，正是"金鳌岛仙客题诗"的桥段，预言明日将有贵人宋高宗到此，而仙客也是徐神翁。仙客在城楼前的照壁上"挥下碗口大小的二十八字"，正是前述《辍耕录》所引"牡蛎滩头一艇横"诗。

陈忱虚构的故事原型就是宋元以来在台州长期流传的宋高宗与金鳌山的典故，由其自号"古宋遗民"的事实推知，故事中有作者深沉的寄托，在陈忱编织大团圆结局的时候，清军铁骑已经踏平了他的家乡，反清复明的希望，只能寄托于海上的乌托邦。

在陈忱创作《水浒后传》之后，又几百年过去了，历史来到了今天。原本绵延很广的牡蛎滩，如今全无贝壳的影踪。

据说，这是长期烧造蛎灰的缘故。取蛎、蚌、螺、蚬等贝壳煅烧蛎灰，是台州人自元末明初以来的恒业。蛎灰是建筑的黏接材料，也是屋脊、屋面装饰"灰塑"的主要材料，甚至可以用于肥田。明清时期，牡蛎滩头建起了无数的蛎灰窑，烧窑时节，浓烟蔽日。今日也烧，明日也烧，年长日久，终于搬空了无数年代堆积起来的牡蛎滩，只留下金鳌山岿然独存。

就这样，历史以其惯常的冷峻方式，消解了无数广袤的遗址，消解了无数悲喜交集的故事。

古物丛谈

1997年前后，我在《杭州日报》副刊《西湖》"古物"专栏撰写一组"科普不像科普，文艺不像文艺"的游戏文字。在前互联网时代，至少在杭州，这是一组比较新颖的文字，无论形式，还是内容。《杭州日报》的戎国彭老师，给了我很多鼓励，说这么多年副刊部终于又发掘了一个有才华的年轻人，还特意请我到报社吃饭。戎老师也许已经淡忘此事，但我依然记得。

当时，我参加工作不久，在学校读书也不用功，既少古文物知识，也无实际工作经验，只凭着一股才气，不管不顾地写去。报社的编辑老师居然给我很多鼓励，当然，也有一些前辈不以为然，认为年轻人应该把主要精力放在考古业务上，不必做这些无聊的"杂览"。但我的同事蒋卫东先生说，年轻人写一点活泼泼的文字，未尝不可，并提供了一些写作素材，由我负责"添油加醋"，也就是这边收录的《铎》《弓箭》二文，这是我俩当年合作的文字——那时，蒋兄大概也就三十出头。年轻人总是敏感，来自前辈一点点的鼓励话语，都能铭记终生，何况蒋兄是以实际行动支持我。

大约在2000年前后，我就很少写这类"不三不四"的文字了。一方面，因为积累不够而枯竭，这原本是种"才气活"，才气就是一股"气"，冒光了，也就完了；另一方面，我认识到，自己确实应该将主要精力放在业务上，后来，发掘古窑址、古墓葬，辗转各地，就很少写，终至于完全不写杂文了。

阅历的增长，会在潜移默化中，改变一个人对文字、对生活的看法。后来，我偶尔重读旧作，简直不敢相信这些竟然出于己手，甚至感到难为情。这大概就是传说中的"悔其少作"吧，我以为过去的文字缺少真情实感，更无真知灼见。总之，因为缺乏生活阅历，少有真正属于自己的东西，只凭着一张"油嘴"说话，这是不能接受的。

现在想来，无论过去多么幼稚，也是自己一路走来的足迹。成长的过程，本身并不可笑。2010年后，我又重新拿起笔，尝试写作考古手记，记录考古工作中的所见所闻、所思所想，在趣味与内容上，与过去大不相同，但本质上，仍不过是承袭年轻时的理想余绪罢了。退一步言，这组文字的内容尽管幼稚，但其形式在20多年前终归是"新"的。今天，我选编当年"古物"的部分文字，稍事修改，以《古物丛谈》为题刊布于此，既保留年轻时代的痕迹，也以此纪念本人一去永不复返的青春。

一　鼎

说花花草草、坛坛罐罐，首先应该说鼎，因为它最不平凡，犹如百兽中之雄狮，群芳园里的牡丹。

鼎，《辞海》释义：古代炊器，多用青铜制成，圆形，三足两耳，也有长方四足的。再通俗点，鼎是三只脚的釜（锅）。但是，将鼎当成普通器具，是不够的。夏、商、周三代，鼎是立国重器，国家宗庙里的列鼎被敌人毁坏、抢掠，国家也就象征性地完蛋了，所以篡夺权力叫"问鼎"。汉武帝曾获一古鼎，以为是江山永固的祥瑞，索性将年号改为"元鼎"了。

王侯将相，宁有种乎？鼎，当然不会像老子一样，甫落地便是白发苍苍的模样。鼎的出现、演变，有个漫长的发展过程。拿浙江来说，河姆渡文化第三期（距今约6000年）的陶鼎，貌不惊人，与釜的实际功用大概没有区别，只是釜圆屁股，坐不住，生火做饭，需要额外的陶支角辅助架设，而鼎可以稳健站立，三足鼎立嘛，生起火来更方便些。

至于鼎如何从普通器具，一步一步走向辉煌，成为庙堂之上最重的礼器，沟通天人之际，彰显拥有者的身份，里头的学问大得很，我当然说不清楚。但到商周时期，情形就明朗了，著名的后母戊大方鼎，花纹面目狰狞，其大可容下一头牛，这样的巨无霸当然不仅仅是实用器，总该有些神圣、威严、恐怖、神秘的意味。还有一类鼎，袖珍得连一碗稀饭也煮不开，也不是实用的，专用作随葬。

至于随葬鼎，更有话好说。孔子讲"克己复礼"，希望恢复周公时代的社会规范，这规范多半系于"礼"。据说，"礼"在很大程度上是用列鼎制度来维系的。人分三六九等，君君臣臣，父父子子，天子用九鼎，诸侯用七鼎，卿大夫用五鼎，士只能用三鼎，依次递减到老百姓，就不允许拥有鼎。九鼎、七鼎，样式类同，大小依次递减，称为"列鼎"。在"郁郁乎文哉"的时代，规矩被严格执行着，该用几鼎就用几鼎。但到了孔子生活的礼崩乐坏的年代，一切都乱了套，老百姓居然也敢僭越用鼎随葬，这就叫"人心不古"。

真是儿子打老子，是可忍孰不可忍！孔子毅然周游列国，希望阻止江河日下的世风，回归旧日的秩序，但他失败了，因为时代一去不返。

秦汉以来，人们仍不断铸鼎，不过造得越来越粗糙，越来越轻佻，诚如九斤老太所说"一代不如一代"了。再后来，道士炼丹用的铜器，文人雅士的案头陈设，分明是鼎，名字却改叫香炉。

宋徽宗有意复古，力图回归三代，铸造过一批"新成礼器"，新铸"九鼎"，品质甚佳。无奈靖康国难，亡国太促，礼乐用器俱为金人所掠，曾经是天命所归的光荣象征，恰恰沦为无道丧国的耻辱烙印。宋元时期，各地孔庙学宫、宗教寺观的仿古铜鼎，优劣不一，与三代气象，相去已远，就像我临写的王羲之《兰亭序》，认真的时候，我的老师点评说，勉强得其形似，懈怠时，则连形似也办不到。

二　铜镜

现代人用玻璃镜照容，古人用铜镜。铜镜没有玻璃镜好用，但比玻璃镜值钱。这回说铜镜，不为奇货可居，实为铜镜与中国古史同生共灭，随国运兴衰而浮沉，百试不爽。

铜镜以圆形为主，偶尔也有其他形状。用以照脸的一面油光可鉴，今天有专为自行车补胎的，古代有专磨镜子的匠人。镜背因不履行照脸的义务，成为匠人大显身手的舞台，装饰有繁密的花纹，中心有一圆钮，钮中穿孔，用以穿系丝带，以便于掌握。铜镜之基本形制，如此而已。

我国最早的铜镜出自青海齐家文化的新石器时代晚期遗址。夏、商、周三代，铜镜的数量，举国上下也不过百枚，多其貌不扬，有的索性素面朝天。值得一提的是，上述铜镜均作圆形，而同期外国铜镜却是有柄的，可见我国一开始就以相对独立的姿态屹立于世界东方。

夏、商、周并非模范社会，汉朝才是第一个黄金时代。汉镜之工艺、内涵，可写部大书，事实上，铜镜著作汗牛充栋，有人居然真的能用一面铜镜写一部书。按照今天的常识，日本电器比国产的强，当时的风水可倒着转，东洋人的镜子大概得从中国进口。日本各地出土的汉晋铜镜，据说由中国传去，甚至是东渡扶桑的东吴工匠所铸造。

魏晋南北朝时期，战乱频仍，生命如薤露，相对于两汉时期，铜镜制作江河日下。只是不知，铜镜的粗糙，可与魏晋人慷慨激昂地喝酒服药空谈的名士风度有关？

唐代疆域辽阔，国人胸怀宽广。铜镜也有盛唐风范，遥想"李白斗酒诗百篇"的时代，人们何其豪放自信，管他来自波斯或罗马的动植物，一律"拿来主义"，用作自己的装饰题材。单看恢宏大气的瑞兽葡萄镜，就可知那是个不俗的时代。我曾经窃笑，古人为什么会用影影绰绰的铜镜照容，照起脸来，竟还不如脸盆清晰。直到有一天，我在博物馆里见过一面唐镜，背面漆黑光亮，镜面平整，照脸真如玻璃镜子一般明晰。现代人面对古人时轻佻的优越感，顿时烟消云散。古人才不会那么笨呢。我们今日所见黯淡无光的铜镜，只不过是因为锈蚀了，当年都曾照额黄眉绿。平时，铜镜用绸布包起来，装进密封的镜奁，绝不会无谓地暴露在空气中，徒惹绿锈。

宋元明清，铜镜的花样越来越多，桃形的、葵花形的、方形的，唐代的大气象不见了，多了些轻松、轻佻、世俗化的生活气味；元朝时，铜镜也不给兄弟民族争气，粗劣的模样让藏家也不屑；明清时期，除了向古人讨救兵已无太好的招法，你看那铜镜，创新力全无，仿造汉唐铜镜的风气大兴，乍看似乎有些当年风范，实则精气神差远了。

再后来，西方世界的坚船利炮，破门而入，国粹的铜镜终于不敌舶来的玻璃镜，渐渐败下阵来。玻璃镜取代铜镜是不可阻挡的时代潮流。但是鲁迅先生在《坟·看镜有感》中讲了个故事，耐人寻味。我的文字当然好不过先生，干脆照抄原文，以飨诸位：

> 但我向来没有遇见过一个排斥玻璃镜子的人。单知道咸丰年间，汪曰桢先生却在他的大著《湖雅》里攻击过的。他加以比较研究之后，终于决定还是铜镜好。最不好解释的是：他说，照起面貌来，玻璃镜不如铜镜之准。莫非那时的玻璃镜当真坏到如此，还是因为老先生又带上国粹眼镜之故呢？我没见过古玻璃镜。这一点终于猜不透。

汪曰桢，浙江湖州人。湖州是宋代以来重要的铜镜产地，湖州石家镜，风靡海内外。湖州本不产铜，据说城内的苕溪水，适宜铸铜，故而铸镜特佳。明清以来，继之而起的湖州薛家镜，依然著名。也许是这个原因吧，爱乡情切的汪先生在《湖雅》中"带上国粹眼镜"，说出一番离奇的话。历史越悠久辉煌，留给后世的包袱也越重，在新时代来临之际，越难以轻装上阵，迅速转型。

各位看官，铜镜简史，是否像一部中国古代简史？

三 剑

剑，古兵器，便于随身携带，可刺杀，可砍劈。

然而，剑并非只是简单的打打杀杀的工具。剑，早已融入中国传统文化之中，这世界上，如果存在酒文化、茶文化、侠文化的话，宝剑则已经打入了侠文化的核心。比如传统的剑术，刚柔相济，与其说是搏杀技艺，不如说是修身养性之道。武侠小说中的壮士，腰间佩一古剑，英姿飒爽。"十年磨一剑，霜刃未曾试。今日把示君，谁有不平事。"如此豪气，令人心驰神往。

说剑，照老规矩，还是从三皇五帝讲起。现存最早的古剑，出土于陕西长安张家坡西周墓中，形似细长的柳叶，极短，似乎称为匕首亦无不可，大概是短兵相接时才用的武器。几个人扭作一团，推推搡搡，哪里有剑客风度可言。我不喜欢，不说了。

剑，大兴于天下，是春秋以后的事。在此不可不提我们吴、越两国的宝剑，因为这两个地方所铸造的宝剑，质量最好，声誉最高，干将、莫邪的英名，至今流传。口说无凭，湖北江陵出土的越王勾践剑，历经千年，完好如新。1996年，杭钢集团斥巨资为浙江省博物馆购回的越王剑，同样寒光凛凛，连剑茎上的丝缲也完好保留。不过，卖膏药的也要讲常识、守规矩，不该胡乱吹牛，青面兽杨志卖刀时宣传的"砍铜剁铁刃口不卷，吹毛得过，杀人刀上没血"，那是不符合实际的。专家说，吴越铜剑擅长于直刺，而不以斫击为主。说句玩笑话，哪怕利刃破得了任何坚盾，也有两样东西断不得，一是流水，二是烦恼丝，多情诗人说的。

天下诸侯都铸剑，为何吴越一边风光独好？《考工记》说，吴越剑之所以好，乃因为地气风水使然，正像橘树过了淮北就成了枳，貉渡过汶水就活不长了。我读这段话，大惑不解。在印象中，今日江浙一带的炼钢铸铁等重工业也不见得著名，何以春秋时代风土气候特别适宜铸剑？真正原因，恐怕不在此，吴越大地水网密集，驰骋中原的战车无用武之地，而步兵却很发达，步兵离不开剑。时势造英雄，于是天下能工巧匠，群贤毕至。归根到底，是人才起了作用。对，是人才的作用。

战国时代，中原各国改学胡服骑射，车轮滚滚，滚进了死胡同。战车衰亡了，战争还是要接着打的。于是，剑大范围流行开来，在维系军队纪律、战斗力方面，地位尊崇。还是那本《考工记》说，剑身长度为柄长五倍的称上等剑，供上士佩用；剑身长度为剑柄四倍的，称中等剑，中士用的……剑制，如同今天的军衔，我手中之剑比你的长而重，仿佛五星上将面对四颗星，尽管只多一颗星，毕竟权威得多。

在我们熟知的"鸿门宴"故事中，项庄舞剑，意在沛公，在座的主人、嘉宾，个个随身佩剑。三国时代，东吴将领凌统与甘宁素有深仇，一日在吕蒙举办的宴会上狭路相逢，凌统分外眼红，就援例来个"凌统舞刀，意在甘宁"。于是，席间刀戟交错，日月无光，而打架劝架的人群中，却始终不见一位拔剑相向的。看来，东汉末年，军人已不大随身佩剑了。

至于唐代大诗人李白仗剑走天涯，大概只是为了抒发英雄豪情，正像过去真假不辨的大款，手里攥个大哥大，嗓门洪亮，一半为了实用，一半为了装饰，到底哪个用途占上风，就不好说了。

四　铎

铎，形似大铃的铜器，铜筐中有舌，摇一摇，舌震荡铜筐，叮当作响。《现代汉语词典》《辞海》，开门见山，说它是古代乐器。

然而，在我们印象中，上档次的古乐器，不外乎编钟石磬、琴瑟竽笙之属，根本轮不上铎。

假如我们愿意去翻阅一下古书，铎先前竟也是阔过的。《周礼》中，铎的曝光率很高，注疏者归纳了一下，得出了"武事奋金铎，文事奋木铎"（金铃金舌谓之金铎，金铃木舌谓之木铎）的结论。"武事"就是打仗，古典小说中"击鼓进军，鸣金退兵"，是后世的套路。在上古，一切行动听从金铎指挥，铎儿摇几下，如同大部队反攻前夕"嘀嗒嘀嗒"的军号声。

"文事"用的木铎，是国家颁布法律禁令、征税施刑，甚至埋葬死人时，才派上用场的。官员一边摇木铎，一边巡视。提醒各位注意禁令，此情此景，大概与时下居民区老大爷手持电喇叭，一幢挨一幢高呼"火烛小心，门窗关好"的意思差不多。周代史官编集《诗经》时，下乡采风，手里也摇木铎，老百姓听得铃儿响，知道买故事的又来了，纷纷出来讲故事、唱山歌，以换取菲薄的"稿费"。只是不知道，孔子传授七十二弟子，集结放学，是否也要摇几下铎儿？

据汉人许慎《说文解字》的说法，军队中每五个士兵配置一个摇铎。果如是，小打小闹倒凑合，十万雄师南征北战，成千上万的人摇起铎来，参差不齐，恐怕不能壮军威，反而会自乱阵脚。

铎，没有能够在军事世界中风光多久，就逐渐失去了地位。原因大概不会太复杂，前些天，我在某小学传达室见到一枚铜铃，木柄铜舌。一问，知道是断电时用来指挥上下课的。一摇，声音果然激越，但传得并不十分遥远。这就是铎失宠的原因吧。总之，汉晋之时，铎就已经退伍复员，转业成为乐器。

乐器就乐器吧，好歹能派上用场。

汉晋时期，流行一种铎舞，舞者持铎而舞，宴享时用来助兴。

晋人傅玄《铎舞诗》称"身不虚动,手不徒举,应节合度",如此铎人一体,浑然天成,即便在今天,也是舞中上品。隋代,铎舞仍是四舞之一,据说舞者已不持铎,只是故作持铎状,做样子的,好比戏台上驰骋的武士,马鞭一挥就当骑马,观众目中有无真马,全凭想象。

有个形式,也是好的。稍后,铎终于被请出了贵族宴席,剥夺"乐舞用器"资格终身。

岂料民国二十三年(1934),上海华界举行盛大的孔诞纪念会,大同乐会演奏了当年让孔子三月不知肉味的韶乐。为壮声势,乐器不分古今,凡属国乐器,一律配入,凡40种。《申报》新闻说,韶乐"令人悠然起敬,如亲三代以上之承平雅颂",鲁迅先生对此很发了一通感慨。然而,在这林林总总40种古今乐器中,竟然也不见铎的踪影。今日的民乐队,也从无铎的一席之地。

逝者如斯夫,不舍昼夜,无须感伤。要走的注定留不住,千百年来灭绝或变异的物事,又何止铎一种呢?

五 弓箭

假如远古时代也有专利版权保护法的话,伏羲、黄帝一定都是腰缠万贯的发明家,因为后人总爱把某种发明归于他们名下。弓箭,据说就是黄帝手下一位能人创造的。

假如实有黄帝其人的话,想必他来自传说中的"英雄时代",也就是新石器时代晚期华夏部落联盟的首领。但是,据考古发现,弓箭在更早的时候就已经出现并流行了。《周易》有"弦木为弧,剡木为矢"一说,原始的箭镞许多是用竹木制成的,竹木如同我笔下的文字，容易腐朽，所以留至今日的实物极少，或者说几乎没有。

好在有大量石箭镞存在。我们知道，山西朔县峙峪村的旧石器晚期遗址就有石镞，屈指算来，距今约三万年了。

弓箭一经出现，就迅速地改变了人类的生活，我们的祖先在旷野中遇着猛兽，再不必冒险去近身格斗，只要躲在角落，放个冷箭，庞然大物轰然倒地，真快活啊！弓箭不仅对付畜生，也可以对付同类，在众多的史前遗址中，偶尔发现过被箭镞射杀的人，历经千年，皮肉无存，干枯的骨架上，赫然插着一枚石箭镞。无怪乎《周易》的作者惊呼，"弓箭真厉害啊，可以威霸天下"。

地下的东西看过了，再看先秦古籍。弓箭的记载很多，比如，王子公孙热衷射靶或者打个中山狼什么的，明明是贵族的休闲活动，偏要挤进《周礼》《礼记》。戴上"礼"的大帽子，俨然成为国家大事。上行下效，乡下的年轻人，也不甘平庸，每逢射箭比赛，积极参与，热闹得很。

有鉴于此，在古代的绝大多数时期，若有一手百步穿杨的绝技，绝对受人尊重。汉武帝时名将李广，一次出猎，"见草中石，以为虎而射之，中石没镞"，如此神力，只有射落九个太阳的后羿可比，盛唐的王昌龄仍在咏叹"但使龙城飞将在，不教胡马度阴山"，《水浒》中的神射手花荣，绰号也是"小李广"。

说来惭愧，虽然我们的民族向来推重弓箭，崇拜弓箭手。但是，所谓"戎狄蛮夷"，在弓箭这个项目上，似乎总比汉人领先一步、高明一等。战国时期，赵武灵王向胡人学习了短袍和骑射，就很威风了一阵。宋代的文人总说"一支笔横扫千军"，可终究不敌"只识弯弓射大雕"的成吉思汗及其子孙。明朝的威武大炮轰死了努尔哈赤，终于挡不住长于骑射的满族入关。清朝的皇帝，歌舞升平之余，终不肯放弃骑射的传家宝，故宫博物院藏郎世宁画的《乾隆皇帝射猎图》，如此矫健的真龙天子，真不多见。可惜，后来的八旗子弟却几乎成了游手好闲的代名词，《三国演义》中的黄忠大把年纪，照样拉一满弓，旗人正值青春年少，却已无力动弹了。当然，话说回来，即使他们拉得动弓箭，也未必能招架得住洋人的坚船利炮。

近代中国，受挫感太深，心灵创伤，至今犹存。今天，我们与洋人一样，都不再拿弓箭当武器了。但射箭仍然是奥运会的比赛项目，尤其是女子射箭，中韩两国几乎要垄断所有金牌。每当看到西方国家运动员站在台下，盯着领奖台上的中韩运动员，神情羡慕，我们这些曾被侮辱与被损害的民族，该不该因此而稍觉心安？

六　筷子

筷子起源于何时，已不可考。考古材料中，最早的筷子出土于云南祥云大波那铜棺中，年代为春秋中晚期，筷子上下，一般粗细，分不出哪端是首，哪端是尾，既不卫生也不便于夹食。先秦经典《礼记·曲礼》郑玄注中有"饭以手"的说法，身居庙堂之高的雅人竟然也以手抓饭。可见，在先秦时代，筷子既原始，也不盛行。

大约到汉代，筷子开始流行。《汉书·周亚夫传》说，汉景帝赐周亚夫食，却不备筷子，周亚夫愤愤不平，可作佐证。西汉早期，湖北云梦大坟头一号墓出土有竹筷，已具备首粗尾细的基本特征，只是比今天的筷子纤细很多，考古学家说，这可能与古今不同的食物结构有关。

筷子太小，做不出像样的文章。我搜索枯肠，只有一条掌故，值得一说。明人陆容《菽园杂记》卷一，说吴中民间行船讳言"住"，"箸""住"同音，犯了船家大忌，遂改名为"快（筷）儿"，寄寓船儿快快行的愿望。今天的杭州人，将筷子唤作"筷儿"，吾乡方言台州话仍称为"箸"，显然古得多了。我每次见到杭州人，就举这个例子，向他夸耀家乡方言的古雅。

除了这条长志气的掌故，还有个故事，不吐不快。《红楼梦》第四十回，实在可恨，刘姥姥进了大观园，本来就看花了眼，红楼姑娘偏要寻她开心。大办宴席时，凤姐与鸳鸯商议定了，只给了刘姥姥一双"老年四楞象牙镶金筷子"，老太婆拿在手里，只觉得比家乡的铁锹还沉。凤姐偏又拣了一碗鸽子蛋放在刘姥姥面前，老太婆念念有词，"这里的鸡儿也俊，下的这蛋也小巧"，便伸筷子来夹，哪里夹得动，满碗子闹了一阵，终于撮起一个，才伸着脖子，偏又滚落在地上。在座的佳人们乐坏了，有的喷出一口饭，脏了人家的花裙子，有的笑岔了气，伏在桌子上直哎哟……

读红楼，就是长见识，这双"老年四楞象牙镶金筷子"，我就从未见过。光听一长串名字，就很吓人，想必是制作极考究的筷子，考究到乡下人都使唤不动了。

这种筷子，多半只是摆设。至于实用，还是朴素一点的好。不过朴素到近乎寒碜，似乎也并不见佳。

为图爽快和便宜，这些年我常到快餐店就餐，小店用的全是一次性的"卫生筷"，装在小塑料袋里，取出一分为二，方便得很，只是觉得有点毛糙，甚至扎手。刘姥姥是嫌筷子太重，我是嫌其太轻，薄薄的小木片拿在手中，一点分量也没有，夹些圆溜溜的食物确有难度，偶尔发力不当，筷子居然还会断于碗中，好不扫兴。

《世说新语》有则笑话，有一个人叫王蓝田，吃鸡子，左右夹不住，气得一把将鸡蛋掀翻在地，还狠命踩上几脚。我猜想，这位仁兄无此口福，原因无非有三条：脾气太暴躁；技术不过关，筷子常打架；筷子品质太好或者太不好。我遭遇到的困难是第三条原因，而且是筷子太不好所致。

　　一双筷子，卫生实用最重要，精致一点也无妨。"象牙镶金"好像不必要，"薄薄的小木片"也不妥当。筷子之理如此，小到作文，大到做人，又何尝不是如此——该讲究的不可将就，该将就的又不必太讲究。

第四编

人生记

这些人，那些事

　　这些年，我奔波于浙江各地，参加过各种考古调查、发掘，认识了许多人。每次来到陌生的地方，无论生活安排，还是工作开展，总离不开地方文物干部（包括临时工）、房东的配合与帮助，也离不开同事、考古技工、民工们的工作与劳动。我们在考古工地朝夕相处，他们是我真正的战友，也是能够传授我知识、丰富我人生阅历的师长。

　　在漫长而又短暂的工作生涯中，我们注定会遇到很多人，会经历并遗忘许多事。但是，这些人，那些事，我至今记着，永远记得。

　　唐代大诗人李白说："阳春召我以烟景，大块假我以文章。"大地赐予人们丰富的生活和灵感，这是一组从土地上生长出来的文字，献给我的朋友们，也献给我生活、工作过的土地。

一　地方文物干部

　　如果不是高速公路建设，我不会到那地方去，也不会认识许老师。那是我第一次完全独立主持考古工地，新手上路，面对各色杂务，有些慌乱。

　　许老师来了，热情接待了我。他是当地文物部门的负责人，即将退休，帮着我租房子、雇民工、踏勘发掘现场。只要我能想到的，他总能办到。我的紧张，由此大消。

许老师熟悉当地文史、古迹，也很健谈。他对我说："你每到一个地方，阅读方志的习惯，很好，考古工作证经补史，更好。"一席话，给了我"吾道不孤"的温暖。

接下来的考古发掘，许老师每天都来，帮着做事，陪我聊天，只是从来不在考古工地过夜，下午收工前，他准时告辞，返回县城。据说，他老婆（我应该叫师母）不习惯一个人住。这个理由足够充分，我从不勉强他。

有一次，我见到一通晚清的石碑，仆于野外。碑文简单记录了当地某寺院的修建，年代也晚近，但既然是文物，总要妥善处理。我把石碑搬到附近的大会堂里，许老师买来宣纸，拓片的时候，横竖不满意，不是嫌墨色太淡，就是嫌字迹不清晰。后来，我叫来一辆拖拉机，把石碑运到县城集中保护。

我只是随性做了一件小事，许老师却说了很多过誉的话，认为今天像我这样有情怀的年轻人太少见了。从此，许老师更加健谈，告诉我很多他的故事。

20世纪50年代，他曾到山区"扫盲"，住在老乡家，生产劳作之余，教人识字记账。在他的回忆里，那是段快乐而充实的日子。

后来的几次运动，他吃了很多苦，还被关了几年。那时候，亲人与他划清界限，只有那几个"扫盲"时认识的乡下房东，每年带点土货来看他。我从来不问，当时到底发生了什么。

80年代初，落实政策，许老师平反了。他不愿意再回到原来的工作岗位，于是就进了文物部门。用他的话说，像他这样新出土的古物，去跟古物打交道，很合适。

乡下房东依然走动，经常到县城来看许老师。但师母是城里人，不喜热闹。他也就不把乡下朋友往家里带，通常只在外面坐坐，吃顿饭，叙叙旧。

许老师说话，我很少插嘴。只在这时候，才问了一句："那些乡下朋友，现在可有联系？"

许老师沉默片刻，竟然泣不成声，说，他们都走了。

我像个犯错的孩子，默默站在他身后，拍着他的肩膀。

许老师终于平复下来，对我说："对不起，只是与你聊得来。"

从此，我们再不聊那些事情。我只是觉得，一位长者能够在我面前落泪，就是缘分。

后来的事情，平淡无奇。我们结伴往乡下跑，寻古墓、看老房子、访摩崖碑刻。真是奇怪，就算一块三国西晋时期的墓砖砌在哪家的猪圈墙上，他也清楚。

工地结束，我回杭。第二年，他退休。

后来，他到杭州，偶尔来我办公室坐。我送他一些我写的东西，许老师叹一口气："年轻有为啊，不像我，老了，什么也没留下。"

"这些乱七八糟的东西，反正没人看，'留下'倒是可能的，白纸黑字刚印出来，除去垃圾回收打成纸浆的，图书馆当成古物藏起来，那边铜墙铁壁，安保严密，大概可以传世了。"我说。

不料，他竟严肃起来："你说话老不正经，会吃亏的。"

我反问道："朋友间的聊天，难道不应该这样吗？"

许老师沉默不语。

在这沉默之中，我隐约看到了他曾经的苦难。

前些年，第三次全国文物普查期间，许老师被当地文物部门返聘为普查队员。我多次在各种场合听到，那里的文物普查，工作扎实，深受好评，尤其是许老师，不畏年高，不辞劳苦，真是个能做事的人。

我想，他可能从来就是这样的人。

二　临时工

浙江境内的县市博物馆，论收藏出土墓志的数量，大概很少有地方可以与临海市博物馆相比。

那是因为临海市博物馆有个临时工——丁伋先生。

我不曾见过丁先生。但是，读过他点校的《台州墓志集录》《临海墓志集录》，还有他的文集《堆沙集》。

《台州墓志集录》是20世纪80年代的"内部出版物"，录文、点校一丝不苟，只是印刷粗糙。搁在今天，可能是"非法出版物"，与诲淫诲盗者同列。

《临海墓志集录》是正式出版的，著录临海境内2001年之前出土的古代墓志，绝无遗漏。丁先生做事，就是这样。

《堆沙集》是博物馆掏钱资助出版的，收录丁先生毕生研究台州地方文史的心得，涉猎极广，从史事考证到地方戏曲。他的学术研究，只凭兴趣所至，少有规划的痕迹，带点旧时代旧文人的"落伍"习气。

但是人们说，在台州文史界，以丁公为翘楚。

过去我到临海工作，到博物馆考察宋代墓志，每次都是徐三见馆长接待。徐馆长是画家，近年以整理地方文献为务。

徐馆长说，我们到博物馆边上的东湖"碑廊"去转转吧，丁先生集录的墓志，镶嵌在那边，或许还能做点"拾遗补缺"的工作，顺道也看看丁先生。

天哪！我不曾想过，丁先生竟然蜗居在东湖边的破房子里，与游人如织的东湖公园仅一墙之隔。

丁先生今年83岁了，正坐在藤椅上，阅读刚改版的花花绿绿的《文史知识》。见我们来，起身，抽着"双叶牌"香烟。

"我给你介绍一个来自省城的小老乡，也是你的仰慕者。"徐馆长说。

丁先生憨厚地笑。我们握手，他的手很大。

丁先生是个农民，毕生未娶。据说，20世纪50年代初，他曾经参加过工作，因个性太强，被单位辞退了。他的个性，我偶有所闻，据说凡是他的定稿，绝不允许别人轻易动一字。

没了工作，待在乡下，整日读书，也不晓得读书是为了逃避，还是为了求知。"乡下秀才"看不上村姑，而村姑也未必看得上他。就这样，一辈子打了光棍。

丁先生读他能够见到的所有古籍，订阅《文史哲》《历史研究》《文物》等。"文化大革命"开始后，无书可读，于是改读医书，当过几年的土郎中。

当年，徐三见馆长读书，每有疑惑，就跑到乡下请教他，大家也都渐渐知道了本地有个满腹经纶的农民丁先生。后来，丁先生成了博物馆的临时工。临时工，反正没有退休一说，一人吃饱，全家不饿，索性就寄居在博物馆的破房子里。整天就是读书、抄书、写东西，有人说，不晓得他在干什么。

丁先生有个亲戚在市里当领导，本有转正的机会，他也不跑，说，年纪大了，还折腾什么。

近年，各地都在积极创建"文化大市""文化大县"。人们没想到，眼皮子底下，竟有如此人物，这情景像极了考古学家标榜的重要发现。于是，纷纷拉他帮忙，做些文献整理、史实考证的事儿。年底，前来慰问，送几条香烟、几瓶烧酒、几床被子。全世界也找不到这么乐此不疲的廉价劳动力。

这时候，我想起了丁先生曾为一通临海出土的墓志写过的跋语。墓志的主人，名叫李果，是明代万历年间台州府临海县的才人，过着五柳先生一般的生活，处处碰壁，终于过早去世。在跋语中，丁先生称他"为人脱略，一片天机，他所憧憬的是一个纯真的学者、艺术家的生涯。因此生活有其充实的一面，只是忘记了人是社会的人，偏偏一不趋进，二不治生，把自己空悬起来，就难免为贫病所厄"。

丁先生的文字一贯节制，以叙述为主，这是罕见的议论、抒情段落。

与丁先生告别的时候，我说，下回一定再来拜访您。而当我别过身去，不由得一声叹息——那篇无人问津的明人墓志，何尝又不是他的夫子自道。

三　同事

蒋卫东先生在浙江省文物考古研究所工作的时候，在我办公室隔壁的隔壁。他从事良渚文化的发掘与研究，我于史前考古并无兴趣，在专业分际上，互不往来。

刚参加工作的几年，我在报纸上写"古物"的文章，科普不像科普，文艺不像文艺。许多人不以为然，但蒋兄见了，给我许多鼓励。当时，蒋兄一头黑发。

新世纪初，蒋兄已然添了白发。有一次，他指着我说，"哇，70后，也有白发了"。我才注意到自己的一头乌发，正有一二根白发崭露头角。从此，我的白发如同野草，生生不息，除之不尽。

蒋卫东从事未有文字之前的史前考古，却有着广泛的阅读。

2001年，我作雷峰塔的文章，查阅的《十国春秋》，就在蒋兄处觅得。他说，这些书暂时用不到，你留着吧。于是这几本书，至今仍在我的书架上。

我迷恋台湾学者严耕望的时候，对《治史三书》有一大通不吐不快的读后感。一般来说，考古工作者不读这类书，但蒋兄总是最好的倾吐对象，他不嫌我烦，甚至怂恿我大胆说出来——我对给过我力量的人总是感激。当时，他的白发已然越来越多。2005年前后，蒋兄离开考古所，到良渚管理委员会"当官"。我们联系少了，简直全无联系。我甚至不知道，他在离开的刹那，是否有过挣扎。

又过一、二年，我们偶然相遇，他的一头青丝全换了白发。我深有感慨，说，"老蒋，你这'官'当得苦啊"。

蒋兄微笑不语。

我意犹未尽，继续发表一通不合时宜的评论，说，"官"又不是政治家，这么出色的读书种子，可惜了。蒋兄依然微笑不语。

后来，听说蒋兄忙着筹办良渚博物院，整天忙得不可开交，连读一册书本都坐不下来。他是很忙，但这件事，与我无关。

良渚博物院终于成立，蒋兄是院长。数易其稿的良渚文化展览，随之揭开面纱，一时好评如潮。我为他高兴。

有一年年初，我陪同韩国客人走进良渚博物院。

这是个精彩的史前文化博物馆。我敢打赌，若非有位长期从事田野考古又有着广泛阅读的院长，博物馆的陈列做不到这种程度。

在任何时候，我都愿意说，在国内，良渚博物院绝对是一流的考古学文化专题博物馆，无论硬件，或是软件。

我终于懂得蒋兄白发的意义，他一直在认真做事。一个人，有机会将学识、阅历奉献出来，以合适的载体表达出来，与更多人分享，难道不值得鼓励？

我为自己的浅薄而抱歉。社会赋予蒋兄更大的平台、更重的职责。这些年，他总算不辱使命，只可惜了那头原本乌黑的头发。

今年国庆假期，我孩子所在小学的"第二课堂"活动，家长们纷纷垂询于我，何处才是理想去处。我毫无迟疑，选择良渚博物院。

我又走进博物院，原来悬挂于正厅墙壁上的一幅大型油画，不见了踪影。

去年，我陪同韩国客人曾见过这幅画，画面中，一群衣衫褴褛的原始人过着茹毛饮血的生活——大众对原始社会的想象，通常如此。

我和朋友们很有意见：良渚人的文明程度，不是我们现在根据片段材料可以完整复原的，将古人穿得衣衫褴褛，非但唐突，更说明我们现代人的骄傲无知。当时，蒋兄在身旁，不住点头。

今番旧地重游，第一眼，我就看到，那幅画不见了。这是田野考古出身的院长，以实际行动展示的态度。

我带着孩子们走进博物院，来到询问台，问："蒋院长呢？"小姐起立，彬彬有礼："国庆假期，今天不是院长值班。"

我想，看人家一头白发，算了吧，别打扰了。

良渚博物院对社会免费开放，我的专业兴趣在宋元明考古，与良渚文化相差十万八千年。上述文字，并无任何讨好的动机，只是有感而发，因为在他身上，从他的经历中，我感受到力量。

四　考古民工

这十多年，没啥新鲜的，我一直在浙江从事田野考古发掘的工作。我自认为挺喜欢考古工作的，当然，烦心事，也从未缺少过。

每逢新工地开张，到处找民工，讨价还价，吵吵闹闹，最是烦恼。过去的农村活力尚存，田间地头还有劳作的农民，雇用农民工并不太难。而今农村凋敝，村庄里几乎没有年轻人，形势就不同了。

一日夜深，在考古工地，以收听电台自娱。有位女子向主持人诉苦，说："其实我挺喜欢我男朋友的，但他有个毛病，初次约会时他吻我，我没拒绝。后来，他得寸进尺，竟至于动手动脚。唉，你说这种男人，我是该爱他呢，还是该离开？"广播里的主持人，快人快语："姑娘，别说了，你说的全是废话，问题在于你不够爱他。"

这个八卦，蕴藏着人生的大智慧——如果爱他就要接受他的全部。像我这么乐于自我反省的人，听完故事，便怀疑自己是否真如平常所标榜的那样热爱考古工作。

我首次独立领导考古队，是在2003年的嵊州乡下。考古的生产工具，与庄稼人类同——农业机械化，农业现代化，长远来说，当然是大势所趋，短期看来，种地工具依然是锄头铁锹。抡锄头挖地的活儿，原则上以工地附近的村民充任。

前来考古工地打短工的，男工每天25元，女工20元。按当时的标准，工资已不算高，但村民大多乐意来，尽管需要费点口舌。

电视台的纪录片，很乐意这样描述考古工作，好像考古工作者，整天蹲在地上，手持小毛刷，照着古物看来看去、刷来刷去，在习惯了干田地活的老农民看来，这种工作简直不能算体力活。

我每至一地，也乐意这样说话："这活儿挺轻的，就像你在电视上看到的那样，每天看过来看过去，实在看不下去了，再动下锄头。"现代人上过太多回电视台的当，并不那么容易轻信。比方说，今年的暑期持续高温，他们就说："这么热的天，让我站在太阳底下，一动不动，这点钱，我也不愿干。"

是啊，如果他们付我每天25元，请我一动不动伫立于烈日底下，我也不干。

这是打比方啦。随着经济发展形势大好，今日民工薪酬早已不是每日25元，就我的经验所及：2004年，民工日薪约30元；2005年前后约40元，男女同工同酬；然后，50元、60元、80元、90元……年复一年，水涨船高。去年，我在浙南某地考古，每日180元也招不到人，勉强来了几个人，全是外省打工者，本地人一个也没有。

我从来都不反对涨价。杭州的房价，10年内翻了10倍不止。人力不应该比房价低贱，翻个十来倍也能接受，我只是反对工资越涨，民工反而越不好找。

如今长居农村之人，40岁以下的青壮年已不可多得，就算有也不干农活，拿锄头的机会，与手持刀枪的概率相当。愿意来工地考古的，以五六十岁、六七十岁的男子为主，要不，就是赋闲在家的中老年妇女，这是考古队又名"三八六〇部队"的典故出处。当然，偶尔也会有毛遂自荐的八十老叟，可万一有个三长两短，谁能负责？原则上，我绝不会接纳年过七旬的劳动力。

我为此而苦恼。再过10年，等这一茬人过去，锄头就可以申报"世界文化遗产"了。就这点有效的劳动力，讨价还价时跑掉一批，看考古队自带被铺租住农家以为我们是江湖骗子、不愿甘心上当的再跑掉一批。最后，总算有少数无畏的勇士，以为反正闲着无事，终于答应给考古队干几天活儿再说。

谢天谢地，工地开张！人们前来观摩工作，看到考古这工作，果然有说有笑，团结紧张，严肃活泼。更怪的是，这些陌生人跑大老远，赔许多钱，小心挖地，专拣一些破破烂烂的陶瓷片，白送人也不要。对！光凭这一点，考古工作者就不是骗子。金杯银杯不如老百姓的口碑，渐渐的，更多的人前来打探，纷纷表示愿意加入保护历史文化遗产事业的队伍。终于有一天，我大声宣布："工地人数够了，不要了，等我们下一次再来这边考古，再说吧。"

其实这些年，我主要从事大范围流动作业的抢救性考古发掘，铁路、高速公路修建到哪里，我们就追随到哪里。打一枪换一炮，今年挖完了，铁路公路建成通车了，谁还会再去老地方考古再挖一遍？根本就不会有下一次。

五　摆渡人

这个名叫蟾宫埠的小山村，位于飞云江中游。村庄内只有一条大路，始于远处的山脚，继而穿越村庄、鹅卵石滩，最终通到飞云江边。路的尽头是个渡口，泊有一条小木船，船头坐一位老人，抽着烟。

渡口，没有标识。每日清晨，老人习惯性地把小木船停靠在固定的地点，此地就成了渡口。江上没有桥，小木船就是横跨大江的桥梁。日复一日，老人守在江边，摆渡着南来北往的过客。

老人60来岁，慈眉善目，中等个子，穿着整洁，尤其是一口整齐的牙齿，在本地的乡下人中极其罕见。

这一切简直无法让人相信他竟是个哑巴。据说，儿时发烧，用错了药，从此双耳失聪，当时他还没来得及学会说话。每每见着客人过来，老人起身，面带微笑，挥舞双手。我不懂复杂的手语，但总能见到他的微笑。

大江对岸的山坡上，有一片宋元时期的龙泉窑类型窑址，因为珊溪水库建设，山村和窑址都将要淹没。为了抢救发掘可怜的古窑址，我们的考古队需要每天渡河。早晨出发，中午回来，午后再出发，傍晚再回来，如此江上往来，一天要搭四趟船。于是，我总能见到他的微笑，还有那满口洁白的好牙。

我们跳上渡船。老人操桨，轻轻一拨，船儿飞也似的朝对岸奔去。

木船有点破旧，江水从船底板下渗漏进来，老人笑了，这是宽慰我们不必担心；船至江心，疾风刮过，船大晃，老人笑了，告诉我们不必惊慌；我们偶尔夺过木桨，越俎代庖，船儿只在江心打转，老人笑了，伸出小指头，笑话我们无能；老人拿回桨去，船儿再次飞也似的朝对岸奔去，我们竖起大拇指，老人又笑了，摆摆手，表示他很谦虚。

老人总是微笑，很开心的样子。偏远的山村，一个年轻人也无，年轻人都出门打工了，真不晓得有什么可开心的。

老人又聋又哑，一辈子打光棍；他没有娱乐，村里倒有爿小店，常有打麻将度日的人，我也从未在那里见过他。

摆渡这活儿，是当地对聋哑人的照顾，挣钱不多。乡里每月支付百八十块钱，村里再凑点口粮，就是他的固定收入。本地人渡河，一律不收钱，像我这样的外地人，每人次收费5毛。当然在这个地方，外地人是极少的。

他欢迎我们的到来，一方面是有人陪他说话，严格说来，是陪他微笑，另一方面，我们给他带去了一笔可观的外快，6人过河，每趟收费3元，一日往返4趟。实际中，当然也没有必要这样算钱，我们把他视为考古队中的一员，按照参加考古发掘的民工标准，逐日计酬，这只会让他赚到更多。

我可以确信，老人的微笑发自内心，绝非因为外快。后来，野外作业结束，我们不再每日渡江，也不必付他工钱。天气渐渐冷了，我见他独守江边，烤一堆火，抱成一团。然而，一有客人来，无论本地人外地人，他立马起身，容光焕发，满脸堆笑，转眼好像换了个人。

老人的快乐，是因为这条相依为命的小木船，还有脚下的这块土地。他18岁开始摆渡，40多年风雨无阻。摆渡，给了他服务乡亲的机会，赢得乡亲的认同，也给了他体面的生活。

真正的幸福，也许就这么简单。西哲有云：幸福的本质，就是欲望的暂时满足。如果老人的欲望，就是守在家乡跟他的小木船朝夕相伴，那么我确信，当年的他应该就是幸福的。

我的猜测是对的。离开山村前夕，我们到江边与他道别，老人用手指在飞云江中蘸了一点江水，在船板上写下大大的两个字——永嘉。这是告诉我们，山村淹没后，他将迁往永嘉，乡亲们散伙了，小木船也带不走了。我看到他伤心的模样只有这一次，茫然无助的眼神，真的会说话。

匆匆一生经过多少容颜，有许多人在我们的生命中走过，一掉头就忘了。但我至今记得摆渡的老人，在那个偏远的地方，他曾经幸福地生活，所以，我更加有理由做一个幸福的人。

十多年过去了，山村早已沉没水底。今天的夜里，我又想起了他，不知他身在异乡，脸上是否依然常带微笑，也不知是否依然有人愿意陪着他微笑。

六　守墓人

金华兰溪和衢州龙游两县的交界地带，有九个连绵叠嶂的山峦，称为九峰山。

九峰山下，风景美，故事多。相传曾是先秦姑蔑国的都城所在，秦汉推行郡县后，姑蔑国是会稽郡太末县之前身，太末又是今日龙游县之前身。不妨这么说吧，九峰山是龙游的母亲山：东汉时期的龙丘苌，隐居于九峰山，在传说中，他是与严子陵一样有气节的高士，龙游因此得名龙丘，后来才改的龙游。

九峰山的主峰，叫达摩峰，传说禅宗祖师达摩杖锡于此，面壁参禅；山上还有葛洪的炼丹房，梁太末令刘勰曾来此讲授《文心雕龙》——如果这些故事都能当真，九峰山算是占尽了儒、释、道三家风流。

作为衢州府龙游县发祥地的九峰山，在明成化七年（1471）全部割给了新设的金华府汤溪县。1958年，汤溪县撤销建制并入金华县，九峰山也未能回归龙游的怀抱。九峰山隶属汤溪，龙游县失去了文化根基，民国时期的龙游学者余绍宋一直对此耿耿于怀。

天下的名山，少不了佛教寺院。唐宋时期，九峰山下有座九峰禅寺，也叫龙丘寺，远近闻名。

九峰禅寺，本来位于达蓬山以北土名"凤凰形"的山脚下，明代寺院衰亡后，搬到了半山腰丹霞地貌的山洞里，香火至今延续。旧址则沦为废墟，如今种满了杨梅树，只要稍稍动土，到处都有唐宋时期的砖瓦。

九峰禅寺遗址附近，有一座明代坟墓，墓主人姓胡名森。坟墓坐落在凤凰形山上，从这地名可知，坟墓选址是讲究风水的。

胡森，汤溪县胡碓人，字秀夫，号九峰，晚号太末山人，明正德十六年（1521）进士，官至太常寺少卿，转南京鸿胪寺卿，爱慕九峰山风土之美，晚年隐居于此，优游林下几十年，嘉靖四十三年（1564）卒，享年72岁，并葬于今墓址。胡森有官声，有文名，有《九峰先生文集》传世。汤溪设县晚，历史文化名人少，文庙里的乡贤祠仅供奉5人，龙丘苌是个传说人物，而胡森作为真实的名人，在乡贤祠中，占据一席。

据墓碑，这是一座六穴并列的合葬墓：中间两穴为胡森的生父胡汉夫妻墓，左为胡森夫妻墓，右为胡森长子夫妻墓。墓地规模甚大，右前方约100米处，有几间房屋，是守墓人居住的"墓庐"。胡如英老人，今年81岁，属虎，祖祖辈辈住在这里，为太公胡森守墓。

从明嘉靖年间开始，胡森家族中就有一支后裔从胡碓村搬到九峰山守墓。近500年来，守墓人在胡氏后裔之间，世代传承，未有中辍。据胡如英老人说，他们家在这边守墓，已是第六代，古人有"三十年为一世"之说，约莫算来，大概始于清嘉庆年间吧。

他的守墓事业，从爷爷、父亲手上继承而来。胡如英原先有个兄弟，不幸夭折，守墓之事，自然只能落到他头上。在他5岁那年，父亲被国民党抓了壮丁，从此再没有回家。父亲不在了，守墓这件事，是母亲交代的，说："我们本本分分做人，好好守墓，有自留田，种地，放牛，至少不会饿死。"

守墓，无金钱酬劳，但有墓田的田租收入，可以保障温饱，还能供奉墓祭。1950年土地改革后，墓田不再专属于胡家，被分割为三部分，由三个村庄瓜分。有些地方习惯将墓田称为"一亩三分地"，这是笼统的说法。事实上，当其盛时，胡森的墓田面积远大于此，只要年成不太坏，在传统社会中，守墓是相当稳定的职业。

老人世代居住的房屋，即墓庐，原先是茅草屋，后改为土房，现在是三层小洋楼。老人的子女都有出息，回家新盖的。他育有二子三女，大儿子、小儿子在金华工作，都是大学生。小儿子孝顺，每个周末都回家。三个女儿，一个在兰溪，两个在杭州。

守墓的房子，独门独户，远离村庄。2007年3月5日夜，一群盗墓贼将老人夫妇捆绑起来，用毛巾塞住嘴巴，掘开正中间的胡汉墓穴，连墓志都出土了。幸亏邻村弹棉花的人路过门口及时发现、报案，公安局来人，又把出土墓志埋回了墓内。

在20世纪90年代以前，是没有人盗墓的。但是，生产队、村民造房子，打地基，做水渠，就会来拆墓前的石板。胡如英不让挖，经常和别人起冲突，大家觉得挖点石板理所当然。我家建新房正缺少石板，就你这老头子小气，连一块都不让挖。现在，胡森墓前的石板都已被撬光了，但墓葬本体依然是完整的。

忠诚和负责，是守墓职业的基本要求。因为守墓，老人一辈子几乎没有出过远门。连隔壁村庄的亲戚结婚、祠庙里做戏文，胡如英夫妻也不会同时出门。有一次，村民看到他们夫妻俩在一起看戏，都很惊讶，感叹道：太难得了，连胡如英都来了。

直到现在，老人依然非常警觉。我第一次来坟前抄墓碑，他就不声不响地紧跟在我身后。我读过乾隆《汤溪县志》后，第二次来到胡森墓前，老人放下手中的锄头，又跟过来。待我说明来意，他很高兴，给我讲了许多故事——也就是前头我提到的那些。

老人不识字，普通话也不好，沟通困难。我不知道他的姓名，他就从家里拿出身份证、市民卡、老人证，说他的名字就是证件上的字眼，还从里屋拿出苹果、香蕉招待我，更给我泡了一杯茶。

我说，你是好人，好人有好报，所以子女都有出息。

老人说，如果他不住在这里，这个坟头恐怕早就没了。

没错！这些年如果不是他的坚守，坟墓肯定被盗墓贼翻过好多回了。

其实，自从土地改革后，又经历多次的"移风易俗"运动。守墓作为一种世袭的职业，从经济制度、文化基础的根子上，已经不复存在。说起来，这是老人自小从父辈那里继承而来的传统，然后，他就一直生活在传统的价值观念和生活方式中，尽管外面的世界早已发生了翻天覆地的变化，就连汤溪县撤销都已60多年了。

老人的子女，在城里拥有各自的事业和生活，大概不会再回老家守墓——我们也不能要求别人过一种早已淘汰的生活方式——老人是最后一代的职业守墓人，犹如互联网时代最后的邮差，三峡水库建成之前长江上最后的纤夫。

七 房东

考古队在乡下，租住农民家，每到一个新地方，就换一家新房东。通常，女房东给我们做饭，男房东在我们的考古工地帮忙。

我在龙游时的女房东，是个热心人，非但帮着做饭，连脏衣服也帮着洗了。小时候，她的父亲去世了，癌症。后来，她有了继父，是个上门的外乡人。

几年前，她的继父也去世了，还是癌症。她的母亲很伤心，从此，老太太不愿意单独在家待着，怕自己也得癌症，更怕空荡荡的房间里闹鬼。

老太太在子女家轮流住。这段时间，住在我房东家。我见她衣着整洁，言行得体，一点也看不出她曾经遭受的苦难。

只是，她畏惧鬼神，这在村庄里并不多见，这说明，苦难曾经如何折磨着她的心灵。

与浙南山区、沿海地区祠宇林立的情形不同，这村庄除了村口的基督教堂，便无任何庙宇。个别人家，最多只在节庆时节，办桌饭菜，焚几炷香，仪式远较吾乡简化。

多数人家连仪式也免了，有的因为信奉基督教，有的则毫无理由，就像我们城里人，不分青红皂白，繁文缛节通通省略。

考古发掘，不免挖古墓，在某些地方，颇多忌讳。2004年，我在桐庐富春江镇发掘宋墓。男房东，姓吴，在工地干活，从来不敢下墓坑，出土的古物，他也不碰。

而在龙游这边，很少出现这种情况，个个都是考古发掘的好手。他们不怕挖墓，只怕歇着，没有工钱挣。比如，我的男房东。

我问其故。男房东答曰：不知道，我们从来这么生活。

我猜想，大概是这地方交通便捷，人们见世面多，也或许是历次的"移风易俗"，深得人心。然而，我的猜测也有可能完全不对，因为很多比这边更加热闹、交通更加方便的农村，情形正好相反。

我终于猜不透其中的道理，或许他们本来就跟我们城里人一样，天不怕，地不怕，无所畏惧，无须理由。

村口的基督教堂，每逢礼拜天，倒是聚集着本村的老人，多半因为身体不好，舍不得到医院花钱，村庄中既然无本土菩萨，只好求助于洋菩萨——龙游女房东的母亲，终于决定了，礼拜天也要上教堂。

当年，我在桐庐时的女房东就是个虔诚的教徒。平常给我们做饭，礼拜天一定出门，临时请人代工。她识字不多，却手不释卷——《圣经》，时常哼唱圣赞礼歌。只要有空，很愿意教我唱歌，并耐心讲解。据说，这可以增进她的功德。

她原本并不信教。她有两个儿子，大儿子身体不好，小儿子聪明能干，是家庭的希望。20世纪90年代初有"车匪路霸"的说法，她的小儿子鬼迷心窍，在公路上拦路打劫，遭到了法律的严惩。

这起事件，伤害了无辜的卡车司机，也摧毁了一个母亲的幸福。自从信奉上帝，桐庐房东的心态平和了许多，只是偶尔聊起往事，仍不住落泪。

她是个好心人，我想念她。

我两家房东的故事，很平实很通俗。儿时在乡下，村庄中也有人家信奉基督教。小孩子乱讲话，说，信教的有礼拜天，还可以唱歌，真好玩。我爷爷听了，总要操起拐杖打过来，高声呵斥："祖宗都不要了，好什么好！"

现在，我懂事了。当年信奉洋教的乡亲，一定经历过巨大的苦难，求遍了本土菩萨，走投无路，才从了洋菩萨。

我爷爷如果还在世的话，今年108岁。

玉环文旦

吾乡玉环，是浙南的海岛。除去海鲜鱼鲞，最著名的土产，当数玉环文旦。

文旦，即柚子，《辞海》释义"柚，又名文旦"。吾乡方言也称作"栾"，大有古风。《本草纲目·果部》："柚，其大者谓之朱栾，亦取团栾之象。"团栾，即团圆，寓意吉祥。

柚子很常见，金华的香泡，常山的胡柚，名虽不同，实皆柚子之属。据我的游历见闻，浙江境内称柚子为文旦者，似乎唯独在玉环及其邻近地区。

1991年，我游学福建厦门，见当地有种柚子，体量较吾乡文旦偏小，口味偏酸涩，竟也僭称文旦，愤愤不平。后来知道，文旦是闽南的传统土产，以漳州平和县所出者尤为著名。而玉环文旦，实非浙南土物，乃清末自闽南引种而来，因了玉环岛的好风土，特别适宜文旦生长，果大味甜，遂后来居上，成为吾乡名产。

我有资格说这番话。想当年，在厦门尝过平和的文旦，也见过别的闽南文旦，无论品相，抑或口感，皆远不及吾乡文旦。我不是高唱"谁不说俺家乡好"的人，恳请朋友们接受我的鉴定意见。

应该向闽南人民道歉的是，"文旦"之名为闽南固有，绝非人家僭越，实为吾乡借用，引种之初，名实与俱，移植玉环而来。我当年在厦门初见文旦时的愤懑，纯属大惊小怪，毫无来由。

文旦自闽南移植玉环的历史并不久远，距今不过100来年。最

文旦，是玉环的著名土产

初种植之地，在玉环市龙岩乡（今属龙溪乡）山外张村。换句话说，山外张是玉环文旦的始祖地。

山外张，也是我外公韩玉梁的老家。今年春节，我到舅舅家拜年，见到几株文旦树旁，植一丰碑。碑阳镌刻"文旦始祖地"五个篆字；背阴文字，简述文旦移植玉环始末，录文如下：

> 清光绪年间（1875），山外张韩姬宗经廷试以候补知县签分江西广信府兴安县（今江西上饶市横峰县——作者按），同年携妻清港芳杜李氏由江西返乡省亲，途径安徽九华山朝山进香。偶遇福建信女，分食其供佛后的福建文旦。因其味鲜质脆，清甜爽口，李氏遂留种子带回山外张播种，成活数株，分植于韩家大院，经荷锄细耕，遂成果园。因水土适宜，口味比原生果更佳，韩家常以文旦待客。后由亲戚乡邻引种，与土栾、玉橙等嫁接选育，代代繁衍，品种渐臻优良，遂成柚类

珍品。

　　玉环文旦，1985年参评并获"全国优质农产品"，更名为玉环柚。后韩家大院年久失修，文旦祖园亦因年岁过高而渐次枯死。此地为玉环文旦祖园原址，经政府挖掘整理，并回栽第二代文旦树，欲重现当年盛景。乃修此碑以记之。

中共龙溪乡委员会

龙溪乡人民政府

公元二〇一〇年九月

　　这是出自当地政府的碑传，想必为本地人普遍认可的权威说法。文旦如今蔚为名产，其引种经过是玉环乡土历史上的一件大事。前些年，玉环楚门镇上新建的湖滨公园内的主题浮雕题材，正是韩姬宗与玉环文旦的故事。

　　我是有"考据癖"的，见了文字合不上眼。堂皇言之，这也算科学精神的一种。何为科学精神？"未经调查研究，绝不盲从"之谓也，何况韩姬宗是家母的曾祖父。

　　山外张是最初引种文旦的地方，这在玉环并无争议。据我大舅舅韩伟（温岭市文化局退休干部）回忆，文旦系其太祖父韩姬宗于光绪初年携回家乡山外张播种，当时存活13棵，故事本末，略如前文碑述。民国时期，经过繁衍生息，文旦种植已有相当规模。韩家老屋后山的3亩文旦园，称为上园，老屋左右称中园，老屋前方的数十株称下园。我外公韩玉梁未去台湾之前，每逢果子长成，挑选果形正、分量重的，用一"厦门文旦"的木刻印章，郑重加印，分赠友人（韩伟：《玉环文旦史话》，《玉环文史资料》第17辑）。

当地政府设立的"文旦始祖地"碑，位于村民的院子里

倒在院子里的韩姬宗同治癸酉年（1873）岁贡旗杆石

类似说法也见于1949年编修的《楚门韩氏宗谱》卷首《韩君玉梁事略》(该谱系我外公韩玉梁先生主笔编修，今藏山外张韩氏族人)。韩玉梁毕业于上海法学院法学系，抗日战争时期，乡居山外张期间，"对静坐养生之道颇有心得，好园艺，均亲枝接栽植，家有文旦一种，已接植成园矣"。山外张的文旦种植，在抗日战争期间已颇成规模，如果上述记载没有夸大之词，韩玉梁堪称文旦在玉环繁衍壮大的一大功臣。

最初成活的13株文旦树，后来相继枯死，最后一株凋零于1982年。今天，文旦在玉环遍地生根，其最初的源头只在山外张。

韩姬宗引种文旦之事，未见明确的文献记载，只存于韩氏族人的口耳相传，并为本地人周知。当然，此事去今不远，传说中的基本事实，是大致可信的。

然而，文旦究竟在何时传入玉环？却不容易回答。如"文旦始祖地"碑所述，张口便错，漏洞百出。

碑文首句"清光绪年间（1875），山外张韩姬宗经廷试以候补知县签分江西广信府兴安县"。光绪年号，1875—1908年，沿用30多年，何以知文旦的传入就在光绪元年？

山外张村的韩姬宗墓，墓碑犹存，其文曰："韩公姬宗，字祖镐，同治癸酉（1873）岁贡，光绪登级，征孝廉方正，廷试以知县签分江西，甄别老成练达，实堪补用。丙戌（1886）署理兴安县正堂。"墓碑正中"韩公寿域"的下方另有"同治戊辰年十二月吉旦/廪膳生号溥城韩公寿域暨/原配林氏、继配薛氏太孺人之墓/李氏太儒人寿域/男德懋、德召仝孙敬立"字样。

查《楚门韩氏宗谱》卷首《敕授承德郎韩大令溥城姻翁老先生传》及世系表，韩姬宗生于道光十年（1830），卒于光绪二十八年

（1902）。光绪纪元（1875）应征孝廉方正，廷试以候补知县签分江西，历任赣州府总厘卡、淮盐总局提调督销吉安府盐卡、泰和县缉私盐卡、解饷、修堤等职。因为"办事精明，上游器重，特授广信府兴安县知县"。

韩姬宗何时莅任广信府兴安县知县？据傅钟麟撰《溥城韩公七旬寿序》，"乙未（光绪二十一年），握篆兴安，取士礼贤，兴利除弊，卓卓著有政声……迨丁酉（1897），解组归田，遂徜徉物外"。据此，韩姬宗"握篆兴安"，事在光绪二十一年（1895），则与韩姬宗墓碑"丙戌（1886）署理兴安县正堂"有出入。我认为，宗谱的记载是正确的，而墓碑有误，至于墓碑的刊刻为何如此粗心，暂时无法予以合理的解释。

江西兴安县，民国三年（1914）改名为横峰县，查阅民国《横峰县志》，清同治十一年（1872）至光绪二十八年（1902）历任知县名录，有陈士钧、易光连、卜永春、王鸿、贺源清等人，未见韩姓知县。这是因为韩姬宗只是署理（代理）知县（推测因为云南楚雄人卜永春未能赴职，姑且由韩氏代理），《横峰县志》失载也是合理的。

韩姬宗先后有四任妻妾，原配林氏，早卒于道光己酉（1849）；继配薛氏，卒于咸丰辛亥（1851）；三娶芳杜（今玉环清港镇芳杜）李氏，卒于光绪十二年（1886）；李氏殁后，韩姬宗在江西期间，又纳江西人徐氏为侧室，后随归乡里，徐氏生卒失考。

清光绪六年（1880）成书的《玉环厅志》，是玉环记事最详细的方志。韩姬宗为该志分纂人，据卷首所列的结衔为"孝廉方正、江西候补知县、厅人韩姬宗"，未见"兴安知县"的署衔，可见光绪六年之前，韩姬宗尚未出任是职。

光绪《玉环厅志·人物志·选举·恩岁贡》载："韩姬宗，字浦城，居山外张，同治十三年贡。"同书"荐举"条载，"韩姬宗，光绪纪元，浙江抚臣遵旨题保"。孝廉方正，是清代特设的制科，自雍正始，新帝嗣位，诏直省、府、州、县、卫各举孝廉方正，以备召用。定荐举后，送吏部考察，授以知县、候补知县及教职不等。光绪元年（1875），韩姬宗躬逢其时，以新鲜出炉的贡生身份，被荐举为"孝廉方正"。

清代入仕的正途，是科考及第，"八股制艺"即其标志。所谓"孝廉方正"，模仿汉代的荐举制度，其入选标准关键在于巡抚、提督大人对其品行的评价，而非公平的考卷比试，由于缺乏客观判定的标准，孝廉方正的社会认同度偏低，通常为官场同僚所不屑。这点小功名，只够让韩姬宗浮沉于官场的基层。1895年的兴安知县之任，是其仕途生涯的顶峰。但是，这身份足以让他在玉环的乡下成为名重一方的乡绅，即《楚门韩氏宗谱》所称韩氏家族为"世代簪缨，为邑之望族"。

如按碑文所述，文旦的传入在韩姬宗兴安知县任上，则其事必在1895年之后。这一事实很清晰，而碑文又将文旦传入玉环系于1875年，可知二者必有一误。

又，《玉环厅志·物产·果之属》记玉环的水果甚详，并无片语提及文旦，仅言"柚，俗呼为栾，有红白两种"，应为本地固有的土栾，而非自外地移植的文旦。

韩姬宗为《玉环厅志》的分纂人，如果他当时已经引种文旦在前，理应会在志书中留下记录。旧时代方志的作者，习惯编录一些与本人关系密切的人事。然而，《玉环厅志》无片言及之，只能证明1880年之前，玉环尚无文旦。

2013年4月，为了查阅《韩氏宗谱》，我再次来到山外张村，向村民询问文旦传入玉环的史实

《韩氏宗谱》书影。我们对历史的了解程度，主要决定于史料的保存状况，而与年代的远近无关

如果文旦确为韩姬宗在兴安知县任上传入（我的舅舅及山外张的老人均持此说），那么，携籽返乡的当非韩氏第三任妻子芳杜李氏，因为李氏已经去世。文旦引种的功臣，应是韩姬宗在江西所纳的侧室徐氏。

据温州文史学者沈克成先生编撰《温州历史年表》，将文旦传入玉环，系于光绪二十三年（1897）。是年，韩姬宗结束宦游江西的生涯，偕侧室徐氏返乡时，途径安徽九华山，朝山进香时，偶遇福建香客，将其供佛后的文旦种子，带回家乡。此说虽不知出处，但可能更加接近事实。

从江西横峰县返回玉环，为何会绕远路经过安徽九华山，这是必须加以说明的疑点。据潘明贤《玉环文旦起源考证》研究，光绪元年（1875），韩姬宗由浙江巡抚杨昌濬题保孝廉方正，经吏部批准，签分江西候补知县。后来，杨昌濬因为处理余杭杨乃武与小白菜案不当，于光绪三年被革职，但无论如何，杨昌濬是韩姬宗的恩师与贵人。光绪二十三年，杨昌濬在湖南长沙病逝，韩姬宗遂辞去署理兴安知县一职，携徐氏赴长沙为恩师杨昌濬奔丧，然后由长江水路到南京，再转陆路返回浙江玉环，所以才会途经九华山。

徐氏随主人返乡，并老死于山外张。她高寿，20世纪50年代仍在世，人称她为"江西太婆"，卒后，依礼别葬，墓在今玉环市龙溪乡大密溪山上。儿时，家母常常提及江西太婆，如今想来，一个外地女子，没有名分，没有子女，独在异乡为异客，真是可怜。

与年代的远近无关，若文献失传、实物无存，后人便无从知晓历史的真相，口碑传说充其量只能提供模糊的轮廓。韩姬宗携文旦返乡，或许只是一时的兴之所至，想还原历史的全部事实，也许只能寄希望于发现韩姬宗的日记或其自撰年谱。

遗憾的是，当年的韩家祠堂曾经悬挂的"兴安正堂""孝廉方正"等牌匾及祖宗牌位，在土地改革时，随同大房子，被付之一炬。至于年谱或日记之属，在新中国的历次运动中，想必也早已灰飞烟灭。

两个讲解员

2017年10—11月，应法中科技交流委员会邀请，我随浙江省文物局"2017年赴法文化遗产保护管理培训团"在法国巴黎和普罗旺斯考察学习期间，当地的历史古迹和博物馆的讲解员，给我留下了深刻的印象。

尼姆，是法国南部加尔省的省会，全市人口20万左右，约相当于我国中等城市的规模。在2000年前，这里是古罗马帝国遗留在法国境内的一大都会。古罗马长期统治遗留的大量古迹，如今成了当地吸引游客的主要资源。

尼姆竞技场，据称是世界上保存最好的古罗马竞技场，其规模、高度、外观，仍保持着1世纪初建时的模样。在黑暗而漫长的中世纪，战乱频仍，尤其在英法百年战争期间，竞技场被民众改造为"城堡"，作为避难之所，里头乱搭乱建，一片狼藉，直到1809年拆除，恢复旧时原状。重新开放的竞技场古迹，规模宏大，既是文物，也是城市的公共设施，至今仍然不定期地举办演唱会等大型活动。

这是相当于我国东汉初期的建筑，保存完整，让我这样的考古工作者不免感慨不知今夕何夕。在我国，保留至今的东汉建筑，大概只有地下的墓葬或墓表极少数的破碎的石祠、石阙。1世纪的古建筑，壮观如斯，真是奇迹，理应成为世界文化遗产，也宜其能吸引来自世界各地的游客。

话虽如此，但我们这些来自"异文化"的东方人，对欧洲历史、宗教、艺术向无深入的了解。在现场，如果没有专业的讲解，是无法欣赏、读懂文物古迹的，更遑论进入深层次的历史思考，也就无从明白文物的价值与意义。所以，文物古迹的讲解，尤其是面向中等以下文化程度的公众的讲解，就特别重要。

陪同我们的当地女导游（讲解员），是个60来岁的妇女，既专业，也敬业，对竞技场的介绍，条理清晰，巨细靡遗，客观公允，既不故弄玄虚，更不强作解人。她对考古学家、建筑学家的各种学术成果与假说，了如指掌。例如，针对我们关于"竞技场的平面为什么总是呈椭圆形"的疑问，她回答道，目前尚无公认的说法，有一种假说是，古罗马歌剧厅是半圆形的，两个歌剧厅拼接起来，就是椭圆形的竞技场；另一种假说是，最初的竞技场作长方形，远端四角的观众观看表演不便，于是截去四角，遂为椭圆形。她说，当然还有别的假说，或从科学角度的，或从艺术角度的，她只是转述各种不同的观点，她本人不能代替观众作判断。

每一个人，面对如此庞然大物，好奇心爆棚是必然的，导游必须有能力随时接受游客与此相关的任何质询。比如，古罗马征服高卢之初，百废待兴，征服者何以在第一时间耗费大量人力物力来建设竞技场、歌剧院、引水渠等耗费巨大而非实用的工程？她的答复是，古罗马对殖民地的征服，不仅是权力、武力的征服，更是生活方式、智力领域的全面碾压。当年动员、组织起大量的奴隶劳动，建造起高度符合力学原理，充分展现人类理性力量的伟大建筑物，并因此给殖民地带来全新的、高级的生活方式和生产方式，试想会对被征服者造成何等巨大的心理震撼，这只会让被征服者心悦诚服地接受古罗马人的统治和管理。这是个予人以无限的思想启迪又符合人情常理的说法。我听她的讲解，哪怕只有这一句话，已感觉不虚此行。

但是，关于竞技场的建筑设计师是谁，工匠来自罗马抑或本土，罗马大帝是否曾经光临尼姆竞技场之类的具体问题，她则一概答复曰"文献不足征，无从考证"。在这种地方，则又显示出她作为专业讲解员严谨的一面，不做无谓的推测。

关于竞技场的建造，我当然也有许多疑问。比如，几十吨的巨石，何处开采，如何运来，如何架设到高空，又如何能严丝合缝？但转念一想，轻易地发问，甚无必要，我深知她对古人古物的严谨态度，问不出什么"猎奇"的答案——以人类潜能之大，只要有坚定的目标，强大的意志，又不违背力学的原理，自古以来，就没有完成不了的建筑，区区一座竞技场，又何足道哉！建造罗马城的手艺，犹如杂技演员行走于钢丝之上如履平地，经过刻苦训练的人类，是无所不能的。当我伫立于竞技场顶端，俯视下方，听着导游的讲解，想象自己便是当年的罗马壮士，战胜了所有的对手，站立场地中央，接受万众欢呼，该有何等的荣耀！这是古罗马题材电影里常见的意象。然而，只有亲临现场的人才有真切的心潮澎湃。"纸上得来终觉浅，绝知此事要躬行。"这种强烈的感受，既是古迹本身带来的耳目震撼，也是讲解员带给我的思想启迪。

尼姆的导游上岗之前，需要通过政府组织的历史文化考试，大概门槛不低，全市专业的讲解员在20人左右。他们有个特权，掌握着城市里许多私人住宅的钥匙，以方便他们带领游客自由出入历史建筑，向游客介绍当地的古建筑保护与民众日常生活的变迁。从竞技场出来，她带我们参观了一处17世纪的民宅，介绍当地的建筑特色与风土民情。这座民宅自从建造以来，就未转过手，由旧主人的子孙袭用至今。这大概是相当于明代万历年间的房子，我读黄仁宇《万历十五年》，感觉那是个遥远的、与自己毫无关联的古代，而在尼姆，四五百年前的历史遗迹，仍活在当下。

可惜我不懂法语，无从判断她的语言形态，但从其神态、语气判断，应该就是闲聊的状态。也许又是我不懂法语的缘故，只觉得她的发音格外铿锵，富有节奏，辅以恰如其分的肢体语言，尽管放松，但又显得有激情，神采飞扬。

在巴黎，我们到枫丹白露、凡尔赛宫参观学习，为我们介绍的是个中年男子，姓李，我叫他李老师。李老师是东北人，早年毕业于北京大学外语系，到法国后，换过几份工作，最后成为专业导游。他在当地享有盛名，据说，我国的国家领导人到访巴黎古迹，也由他负责讲解。

他语气温和，语言完全就是生活中的活泼泼的形态。他熟稔古希腊、罗马神话传说，欧洲历史、艺术、宗教、建筑，唯其熟悉，所以能够把各种事物，自如转化为祖国语言的干净的口语。我们在枫丹白露、凡尔赛宫，移步换景，他的讲解配合不同场景，信手拈来，自由发挥，毫无刻意准备的痕迹。我们置身于熙熙攘攘的宫殿里，甚至不觉得有人在为你服务，耳麦里的声音传来，只感觉是个博雅的、亲切的老朋友，与你窃窃私语。

对我而言，枫丹白露、凡尔赛宫、罗浮宫，这三座法国王宫，有何联系，又有何区别，是不容易想明白的。我问："怎样用最简洁的语言，把三座王宫的异同，向中国游客说清楚？"

李老师说："没有办法，任何历史问题，都不能用一句话说清。如果一定要说，罗浮宫相当于紫禁城，枫丹白露相当于颐和园，凡尔赛宫相当于圆明园。但这肯定不妥当，只是为了便于你理解。"

他最大的本事，是可以对着眼前的任何景物、文物，侃侃而谈，生发出各种话题。我们首先来到枫丹白露的"中国馆"，里头收藏有英法联军从圆明园抢夺去的大量珍宝。他的语言简洁有力，说，18、19世纪的法国人，喜欢在家里收藏一点中国文物，以体现其神秘感、猎奇感，并以此装扮门面；但他们对中国文物没有研究，完全不懂，只是把古物胡乱地堆放起来，这根本不是博物馆的科学陈列方式。两句话，一针见血，不客套，不敷衍，有见解。

在枫丹白露，看到壁画，他就说壁画，各种神话和历史故事，各种绘画技法和材料；看到家具，他就说家具，说这边的路易十六家具，比罗浮宫里的珍贵，家具的面料不时更换，只要木架子不改，就是古董，在法国，更换沙发面料，是个大手艺；见到地毯、壁毯，他就说毯子在法国历史文化中的重要性，中世纪，法国王室到处游走，四处巡视，毯子是最重要的装饰材料，随身带着跑，直到凡尔赛宫时期，皇宫才渐渐固定下来；看到景泰蓝器物，他说珐琅彩是中法古代文化技术交流的象征，法国前总统希拉克曾经撰文介绍之，高度评价其在东西方文化交流中的象征意义；来到路易十五的卧室，他就说路易十五的各种掌故，说国王并无隐私，他们的穿衣、就寝，允许众人观瞻；来到拿破仑的卧室，他说拿破仑并不像我们想象中的矮小，据考证，他身高在168—169厘米之间，算是中等个子，关于拿破仑个子小的说法，是英国人造谣，西方人认为，体形魁梧如大象者，行为从容淡定，瘦小如猴子者，多动而不安分，英国人故意把拿破仑塑造成侵略成性、不安分、危险的小个子形象……

在凡尔赛宫时，他的讲解一样不拘泥于各种格套，呈现在我们面前的，始终是自由、放松的状态。

举一两个例子，在凡尔赛宫镜厅——1919年巴黎和会举办场所，厅堂两侧，镶嵌有很多的玻璃镜子。原本他并无介绍镜子的计划，人群中，不知是谁问了一个问题，打开了他的话匣子——1678年，威尼斯工匠发明了水晶水银镜，照人面容，准确明晰，一时间风靡欧洲。当时法国人的技术，不足以造镜子，于是就绑架了一名威尼斯工匠，从此学会制造水银镜，用今天的话说，就是绑架科学家偷技术，今天在镜厅看到的，就是法国独立生产的最早的一批镜子。他讲解的脚本，是开放的，随时恭候大家提问，犹如黄钟大吕，小叩则大鸣。他说，路易十四热爱芭蕾舞，以能上战场、登舞台为荣，犹如乾隆皇帝标榜的"文治武功"，当他提及乾隆皇帝，随即又补充道，对了，乾隆皇帝远征南疆，身染疟疾，是法国传教士带来的奎宁治好的。在路易十六的居室，他说，路易十六是个优秀的锁匠，喜欢摆弄各种机关，明代有个皇帝，热爱木匠活，与此类似，那是什么皇帝，年纪大了，忘名了。他当然是指明熹宗。这种细节足以说明，他的讲解完全是在松弛的状态下进行的。

李老师天马行空，口吐莲花，种种八卦掌故，信手拈来，貌似鸡毛蒜皮，其实背后都有深刻的历史文化背景，予人以无穷的思想趣味。我说："如果把这些故事整理出来，都是现成的好文章，如果您愿意为凡尔赛宫、枫丹白露宫写几本导览手册，必将是畅销书。李老师，为什么不写呢？"

李老师说，我的职业是导览，我的工作是面对实物向观众介绍法国的艺术、宗教、历史，我的工作只有在现场才有意义，让大家捧一本书读，这算什么呀。

一席话，简直让人无法反驳。

我认为，优秀的博物馆、文物古迹讲解员，应该是放松的、博雅的人；他的语言，应该是活泼的、生活的；他的讲解，应该像朋友之间的聊天，在轻松愉快的氛围中，让人感染知识的趣味、情感的交流、思想的启迪，一切了无痕迹，犹如春风化雨。

龙公庙

温州乐清市北白象镇的乐东村，有座龙公庙，香火甚旺。我刚到那的时候，望文生义，以为是龙王庙。进去逛了逛，但见正殿上，供奉着三座神灵：蔡三元帅，居左；姚大将军，居右；居中者，姜大夫圣王。

此乃何方神圣？

村民说，这是古代的三个窑神——很久很久以前，我们村里人以烧窑为业，奉命为朝廷烧造贡瓷。官府任务催得紧啊，可我们烧不出好瓷器，无法交差。眼看就要闯祸了，三位窑工，挺身而出，纵身跃入炉火，以骨作薪。翌日开窑，贡瓷烧成，胎釉绝佳，官民人等，都很满意。土人有感于三位壮士的自我牺牲精神，遂立庙祠之。

烧窑的地方，多有窑神，景德镇有，龙泉也有，景德镇的窑神曾经也是纵身窑炉的窑工英雄。乐东村附近，果然也有一处古窑址，地表的瓷片，随处可见。据遗物判断，是五代吴越国时期的青瓷器，品质一般，我估计充不了贡瓷，因为皇帝不会看上粗瓷大碗。窑址延续时间不长，大概废弃于北宋初年。1000多年前的古窑址，怎么跟今天的龙公庙扯上联系，谁知道呢？

龙宫庙正殿两侧的东西两庑，供奉有名目繁多的神祇：陈十四娘娘、胡公大帝、杨家将，甚至还有铁扇公主、孙悟空……各方神灵何以纷纷前来陪侍窑神替村民主持公道，谁知道呢？

陈十四娘娘，即陈靖姑，是浙南闽北地区常见的信仰，治病、除妖、解厄、保胎、送子，无所不能；胡公大帝是北宋时期的清官，永康人胡则，曾上疏奏免婺、衢两州的身丁钱，浙中之民至今感念其恩德；至于杨家将、铁扇公主、孙悟空，为何也来凑热闹，谁知道呢？

这倒不是说，大小神灵都是等量齐观的。在村民看来，论护国佑民、驱魔消灾的法力，以陈十四娘娘的本领最大。这是本土最受人尊崇的菩萨，除了龙宫庙，村里另有太阴宫，专门用以供奉陈十四娘娘。

龙宫庙里的菩萨，济济一堂。菩萨们跟凡人一样，各有各的生日。每逢重要的菩萨寿诞，庙里必演戏以酬神，所以一年到头有演不完的戏。

每当演社戏，当然也要邀请太阴宫里的陈十四娘娘前来看戏，村民将她用轿子抬来，与龙宫庙的陈十四娘娘，并排坐好，一同看戏。虽然这段日子，并不是陈十四娘娘的生日。

按乡俗，菩萨戏只能演单数日，三天、五天或七天，加演需要额外加戏金。本次社戏，共演出七天七夜，每日演两场，下午一场，晚上一场，演出陈十四娘娘的传统戏——瓯剧《南游大传》，关于陈十四出生、修道、诛妖降魔的系列故事。

好戏连台，真是一个法力无边、救苦救难的好娘娘。村民争相观看，戏台前人头攒动，跟过年过节一般热闹。

开演之前，男女老少前来探班，看戏箱，看行头。梨园界，以唐明皇为祖师爷。我看到的戏班行头里供奉有唐明皇神主，中题"祖师爷唐明皇之位"字样。

最要紧的是看演员，姑娘年不年轻，扮相漂不漂亮。演员对镜梳妆之时，门口挤满评头论足的看客，说到兴头上，偶尔会冒出一两句荤话。

戏金，由乐清市柳市镇的一个老人支付。老人每年有几十万元的房租收入，但他认为，房租是不劳而获的不义之财，只能捐出用来在乡下寺庙中演戏，算做功德。

这一次，老人为龙公庙请来了温州瑞安市某瓯剧团，是个"草台班子"。七天七夜的戏，共支付7.2万元。换言之，剧团的日均酬劳，约1万元。演出人员的食宿，由村民们共同负担，大头由老人出了，这小头的经费，则来自挨家挨户地小额募捐。

瓯剧团的工作人员，从前台到幕后，共28人。每日万元的酬劳，除去交通、服装、脂粉费，杂七杂八，摊算下来，扮演陈十四娘娘的"女一号"，日均收入也不超过800元。

这种经营收入状况，据说不算太差。我到该村发掘古窑址，即传说中的窑神牺牲之所，正值三四月。这是演戏的旺季，一台戏价，能卖到八九千元甚至上万元。到六七月，每台戏顶多只能卖三四千元，折算下来，仅够糊口而已。为了节约成本，演员们用着廉价的化妆品，舞台上，远远望去，貌似形象光鲜，卸了妆，个个面色黯淡，脸上坑坑洼洼，像是蜂窝煤。

那么，他们为何要整日奔波，辗转各地卖戏呢？可是，若不做戏，又靠什么糊口呢？就算是进鞋厂、服装厂打工吧。

据我了解，他们中的许多人，真心喜欢这样的生活方式，走南闯北，唱唱跳跳，就把饭钱给挣了，比起在服装厂、写字楼里打工，有意思多了。

再说，演员的情感生活，本来就丰富多彩。趁着年轻多跑跑，喜欢谁就是谁，总比整日宅家寻愁觅恨的好。我们只要今日的快乐，至于明天，谁知道呢？

但愿陈十四娘娘保佑！

最后的美德

考古队租住农家，一般由房东给我们做饭，如果房东家人口不多，大家索性就一张桌子用餐。我来到温州的这个村庄，初来乍到，胃口不好，一是需要时间适应不同人家的饮食习惯，二是因为房东的父亲，已经88岁了，每次都坐在我的对面吃饭。

减肥并不难，只要你愿意跟陌生的老人一起用餐。他已经很老了，牙齿掉光了，吃饭时，嘴巴一瘪一瘪，发出奇怪的声音，口水常常不由自主地流下来，流到嘴角，流进饭碗里……我感激我的房东，他愿意收留陌生人，把房子租给考古队。但我必须承认，我不喜欢老人，偶尔想到自己将来年华老去后风烛残年的模样，也会感到恐惧。

据房东说，自从上一年，他母亲去世后，老人一夕之间，老了很多。人越老，身体越坏，越来越怕死，老人最近闹到了不愿意一个人睡觉的地步，担心自己睡去后就醒不过来。身体稍有不舒服，就吵着闹着去医院，稍有怠慢，就骂做子女的不孝顺。房东是个孝子，春节后，决定放弃在海宁的皮革生意，居家专心服侍老父亲。

我刚去的时候，老人的饭量不比我小，嘴巴一瘪一瘪，能吃两碗饭。就在几天前，我还见他独自坐在门口晒太阳呢。

忽有一日深夜，老人感到身体不适，胃疼。若搁在去年，他肯定吵着闹着去医院，甚至高喊救命。但这一次，他闷声不吭，竟然说："别糟蹋钱了，我不去医院。"

房东预感大事不妙。果然，次日下午3点钟，老人寿终正寝。据说，老人临终时，神志清醒，能够认出聚集在床头的每一位亲人。当然，我不曾亲见，当时我正在村庄附近的山坡上发掘北宋时期的瓷窑址，忽闻房东家里传来哭喊声，时断时续，此起彼伏，我才知道是老人走了。

很快，老人的亲戚好友，纷纷从各地赶来吊唁。灵堂也设好了，道士和尚，济济一堂，鸣锣击鼓，梵呗之声，响彻通宵。据说，佛事和法事要连续办上七天七夜。

在我的田野考古工作生涯中，从未有过类似的经历，颇为尴尬。于是，给房东包了几百元的慰问金，准备给考古工地放一个星期的假，等房东家办完丧事再说。

房东宽慰道："别，别，老人高寿，又走得安详，你当什么都没发生，只管安心工作就是了。"按当地风俗，这是喜丧，视同喜事。事实正是如此，除了老人断气、入殓时例行公事的哭声，我再也未见到房东哭泣。我本来想在房东面前努力让自己表现得悲伤一点，后来发现并无必要。

但丧事打乱了我的工作和生活节奏。第二天开始，房东家办起几十桌宴席，迎来送往，高朋满座。跟佛事一样，酒席也要持续好多天。房东对我说："你放松点，别客气，尽管吃，尽管喝。"我看大家都高高兴兴的，又吃又喝，谈笑的谈笑，划拳的划拳，毫无思想包袱。于是，我真的放松下来，只当参加一个盛大的派对。

几十桌宴席，十几桌麻将，饮酒到深夜，赌钱至清晨，人们脸上挂着亢奋的神色，连续数日，众声喧哗。逝者的丧礼，至此已彻底转变为生者的狂欢。

人们认定这是喜事——八旬老者，无疾而终；弥留之际，子孙毕集；丧事热闹，有声有色，足证子孝孙贤。人生的好福气，罕有过于此者。

此情此景，我并不陌生。我读过很多宋人墓志，作为人生的盖棺论定，墓志通常以最多的篇幅，描述志主的美德——格物、致知、正心、诚意、修身、齐家、治国、平天下。然而，再完美的人生，归宿依然是死亡。人生最后的美德，必然是围绕死亡书写的。

墓志描绘的死亡意象，通常如此：首先，他应该寿终正寝，横死之人，哪有福气可言。其次，他应该无疾而终，或"遽得微恙而逝"，也就是无伤大雅的急性小病，万一不幸身染重症，则需参透生死，视死如归，拒绝医药的帮助，所谓"生死由命，药复何为"。总之，他应该痛快死去，不拖累子孙。临终之际，神志要清醒，吩咐后事，丝毫不爽，最好还能说出一套勉励子孙修身齐家、光耀门楣的话语。无论如何，生活是自理的，临终前夕，已能预知生死，自觉换上干净体面的衣裳，正襟危坐，待子孙发现的时候，已经安然仙去，宁静的神情，就像睡着了一样。

这就是宋人墓志描绘的善终愿景，也是古人留给世界的"最后的美德"。对照之下，房东父亲之死，庶几近之，堪称善终。大家以为这是值得庆祝的节日，非但无可厚非，简直大有古风。唯一美中不足的是，丧事大操大办，殊非圣人之道。"古之君子"教训子孙丧葬务必恪守家法，切勿铺张浪费、僭越逾礼，至于用僧侣超度、道士做法事，则是"惑于异端"，等而下之，不足道矣。这是古人对圣贤、完人的要求。房东父亲是个农民，生前不读圣贤书，对此不能要求得更多了，他最后的美德，已足以让世人艳羡，无论德行，抑或福气，绝不在多数古人之下。

是的，大家都说老人有福气，大家都说这是喜事，我们别管那么多，只要吃好喝好玩好工作好就行了。所以，我的考古工地终于没有放假，每日照常上工下工。七天后，老人的骨灰入土为安，人群散去，村庄里一切照旧，仿佛什么都不曾发生。

去　者

在我求学和工作生涯中，有过很多的师长，有的曾经亲炙其教诲，有的则从未谋面，只是读过他们的著作而已。然而，他们的言传身教，指引我走过一些崎岖的路，只是还没来得及等我说出一声谢谢，曾经照亮我前路的师长就已经转身走远了。

"去者日以疏，来者日以亲。"往生之人，随岁月流逝，渐行渐远，留给后人的印象将逐渐模糊、空虚，直至幻灭。人生如寄，从出生之日起，我们就注定开始踏上归途，走向那片寂静的领域，走向永恒的被人遗忘的深渊。我在这里写下的文字，绝非不自量力企图对抗宿命，而是提醒自己必须记住他们——那些曾经温暖过并赐予我力量的人——在有生之年。

一　吴孙权老师

2007年元月的一天，我正在三亚的沙滩上。手机响了，是大学同窗的电话，说，吴孙权老师于昨日去世，白血病，明天告别。

我不知说什么好，遂与同学商议，联名送个花圈。然后，什么也没做。

从此我就想说点什么，当作个人对吴老师的纪念，却又不知从何说起。今天终于坐在电脑跟前，往事历历，几度热泪盈眶。

1991年，我进入厦门大学历史系考古专业。吴老师教我们考古绘图、摄影、古书画、古文字等，都是些与专业相关的非主流课程。

很多年过去了，我从不提及自己曾经是书法爱好者。大学期间，可能还当过"厦门大学书画研究会"的副会长或秘书长，连头衔也终于记不清。

现在，我偶尔当众写几个字。朋友见了，问，看你写字，好像练过似的。通常我只会说，哪里哪里。今天我承认，大学四年练过书法，

吴孙权先生（1947—2007）

只是右手的天赋不够，动辄将"书法"挂在嘴边，有辱师门。

吴孙权老师是厦门著名的书法家，这么说，不会有任何争议。在我心目中，国内"五体俱精"的书家不多，他是一个。也许朋友会说，为何他的名气不够大？那么，我只能说，假如有缘见识他的作品，我们会在内心认同的。

吴老师，中等个子，微微发福，说话不徐不疾，做事慢条斯理。坐下来工作、写字的时候，总爱喘粗气，像是深呼吸。

大学一年级，吴老师尚未给我们开课，大家从未在系里、宿舍楼里遇着他。他不苟言笑，从来不与学生打成一片。

因为书法的缘故，我偶尔会往他家里跑，请教问题，其实也没有什么像样的问题，只是看他写字。我们还邀请过他给全校的书法爱好者做讲座。

在人类学博物馆对面的公共教室里，吴老师开讲了，如何欣赏中国书法，他说"篆书是图画美，隶书是建筑美，草书是音乐美"，

至于行书、楷书是什么美，已经忘了。他说，音乐是最高境界的艺术，高明的书法就是音乐，他沉浸在各种艺术门类的通感想象中，偶尔闭上眼睛，好像陶醉于音乐世界——为了这次讲座，他准备了一个多星期，分文未取。

在吴老师家里，除了聊天，就是看他写字。我们看一幅书法作品，很难穷尽其中的妙处，只有亲眼见到他写字，什么时候该快一点，什么时候该慢一点，什么时候该重一点，什么时候又该轻一点。毛笔，是卡拉扬手中的指挥棒，满纸烟云犹如一个个坠落的音符。

偶尔他会让我写字。我不够自信，他站在边上，不多说话，只是微笑，这是一种鼓励的表情。

后来，我跟吴老师更熟悉了，问他为何微笑。他拗不过，只好说，你写的是"才气"字，没下过功夫，或者，说得比这更加委婉一些。

吴老师是个"望之俨然，即之也温"的人。

大学三年级，因为三峡水库的建设，我们在四川万县考古实习，抢救即将被淹没的古物遗迹，工作地点，经常变换。

我们在长江边等待轮渡，时间稍久，不免抱怨。这时候，吴老师总是独坐江边，掏出速写本，描画着眼前的一切。人们好奇，围拢过来，像是观看稀奇的怪物，他也不以为意，依旧在速写本上不停地画。

我在遗址中挖出了一些箭镞，照例要考古绘图。我的绘画，胆大心粗，三下两下，交差完事。吴老师看过，不说话，只将图纸拿过去，在我的图样边上，全部重画一遍。最后，还给我。这时候才开始说话，我们应该更耐心点，我们的商品处处不及日本人的精细，不是我们不聪明，是因为太粗心。

吴老师睡觉，鼾声如雷鸣。凡是我与他同处的时候，他总说，你先睡吧，否则等我躺下，你就别想睡了。

吴老师从不发脾气，在万县武陵镇瓦屋村，忘了是什么因由，他说起了"红卫兵"经历，当年他是个热血青年，参加过厦门地方的武斗，亲眼见到中弹身亡的"战友"，精神深受打击，自从接触到古人的书法，才渐渐宁静下来。

在瓦屋时的房东，伙食办得不够好，同学们有意见，怀疑房东贪小便宜，让我向吴老师反映。我去说了，情绪激昂。吴老师说，知道了，我会跟她说的。

几天后，我老调重弹，情绪更加激昂。你猜吴老师怎么说？他说，我与她说过了，你不当家不知柴米贵，老百姓给我们住、给我们吃，赚点钱也是应该，他们整天从来一碗面条，碗里除了辣子，什么也没有，你的这点豪情，用来对付老百姓，算什么男子汉？

我见他金刚怒目的样子，只有这一次。

吴老师于日常生活不拘小节、随遇而安。任何一张床，躺下就能睡着，无聊的时候，他用一根小木枝或者手指头，在地上、衣服上比比画画，也能将日子在趣味中打发。

吴老师是个神奇而朴素的人。

从四川返校后，我与吴老师的联系更加紧密。他给我们上古文字课，教材是他亲订的，以娟秀的小楷写来，油印而成。

他的上课，一板一眼，既不添油加醋，也不偷工减料。他备课的认真，我举个后来听说的例子。2000年前后，系里让他教"中国陶瓷史"。他自觉素不研习古陶瓷，担心误人子弟，耗巨资自费购置相关书籍，大凡稍重要的书籍、图录，几无遗漏者。

我当时想，何苦呢，上课教书，又不是做学问，随便找一本《中国陶瓷史》添油加醋，还不容易。但是，他绝不会有这种想法。

吴老师的粉笔板书，是所有老师中最严谨的。但我总觉得，他的板书远不及他的书法作品好。我说出内心的想法，他不以为忤逆，照例不徐不疾地说话："是的，我的粉笔字不好，使不惯，怎么练习也无法改进。"

吴老师是闽南人，说话偶尔有点腔调，整体而言，普通话算是上好。有次上课，大概遇到金文中有个类似"臀部"的字形，便将"臀"字写在黑板上，却念作"dian"。同学们哄堂大笑，他只是莫名其妙。有同学当场纠正，"这字念tun"。他虽然有点难为情，依然坦承："是么？谢谢同学的纠正。"

这不奇怪。过去，我从来将"轮船"念为"轮全"，到了厦门后，发现同学们居然听不懂，才知道自己念错了。

在我们毕业前夕，吴老师上"中国书画"课。大家开始忙着找工作，爱去不去的，即便坐在教室里，也是心不在焉。面对三三两两的学生，他从不表现出意兴阑珊的样子。

大家都说吴老师脾气好。他说，学生找工作，是头等大事，听不听课，倒也无妨。

吴老师，是个认真而坦然的人。

最后一学期，照例要做毕业论文。大家都无实际工作经验，所谓论文，只是抄书，看谁抄得更用心。

我的题目大概叫《秦汉时期隶书形体的演变》，准确名称，已经忘了，正由吴老师指导。

有段时间，只要有空，我就到他家里去。去他家不需要预约，因为他不在教室就在家里，要不，就在往返两点的路上。

他给我开出一份书单，战国、两汉时期的简牍书。他督促得严格，我也就不怎么偷懒，只要图书馆有，《居延汉简》诸如此类，按图索骥，装模作样读一遍。

读书心得要汇报，假如我注意到的材料，都是他原先读过的，他就一直微笑，不说话。这意思我懂，他在说我不够用心。当我偶尔提出一条"新"材料，他才点头，开口说话。

那时候我忙着找工作、忙着玩，论文只是"急就章"。吴老师述而不作，极少写文章，态度却认真。有时候，我在他家，一两个小时，就能炮制好几千字。吴老师见了，啧啧称奇，说，还真没看出来，你竟有倚马可待的才情，比我厉害。

这也是批评的话，比较委婉。

论文做完，照例要评优秀论文。矮个子里挑个稍高的，我的论文居然被选为优秀论文。

不料，吴老师坚决反对，所持的理由大概是"用功不够、文字粗糙"之类的话。用功不够，指该读的书远未穷尽；文字粗糙，指叙述粗疏而啰唆。

一段时间的接触，我看到了更全面的吴老师。他的书法，在闽南极有名声。厦门的公园、企业、商店，多有邀请他题字、题写匾额的。有一次，他为厦门某公园题字，好像就四个字。他反复写，铺了满满一地，非得让我提意见不可。

吴老师是个耐心而负责的人。

大学二年级时，我请吴老师写过一幅字。他稍作思考，写了"高瞻远瞩"四字，上款为"郑嘉励棠棣雅正"。这幅字，我曾经挂在芙蓉四的宿舍楼里。他说，很多同学心思浮躁，既想读书，又想升官发财。大学四年，我正是这样的，心想反正将来不会干考古，说目标是"升官发财"还算是美化自己，其实是生活毫无规划，学习全无目标。

吴老师写字的内容，基本上不来这种"打鸡血"的俗套。现在想来，"高瞻远瞩"大概是规劝之词。

毕业前夕，我又拿了宣纸，请他写字。这一回，他写王昌龄的诗，"寒雨连江夜入吴，平明送客楚山孤。洛阳亲友如相问，一片冰心在玉壶"，是我喜欢的草书。这幅字长期挂在我家的墙壁上，今已泛黄。

毕业前一个月，吴老师说他怀疑今本《淳化阁帖》署名王献之的《冠军帖》，非王献之作品，应为米芾伪作。他希望我注意这个问题，将来写篇文章。末了，照例给我很多材料。

1995年7月，我离开厦门大学，进入浙江省文物考古研究所工作。我们从此没再见面，但通过好几回书信，主要是请教《冠军帖》的问题。大概在1996年，我草拟成一篇文章，用方格纸誊写，寄给吴老师。

他回信了，稿纸中的朱批，密密麻麻，还额外提了一条意见，说我誊写稿纸，前几页还算工整，后头越来越懈怠，最后竟至于完全走样，他说唐人写经、明清馆阁体，抄写成千上万个字，从第一个字开始，到最后一个字，无一字走样，无一笔懈怠，不是说一定要欣赏这种书法，而是要学习这种态度。

后来，我奔波于考古工地，也离开了旧日的朋友。练习书法，

"王羲之书法天下第一"，这是吴孙权先生留在人世最后的笔迹

需要有个相对固定的群体，一个人很难坚持，再后来又自觉天资一般，就更加不写了。至于《冠军帖》的文章，以为与专业无涉，这类杂文，做它作甚？

我的"书法生涯"从此终结，只是偶尔读帖的时候，眼前常常浮现吴老师的音容笑貌。他于"宋四家"中推崇米芾，认为米书用笔的丰富程度，是宋人中最高明的。有一次，他在我面前临写《苕溪诗帖》，以一管毛笔，示范米芾书法线条变化的无限可能性。最后他说，初学者不宜学米，容易走偏。

我现在回忆往事，只是觉得当年的想法过于功利。如果有可能，我应该只为自己做点有兴趣的事，至少把那篇未完成的《冠军帖》文章做完。其实，吴老师更推崇怀素，尤其是王羲之，他都用毛笔，一一演示过。

吴老师去世后，厦门大学出版社出版了两册《吴孙权书法艺术》，内里附有几张书签，其中一张是他的硬笔字"王羲之书法天下第一"。

这是他的临终绝笔。那时候，吴老师已不能开口说话，奋力索来一杆笔，用尽生命中的最后一点气力，留下人生中的最后一句话。这句话竟然是"王羲之书法天下第一"。

吴老师，就是这样纯粹的人。

二　陈纬先生

陈纬先生，是乐清县文物馆（今乐清市博物馆）的工作人员，我从未见过他。

2009年，因为第三次全国文物普查的验收工作，我在逗留乐清期间，读到陈纬编注《乐清历代碑志选》。该书著录乐清出土的历代墓志碑刻甚多，也从族谱中辑录了许多碑刻。一般来说，族谱的内容通常良莠不齐，然而，但凡该书辑录的材料，多很可靠，而且对研究当地的历史文物颇有价值。

这个名叫陈纬的人有很好的学术根底与问题意识，这正是我在各地最愿意结识的那一类人。我念他的名字，姓陈，名纬，挺有新时代的气息，还以为他是20世纪70年代出生的同龄人呢。一打听才知，陈老师都已经退休好多年了。

乐清的考古工作机会不多，我一直无缘认识陈纬。去年，乐清白象镇要发掘一处五代北宋的青瓷窑址，我毛遂自荐过去，一方面是工作需要，另一方面则出于私心，想结识陈纬。

到乐清第一件事，就是打听他的消息，得到的回答，不啻一记闷棍。朋友说，陈老师于2012年逝世，享年70岁，人是见不到了，不过有两本书，你拿去看吧，一是他校注的《道光乐清县志》，一是小品文章集《说碑论事》。

《道光乐清县志》是古籍整理成果，这类工作通常更考验作者的基本功与情商，却不容易看出一个人的才华。我只能说，但凡陈纬出注的地方，必定持之有故，且有助于读者深入理解该条记载的历史背景。

《说碑论事》围绕乐清境内的十几通古代碑刻，讲了十几个有趣味、有意味的掌故。谈掌故者，大概也不能算真正的学问，但这些故事颇能以小见大，以几个典型片段，勾勒出乐清的千年历史。显然，这些素材经过精心的遴选与编排。也许还有一点值得一提，该书文字简洁生动，不蔓不枝，是很见功力的小册子。

我在乐清白象镇考古时，偶尔有领导、同行前来探班。我介绍完考古工作情况，末了，总要提及陈纬先生，且深以未曾亲聆教诲为恨。

乐清文化局局长陈绍鲁，见我口口声声陈纬长、陈纬短的，起初以为我是陈纬的老朋友。陈局长说，说起陈纬，真是一言难尽，他真是个人才啊。陈纬先生"打小铁"出身，也就是北方人所谓的小炉匠，因为吹得一口好笛子，被特招进乐清杂技团。他喜欢笛子，更喜欢读书，后来又转到文物馆搞文物工作，直至退休。小炉匠、笛子演奏者、文物考古者，三个风马牛不相及的职业，也许是有共性的，都特别需要细心认真——补锅补脸盆不能放过一丝漏缝，笛子不能吹错一个音符，至于文物考古，更容不得半点马虎从事。

"陈纬先生的认真和细心，远近闻名，他用钢笔写稿，工工整整，哪怕一个标点也不涂改，写错一个字，就宁可整页重新抄过。《道光乐清县志》校注本，书稿凡70余万言，数易其稿，居然没有一处留下涂改痕迹。"陈局长继续说，"哎，对了，陈纬有本新书刚刚出版，你若是没有，我给你寄来。"

过了一段时间，我果然收到自乐清寄来的新书《石塘山居杂文》。每晚睡前读个把小时，未几，通读一过。

该书由"征信编"与"人物编"两部分组成，前者是研究乐清文物古迹的文章结集，后者是研究乐清历史人物及其相关史迹的汇编，收录杂文50余篇。

说是杂文，多数篇章其实又是颇见匠心的学术论文，比如《王十朋遗迹钩沉》。王十朋是乐清的南宋乡贤，该文系统研究王十朋存世的文物史迹，如王十朋"桂岩"摩崖的确认，台北故宫博物院收藏王十朋书札《宠示帖》真伪的考证，对王十朋墓的历史维修状况及墓园形制的变迁，均提出独到的见解，不尚空言，言必有据。

王十朋一生，科场坎坷，在绍兴二十七年（1157）高中状元之前，曾先后6次上京赴试。每次从家乡乐清四都出发，奔赴临安府，沿途留下许多诗篇。这些诗篇可以勾勒出南宋前期温州与台州之间官路驿道的路线与变迁。对当代人来说，以古诗词讨论具体的历史问题不是一件容易的事，除了特别熟悉本土地理人文外，更要有很好的文本阅读、分析能力。陈纬在文章中表现出来的水准，令人赞赏。

更可贵的是，作为地方文物工作者，陈纬的文字不掉书袋，不是坐在书斋里光凭翻资料所能整出来的，他的成果多数建立在田野调查的基础上。

万桥，是五跨五窦的石拱桥，地处乐清湾古江河入海口。该桥肇建于北宋元祐年间，他通过调查，证实该桥墩基上，曾经种殖牡蛎，并引用《永乐乐清县志》的记载，说明建造万桥时曾经效法泉州的洛阳桥，引进抛石筑堤、筏形桥基、种蛎固基的工艺技术，让

乐清城郊的东塔，至今巍然挺立

今人看到了北宋时期闽浙沿海地区造桥技术交流的具体案例。对此有兴趣的，可以参看《石塘山居杂文》中的《千古宏构论万桥》。

　　牌坊，作为立面式的建筑，三开间的牌坊也就是一字排开的四条腿，马步扎得再好，也不及"三足鼎立"稳当。那么，为何有数量众多的明清牌坊，历经数百年的风雨，至今屹立不倒？我曾对此困惑，读过《明"潜昭"坊遗址调查》始有所悟。1997年，乐清县城南大街路面翻建时，曾经发现一明代牌坊柱基址。陈纬考察施工现场，记下坊表的基础构造：一、立柱插入土中较深，约占全柱长度的四分之一，即柱径的三到四倍；二、立柱后，置条石斜撑，填入沙土灰混合土夯实，上安斗板石，再上设基座、施抱鼓，使牌坊纵向固定；三、为解决地基的沉降问题，地基先以成排的木桩（地钉）插入土中以增强淤泥层的抗压强度，地钉上置边长七八十厘米的方形柱顶石（础石），顶石上植柱，把牌坊的垂直承重扩大分布于地下，使点的重量分解为面的均摊负荷，从而确保石牌坊屹立不倒——读到这里，我的眼前浮现出一位老人的形象，在车水马龙的街头，细心记录着公路施工队解剖牌坊柱时的每个细节，这是一个怎样的有心人呵。

类似的例子，在书中俯拾皆是。乐清县治的东塔与西塔，是乐清的历史文化地标，二塔始建年代相当，东塔至今矗立，而西塔早在元代即已倒塌，何以故？明代磐石卫城、蒲岐所城的基址状况如何？从磐石卫城基址内出土的木桩，如何解读明初建造卫、所城时被抽派壮丁的负担与苦难？陈先生通过实地考察，均能给出令人信服的答案。

《石塘山居杂文》是陈纬先生的遗作，"石塘山居"是他的斋号，书名与篇目，均由他生前所定。可惜他走得匆忙，未及亲见这本书的出版。

三 牟永抗先生

2017年2月10日，牟永抗先生因病去世。虽然早有心理准备，但消息传来，仍不免伤感。

4年前，浙江省文物考古研究所举办"牟永抗先生从事考古工作60周年座谈会"。大家对牟先生的考古生涯、学术成就，各抒己见。我在会上也有个简短发言，今天根据记忆，将当时的发言记录下来，以表达对先生的缅怀之情。

牟永抗先生的成就，主要在于浙江史前考古领域一系列开拓性的成果，此为业界周知。我要说的是，牟先生的考古实践以及他杰出的观察力与思考力，对我——一个从事历史晚段考古的人的思想启迪。

我读《牟永抗考古学文集》（科学出版社2009年版），对两篇瓷窑址考古研究的文章印象深刻。

一是《南宋官窑的发现和研究（续议）》，关于杭州老虎洞窑址出土遗迹的分析和瓷器工艺的观察。细致观察考古发掘的遗迹、

牟永抗先生（1933—2017）

遗物，在观察中发现问题、提出问题、解决问题，最后将具体问题的讨论，有意识地逐步升华到方法论的层次。这是"牟式"学术的重要特征。

《南宋官窑的发现和研究（续议）》体现了这种学术模式，尽管面对的是宋元时期的文物。他观察瓷器，角度独特，眼光敏锐，深入到原料配方、拉坯、施釉、装烧、废品掩埋方式等每个有意味的细节。大凡支钉多少，器足刮釉方式，釉层厚薄及层数，每每在别人不留意的地方，提出尖锐的问题。他研究宋元瓷器，恪守经典考古学家的"家法"，对历史文献有着近乎本能的怀疑，只专注于地层、遗迹、器物本身的观察与分析。尽管文章的结论，我未必同意，但我必须承认，他从观察遗迹、遗物出发，曲径通幽，提出了许多重要的、不容回避的问题——这与牟先生研究良渚玉器、史前陶器的方法一脉相承——他是真正做到了一切从"物"出发的醇正

的田野考古学家，并以考古学家的姿态，对南宋官窑研究提出了只属于考古学家才能贡献的问题与方法。我相信，这篇文章以及他与任世龙先生早年在浙江瓷窑址考古实践中的方法论意义，将来一定会被更多人认同。当然，如果他的文笔，不要那么弯绕、枝蔓，就更好了。

另一篇文章是《江山县峡口三井（卿）口碗厂调查散记》。1979年紧水滩水库建设，牟先生在浙南山区发掘龙泉窑遗址，面对着考古揭露的窑炉、作坊遗迹，许多问题油然而生，如古人如何组织生产，产品如何销售，窑工如何生活？但都无法解决。当时，衢州江山县（今江山市）的三卿口碗窑，还以传统方式生产瓷器。牟先生自发前往实地调查，将瓷器生产、装烧、出窑、包装、销售，一一记录。更难得的是，他综合各种口碑调查，记录下1949年以前碗窑的生产经营方式，条理明晰，巨细靡遗。

这种做法与当今时髦的历史人类学非常接近。但我们知道，那是在30多年前的1979年，牟先生这一代人可能根本没有听说过历史人类学的概念，多数的基层考古工作者恐怕完全没有那样的问题意识。而他已经开始从事那么前卫、先锋的实践了，并留下了令人信服的文本。

牟先生调查三卿口，不为赶时髦，只为解决田野考古实践中遇到的具体问题。这说明他是个善于在田野中思考、发现、解决问题的人。

两篇文章如今少人提及，但它集中展现的扎根田野的观察力、思考力、执行力，值得我们做历史时期考古的人揣摩、学习。

以上文字，大概就是我当年的发言内容，整理出来，与朋友分享——想一想，牟先生的考古生涯，留给我们乃至浙江考古界一笔怎样的财富？

接下来，再说点我个人对牟先生的印象。他是台州黄岩人，我是玉环人，方言相通，他常常称呼我为"小老乡"。牟先生思维活跃，对许多事物都有独到见解，他也不是那种四平八稳的老好人，勤于思考，勇于表达，批评看不惯的人和事，常常不留余地。但他对年轻人比较宽容，向以鼓励为主。

牟先生是纯正的考古学家，强调考古学的学科本位，坚守从遗迹、遗物出发的原则，对历史文献有较强的戒备心理，该思维方式也表现在《"断发文身"小议》等许多文章中。他的坚守当然有其合理性，建设浙江先秦、汉晋历史，能有多少可靠的、具体的传世文献？就是重建浙江青瓷史，也应该以考古资料为基础。不过，面对浙江唐代以后的考古与文物，情况可能稍有不同。

我是有强烈史学情结的人，平常也不掩饰自己的史学趣味，牟先生当然知道我们之间的旨趣异同。我常常听到他批评某些人甚至某些大学者的做法偏离了考古学的正确方向，经常担心他会骂我搞的那套东西根本就不算考古学。但是，他从未在公开场合批评我。

我知道，这是他对我，一个同乡晚辈的宽容与爱护。是的，是宽容。私底下，他经常提醒我应该在田野上多下功夫，妥善处理实物与文献之间的平衡关系。去年，单位年终业务汇报，我报告《嘉兴子城遗址的考古调查》，先是罗列一大通历史文献，全宋文、地方志、舆图……然后，再介绍考古调查的收获。

会上，牟先生未有异议。会后，他找上我，说："小郑，我们做考古的，应该先把遗迹、遗物搞清楚了，再来结合文献，而不能颠倒过来。"

在于他，这是关乎学科定位的原则问题；在于我，因为没有特别强烈的学科纯洁性追求，这问题可大可小。如果换作他的同辈人，他可能早就开骂了。幸亏我是他的同乡晚辈，他选择了宽容，选择耐心等待我的成长。

至于具体的学术趣味，牟先生与我是有区别的。如何处理文献与考古的关系，是历史时期考古最大的理论问题。我认为，文献与考古本来就不是一个语境的东西，有矛盾、有冲突是常态，原本就不该做生硬的牵合附会；考古与文献，都是历史的片段，不必非此即彼。从事具体的历史晚段考古，文献准备是基本要求，算是大处着眼，具体研究时，保持考古材料的独立性，算是小处入手。但是，牟先生的批评依然掷地有声，我们既然站在田野考古第一线，首要任务就是处理好遗迹与遗物的关系，这是别人无法替代的劳动，至于书斋案头的文献准备，相对来说，确实是第二位的。

在我看来，牟先生是浙江当代考古事业最重要的、全面的开拓者之一。而我最大的职业理想，正是希望将来在我告别职业生涯之际，也能被认为是浙江考古某个领域的开拓者。我认为，这是对一个人职业生涯最高的褒奖。

有年轻朋友在纪念牟先生时，说他是个温和的谦谦君子。我说，牟先生只是对晚辈宽容，对行业内的不良风气、对同辈学人的不思进取，批评极其严厉。牟先生是有个性、有批判精神的人，在浙江考古界，犹如鲁迅先生一般的存在，而非周作人这样的谦谦君子。周作人固然很了不起，但是类似的文人，在中国文化传统中并不缺少。而鲁迅是唯一的，在中国是不可替代的，少了他，中国文学史就少了一大块。

而今，他走了。泰山其颓乎，哲人其萎乎。呜呼！

四　读孙机先生的书

公开谈论自己阅读的书目，是一件有风险的事。我有个学者朋友，是极热情好客的，每有人登门造访，必以礼相待。其实，他家并没有什么好看的，除了书，还是书，书本之泛滥，有甚于洪水猛兽，层层叠叠的藏书，几乎要把楼板都压垮了。

这位朋友从不邀请别人参观他的书房。他认为，他人闯进自家书房，等于全面曝光了自己的隐私，一个人的阅读爱好、趣味、品位，一览无遗，其令人难堪的程度，有甚于在众目睽睽之下被扒光了衣服。

也许高中时代的应试教育，读书太辛苦，也读怕了。1991年，在我甫上大学之际，欢欣的心情，堪比1949年迎接大解放的中国人民。大学四年，只是胡闹，几乎什么书都不读，只是每期不落地读《足球报》，看意大利足球甲级联赛。大学四年，眼看就要结束，好在良知未泯，王阳明先生最看重的就是这一点。毕业前夕，我似有悔意，从图书馆借出《鲁迅全集》，一本一本地翻阅，大概读到《两地书》的时候，大学就真的结束了。

读书是一件无用而有趣的事，当我们真正愿意去读一种书，哪怕是鲁迅的日记也能吸引人，总之比整日瞎混充实，更不用说《呐喊》《彷徨》《朝花夕拾》等书留给我太多永不泯灭的读后感想。朋友说，有了这点体悟，大学光阴，也就不能算虚度了。

1995年，我来到浙江省文物考古研究所上班。头两年，寄居在同事方向明兄的宿舍里。我的藏书很少，几本教材而已，当时只想带回来做个大学四年的纪念或证明，好比从前线下来的战士，身上总得挂一点彩，证明自己刚刚经历过激烈的战斗。

方兄爱读书，他的藏书，从文史哲大部头到各种时尚杂志，应有尽有。我最喜欢《大众电影》《世界时装之苑》之类的杂志，花花绿绿，美女如云。我每读一种新杂志，必能激发起对美好生活的憧憬，以为人生还有奔头。

后来，手头渐渐有了闲钱，也学着方兄的样子，开始不断买书。不问版本，只问名头，钱锺书的《管锥编》《谈艺录》，都是那时候买的。别看我买书挺有品位，其实，用力最勤的还是《大众电影》。在参加工作的前几年，最值得纪念的事件就是读了王小波的《沉默的大多数》，以及他的几本小说。这个人在很大程度上改变了我的文艺阅读趣味。

也许还有一事值得一说，在我国书籍出版史上，20世纪90年代，可能是有史以来书籍印刷、装帧最差的一段时期，纸张轻薄到两边透光。所以，很多当年我以为的好书，近年又陆续购买了新版本，以替换旧本子，比如《管锥编》《谈艺录》，当年用来装潢门面的读物，如今真的成了我认为的耐读的闲书。

在考古所工作的前几年，老实说，单位里的读书风气并不盛。很多人认为，把眼前的遗址、墓葬挖好、整理好，规规矩矩、实事求是地编写考古报告，就是考古工作者的使命，读不读书，是次要的。

有人认为，读书与田野，好比自行车的前轮与后轮，我们不能说哪个轮子更重要，因为前、后轮都重要，不可偏废。然而，人们通常会站在自己的立场，习惯于强化某种有利于自己的表述。一般来讲，做先秦考古的，更强调田野，夸张一点的说法是，新学问只能在田野中发生，学问好不好，就看手铲工夫好不好，古书不可凭信；做汉唐墓葬、宋元瓷窑址的人，更强调读书，夸张一点的说法是，如果不读书，简直无法就发掘对象提出像样的问题，如果提不出真正属于历史学范畴的议题，我们挖它作甚？不同的立场和价值观，吵来辩去，有时是义理之争，有时是意气之争，无论哪一种争辩，都不会有终极答案。天哪！人生如果有标准答案，该有多好。

我没有主见，有时候认为田野是重点，有时候又认为读书大有必要，至少无书可读的日子十分无聊。我仿佛想做很多的事情，却不知道做什么，仿佛想读很多的书，但不知道该读什么。每次逛书店，面对琳琅满目的书本，犹如置身于浩瀚无边的知识海洋，我们穷尽一生，充其量只能了解世界的某个边边角角。每念及此，多么令人绝望。

不知道读什么书，也不知道哪些书适合自己。只好漫无目的地乱读，今日读张中行的《负暄琐话》，后天读袁珂的《山海经校注》，大后天读王小波，只读得一脑子糨糊。读书，最怕不得门径而入，这是我后来才懂的说法。易言之，我们要在读书中寻找到真正的自我，找到自己愿意投身的学术领域。

1997年，我跟蒋乐平兄在宁波发掘北仑的沙溪遗址，那是个河姆渡文化一、二期的遗址。遗址保存不太好，除了发掘，我还每天骑自行车到镇上，负责给考古队买菜。菜场边有家民营小书店，当年辽宁教育出版社有套叫"书趣文丛"的小书，我随手拿了几本，其中有一本，就是杨泓、孙机的《寻常的精致》。

在北仑的乡下，无数个夜晚，孙机先生的文章，实实在在地击中了我。这好像是传统"名物考据"的路数，尽是些属于个案研究的小问题，但是学术视野和问题意识，又能全面超越古人。孙先生行文平实，摆事实讲道理，每句话都能说到让"巨石点头"的地步，烦琐的考据，读上去还挺有趣。

我武断地认为，这就是我这些年一直在寻找的文字。后来，按图索骥，把孙机先生的书全买齐了，《汉代物质文化资料图说》《中国圣火》《文物丛谈》《中国古舆服论丛》，不管懂不懂，都喜欢读。对人而言，喜欢才是王道，我们由衷地喜欢某个人的某几种书，这就说明那个人的某种气质，与我们血液中流淌的东西天然相符，在那些书的字里行间，可能寄托着我们自我实现的理想。

很长一段时间，我以孙机的粉丝自居。尽管直到2010年，我才第一次见到了孙机本人。孙先生在浙江省博物馆做完学术讲座，回答听众提问，他的语速不缓不急，犹如黄钟大吕，小叩则大鸣，你问一句话的问题，他会有千百句话来回应你的疑问，从汉代的炼钢术说到苏联时期的拖拉机，从法国的凯旋门聊到先秦的驭马术。

1998年，我已买过孙机《汉代物质文化资料图说》最早的版本，后来又买过上海古籍出版社、中华书局的两种修订本。2002年以后，我以做宋元考古为主，但最初阅读《汉代物质文化资料图说》时的充实和激动，从未忘记。我曾经真诚地以为，一个人的职业生涯中如果能够写出类似这样的一本书，就功德圆满了。十多年以后，我才明白自己的成长、学术和工作经历与孙先生不同，我恐怕一辈子都写不出类似的著作。我还是努力做自己算了，除了做好自己，我不可能成为任何别的人，也没有必要成为别人。

但我认为，自己在迷茫的求学期间，认准了孙机先生是正确的选择，尽管我现在不再崇拜任何人，除了大自然或充斥于天地之间的"大道"。我坦承做不了孙先生这样的学问，只能走自己的路。

然而，我真心感激孙先生。那段阅读经历，我明白了关于好书的基本标准，也懂得了一个朴素的道理——我们读书的人，好比在大江大河边饮水的小老鼠，不求把一江水喝干，只要自以为喝饱就够了。

2023年6月23日，孙机先生在北京逝世，让我想起当年以读书抗衡迷茫的那段日子。谨以此文致敬孙机先生。时光荏苒，我转眼已过半百之年。改变，世界在不断改变，但年轻时代的偶像，依然深刻地烙印在个人的心灵成长史中。

考古者说

一

我的故事不可能像驶向新大陆的哥伦布那般曲折动人，若写成"起居录"格式的流水账吧，我又不是旧时的帝王、当下的明星。

然而，我常有拿笔的念头，这冲动来自外界的刺激。试举一例，2005年为配合浙赣铁路电气化改造工程，我在浙江龙游县湖镇寺底袁村发掘古代墓地，当地记者来采访，对发掘成果的介绍，并不十分在意，问题全是挖出了何种宝贝，哪件文物最贵，值多少钱，等等。我说，配合基本建设的考古发掘是抢救祖国的文化遗产，考古工作是为了还原古代社会生产、生活的种种细节。

这是实话，但朋友以为我只是个大话连篇的家伙，追问"到底值多少钱？"我只好如是作答，"我又不是做买卖的"。朋友觉得无趣，翻看我的工作笔记，平常的手写，我经常会写繁体字，这是书法爱好者的习惯，无所谓好坏对错。第二天，报纸出来了，说在龙游发掘的考古工作者，年纪并不很大，却一手繁体字，言下之意，考古之人，入戏太深，已与时代脱节，不知今夕何夕。

这件事说明了公众对考古常见的几种误解：一、考古是挖宝的；二、考古人近于古董商，至少对市场行情有相当了解；三、考古人是老气的，至少与时尚相当隔膜。

我终于决定写些闲杂的文字，希望读者明白这只是误会。

二

我念高中时，是20世纪八九十年代之交。跟今天一样，文史哲及考古专业并非热门，据说是不挣钱——事实确实如此。我母亲希望我读金融或者法律之类的专业，今天，她依然作如是观。

我的成绩还行，否则念不了考古学专业。当时，国内设有考古专业的大学不多，通常就是顶尖的几所综合性大学。这不是"我的朋友胡适之"，事实如此。

高中时代，我的数理化成绩也不太坏，却依然选择文科，因为我对文史确有兴趣。但我对考古并无了解，听说过的考古学家，只有裴文中一人，发现北京人头盖骨的，教科书有载。我更崇拜鲁迅先生，以为世界上简直不会再有比《故乡》《阿Q正传》更好的文章了，这也出自教科书。

我的大学志愿全是历史学，为照顾母亲的意见，可能也填了金融等热门专业。后来知道，凡填了冷门的，多半会被录取，热门不缺人，冷门难得有主动送上来的，当然优先考虑。我现在想，假如当年听母亲的话，今天会不会在外企公司里上班。

但被厦门大学考古专业录取，却是此前不曾想到的。老师安慰说，考古与史学是兄弟学科，其实，现代考古学尤其是史前考古，与扎根文献的传统史学很不相同。

大学里的考古专业课，大概按时代先后编排，先教旧石器，然后依次为新石器、商周、秦汉直至宋元考古，明清两代距今不远，一般不作为考古的对象。课堂上，听到的不是元谋人，就是北京人，不是夹砂红陶，就是泥质灰陶，动辄距今几万几千年。如此专门的学问，对一位毫无准备的学生，是无趣的。我至今对石器时代兴趣寥寥，可能是被当年吓着了。

随后的课程，也只是随兴听一些，懈怠的原因是兴趣不在。而古文字、古文献等非主流的选修课，反而更用心。当时，学习比我刻苦的同学不在少数，奇怪的是，用功的同学后来反而大多改行了。

现在想来，我对考古并非一味排斥，只是不得其门而入，便不能发现其中的趣味。

三

我对考古的兴趣萌发于考古实习期间。大学三年级，我去江西樟树、四川万县（今重庆万州）实习，在樟树发掘一处商代遗址，在万县抢救一批即将为三峡水库淹没的汉六朝墓葬。

考古学科实践性强，好比跟人介绍唐代瓷器的特征，口说无凭，讲得天花乱坠，别人也不明白。若让学生面对实物，上手观摩，辅以指点，只要不太过愚顽，就容易有所认识，倘若能长期坚持，成为某门类文物的鉴定家，亦未可知。欧阳修笔下的卖油翁将油从铜钱穿过而钱孔不湿，"无他，惟手熟尔"，这个例子可能不太妥当，但说明实践是最重要的学习。就文物鉴定而言，实践尤其重要，很多人推崇大单位里的老头，就因为他们东西见得多，至于他们做过什么好研究，写过什么好文章，真是乏善可陈。我们推崇别人，通常只是推崇他的位置而已，换了别人，只要不太笨，坐在那个位置上，熬几十年，或许也能熬成专家。专家养家糊口，到处走穴，合情合理，只是希望他们不要倒打一耙，反过来指责做学问的人是书呆子。

我在实习中的收获，不限于对坛坛罐罐的直观认识，重要的是明白了考古工作的方法。课堂上的道理，过去不明白，在工地上竟能豁然明晰起来。田野工作最大的好处，就是付出就有收获，而且总能遇到新鲜的人事。有一次，我在老乡家醉了酒，为同学搀扶回驻地，一脚踩空，三四个人齐齐跌进水沟，回想起来不以为难堪，反觉得有趣。

考古实习是一道分水岭。考古本来就要跑乡下野外。适应农村生活的同学，留下来，不适应的，改行。这不奇怪，同样的事，有人喜欢，就有人不喜欢。

我本来就来自农村，是对考古萌发了兴趣的那一部分，或者也不叫兴趣，只是不太排斥而已。

四

1995年，我进入浙江省文物考古研究所，成为职业的考古工作者，直至今天。当时，求职已不容易，我的同学就有想跻身文博系统而未能如愿的。我也是一颗红心，两种打算，不能进考古所，就回老家给领导当秘书。如果我走了"从政"的道路，当不当官不知道，也许不会像现在这样的胡说八道。人生，是刹那的因缘际会。

考古工作，要坚持在野外第一线。农村的物质条件不及都市，不免风吹日晒，也不免手拿锄头面朝黄土，有时确是辛苦的。但辛苦与幸福的标准，又是唯心的，有人在农村待几年，回来写文章说辛苦死了，农民在乡下待一辈子也不写文章。而且辛苦通常是经历中的感受，一旦过去，回忆起来便不觉得真苦。退一万步言，任何工作都有各自的难处，觥筹交错与田园劳作相比，孰更累人？恐怕也见仁见智。只要不对物质有过高的欲求，一份衣食无忧的工作，且为个人兴趣所系，大概也能接受。

这听上去确像假话，但曾经有一段时光，我真是这么想的，从不觉得考古工作有多苦。而今人到中年，上有老，下有小，事务烦冗，又要东奔西跑，才感觉工作辛苦、人生辛苦——这也算"中年危机"的一种吧，曾经信奉的价值、意义，面临重新洗牌——这不是考古人特有的精神危机，任何职业、任何人都要面对，如果对事业并不真正出于热爱，始终保持激情，绝非易事。

道理简单，践行不易。保持工作激情，需要好心态，也需要些许闲情逸致。有一次我在浙南某地考古调查，头顶烈日翻山越岭。路上不时有老乡热心指路，举步维艰之时，忽然看到路旁的一座路亭，附近恰好又有一口水井，一洌清泉正汩汩而出，不由得让人感慨无处不在的人间温情。类似事例，所在皆有，只存乎有心人的发现，我并不觉得这样的跋涉有多辛苦。生活的本质，大同小异，看生活的角度，人人不同。但愿我能早日走出中年危机，重新唤回工作激情。

考古人的底子，毕竟是读书人，但与伏案书斋的书生不同，是手拿锄头"动手动脚找东西"的书生。家母揶揄说，读这么多年书，还不是跟她一样，照样拿锄头。

既是书生，就不免读书。我每到一地，必读当地的旧县志，了解当地的文物古迹，只要条件允许，总会抽身去看。为了考古的发现，更不免读点相关书籍，每有会意，便欣然忘食。古人所谓"读万卷书，行万里路"，是一种非常理想的生活状态。在我心情好的时候，自以为过的就是这样的生活。

我之所以不避自伐之嫌，以身说法。无非想说，我走上今天的工作岗位，多半因了命运的因缘际会，小半因了少年时期的兴趣，和今天多数大学生的求职并无不同。考古职业也与其他行业一样，大浪淘沙，爱者自爱之，厌者自厌之，有人坚守，有人跳槽，这样的故事每天发生。

我始终工作在考古第一线，或许是因为喜欢，或许是因为长期专意于此，再也做不了别的。当然，每个人的发展，都有多种可能性。我有个学长，改行到大学里当教授，讲授"中国茶文化"。我说："你真厉害，连'茶文化'这么高级的学问都懂。"

学长说："哈哈，我们连田野考古都做得了，试问天下还有什么工作无法胜任呢。"

五

我来浙江省文物考古研究所，至今已足29年。先是做史前考古，发掘良渚墓地、河姆渡遗址，这是一个考古专业毕业生的自然选择，所谓"古不考三代以下"嘛。

1998年前后，我意识到个人兴趣可能在历史时期，于是决心改换跑道，首先想到的是从事瓷窑址考古，浙江是青瓷故乡，越窑、龙泉窑天下闻名，除此，似乎别无选择。

那是1997年下半年，我的同事黎毓馨兄与我在温州文成县的乡下。他与我聊阅读《汉书》的心得和当年求学宿白先生门下的经历——关于如何读书、取舍材料、为何孤证不立、为何要读书行路——这是我此前很少听过的话，竟然深深吸引了我。

当时我买过孙机先生的《寻常的精致》《汉代物质文化资料图说》，黎毓馨与我在乡下朝夕讨论，我们有许多共同的话题。这是在气质上与我天然相通的东西，我后来的选择，貌似偶然，其实是听从内心的召唤。

2005年，我认为像瓷窑址考古这样太过专门的领域，可能并不符合我的天性，于是又开始关注浙江宋代墓葬和城市，并兼及更广阔的田野调查，每到一地，寻古墓、探矿洞、看老房子、访墓志碑刻、查阅方志族谱，诸如此类。

也许我的趣味在考古工作者中稍显另类。或问："为什么你总是与众不同？"坦率地说，我也不清楚，只知道自己面临选择，时常感觉焦虑和挣扎。后来，我读余英时《朱熹的历史世界》，始有所悟，书中有个段落说，人生就是"寻找自我"的过程，前路漫漫，荆棘密布，而实现自我的最终标志就是找到愿意为之终身奉献的志业，这也是人生意义之所在。当然，我远达不到这个境界，可以确信的是，我可能会在这条寻找自我的道路上继续追寻，至死方休。

回头看来，那些年的挣扎貌似蠢动，而内在的心路历程，犹历历可数。我是以迂回的方式，竭力回到青少年时期的志趣——以田野考古的方式做史学。相对于其他议题，墓葬和城市考古更容易与广阔的史学议题对接，退一步想，如果没有史学情结，我怎么可能会去抄录墓志呢？我的大学志愿，全是历史学，而青少年时期的志趣，才是更加本质的"自我"，只是少年时期的理想，后来被我渐渐遗忘了，丢弃在沉睡的梦乡。如今我要努力把它寻找回来。对了，今天有句大家经常说的话，叫作"不忘初心"，好像就是这个意思。

六

后来，我在杭州的报刊上写专栏，试图将田野、读书、考古、历史、个人情感、生活体验，整合起来，煮一锅文字。这种写作模式，起初并不成熟，但目标很明确，就是企图建立起考古工作者与公众之间情感、趣味、思想的连接。考古作为一门人文学科，只有知识的传播是不够的，还需要以情感打动人，并予人以趣味的共鸣、思想的启迪，这才是更加有效的传播。

写得多了，逐渐得到了一些朋友的认同或质疑。

我经常听到的问题是："为什么你的写作，在题材、在趣味上，与惯常的'公众考古'如此不同？"

表面上看，我的文章多数是个人视角的个性文字，有的篇目出以科普的面貌，甚至有点稀薄的学术性，而内里都是文艺性的，是第一人称的观察或抒情遣怀。借考古的酒杯，浇个人的块垒，倾诉我对历史、学术、现实、生活、人情世故的种种看法——是的，我依然是用自己的方式，努力回归青少年时期的志趣，至少有些篇目，是在向鲁迅先生致敬，那是我少年时期的偶像。

在更深的层面，文章的个性，来自我对考古、人生的独特思考。我们每个人都努力赋予自己的工作和生活以各种各样的意义，所谓"王婆卖瓜"，做文艺批评的说务虚思考很重要，手艺人说务实的匠人精神才真正可贵。同理，考古工作者也会努力赋予本学科以各种各样的意义。人生的意义是自己赋予的，我们乐于听到阿谀奉承的话，而听闻批评意见则会懊恼愤怒，就因为前者不断强化我们的人生价值，而后者则会消解我们多年以来苦心经营的信念。

考古工作给予我一份稳定的收入，即安身之本，学术给予我意义感和充实感，即立命之本。我是一名考古工作者，考古是我的安身立命之本。

多数的"公众考古"写作，通常都秉承这样的思路，以文字不断强化考古科学的趣味和价值，甚至不惜赋予它近乎宗教般神圣、崇高的意义。

自然，我也有"考古本位"的意识，以"后现代"的方式消解学科价值，对我并无好处，再说我们的"现代化"都还需要补课，也不配谈什么"后现代"。不过，我们强调自身的立场，也要同时兼顾他者的视角，这种自觉的反省意识，同样来自我的生活经历。

我们认为考古很重要，那没问题。但在他人看来，恐怕就不那么简单。家母坚持认为考古是吃饱了撑着的行当，我认为良渚陶器的分期编年有必要做，而我的乡亲们恐怕一辈子都不会考虑这个问题。他们对此有不同的看法，这不是一个人，而是一群人。对多数人而言，我们的事业的意义并非先验存在，而需要我们做出有力的回答，至少先有平等的沟通。当我们的文字兼及本位和他者两种不同的立场，才有可能包涵了思想、趣味、观点的冲突因素，才有可能赋予文字内在的情感张力和情绪色彩。而有情绪、有情感、有冲突的文字，才有可能是好看的文字。

他们还说："考古，不能吃，不能穿，有什么用？"这是个粗鲁的问题，也是个深刻的问题，我愿意带着这个问题继续求索。

代后记：考古一线的酸甜苦辣

——答"全历史微博"记者问

2020年，我出版新书《考古者说》，同年接受"全历史微博"记者专访，谈及我对考古工作、生活和写作的想法。现将这篇采访作为后记收录于此。

记者：郑老师好，感谢您接受"全历史微博"的专访。

今年4月，您出版《考古者说》，这本书充满了人文关怀，用您的话说是"用工作、生活、阅读的经历和体悟，煮出一锅五味杂陈的文字"。在您笔下，冰冷的文物和古墓中的枯骨超越了"研究对象"的层次，变得有血有肉。那么，您觉得在考古发掘、整理和研究过程中，考古工作者应当秉持何种态度来看待工作对象？

郑嘉励：考古是发掘、整理、研究古人的遗迹和遗物的学问。作为科学，考古的研究对象是客观存在的，不以个人的意志而转移，科学工作者就是要揭示这些客观的事实。

古人的遗址、墓葬及其遗物，一旦生成，其物理形态，确实客观存在，考古工作者理应像科学家对待自然界那样，采用地质学、动物学、植物学、同位素、C-14测年学等科技手段来发掘、整理、分析考古材料。近年来，考古学有越来越明显的自然科学化倾向，甚至有工程科学化的发展趋势，因为考古遗址的测绘、建模、复原、展示的要求越来越高。工程师的语言，就是各种图纸，这也是考古工作者需要的技能之一。

自然科学、工程科学手段的广泛介入是合理的，有其积极意义。我们因此获知更多的关于古代的"硬知识"，在古遗址中提炼的信息越来越多，对古建筑的测绘和复原越来越精确。追求真理的科学，讲究客观、准确，必然要求从业者与研究对象之间保持距离，犹如地质学家面对一块石头、医学家面对人体某个器官的态度。

记者：的确，大家很容易形成刻板印象，认为考古是一门纯粹的人文学科。但只要稍稍深入了解，就能发现考古学其实是一门综合性很强的科学。

郑嘉励：所以，我的写作中有过分浓厚的人文关怀，过多的情绪释放，这让我看上去不像个科学家，倒像是文艺青年。

但是，考古学不等于物质文化研究，更是"透物见人"的学问，我们发掘和研究墓葬、遗址，是为了认识人类的行为模式、思想观念以及人类社会的演进模式。具体而言，旧石器考古涉及古环境、古生物、人类进化史，可能更多具有自然科学的属性；新石器考古，固然采用大量自然科学手段，应该属于文化人类学范畴；而历史时期考古，尤其是汉唐宋元考古，当然属于历史学范畴，除了历史学，它不可能是别的学问。

在"术"的层面，即技术层面，考古学具有自然科学、工程科学的属性；在"道"的层面，考古学则属于人文社会学科范畴，历史时期考古必然是人文学科。既为人文科学，它就不只是纯客观的知识追求。除了科学的维度，更有人文的维度——在生产新知识以外，更要增加社会福祉，满足人们的文化需求，提升个人的人生境界。孔子说"古之学者为己，今之学者为人"，考古学除了"为人"

的科学属性，也是致力于自我完善的"为己"的人文学。

记者：同一学科，从"术"和"道"两个层面，竟然会呈现出不同的性质，看来考古学当真是"允文允理"。如您所说，近年来科技手段在考古发掘、文物保护乃至专业研究中发挥的作用越来越大，对于考古工作来说是有积极意义的。但是不少学者又对这一现象表示担忧。您在一次采访中也曾提到，"对考古自然科学化倾向很警惕"，是什么原因让大家产生这样的担忧呢？

郑嘉励：科技手段介入考古发掘、文物保护、展示利用领域，具有合理和积极的一面。但是，考古学毕竟是"透物见人"的学问，是研究人和人类社会的人文学科。

自然学科，例如物理学、化学，通过实验或推理，解决自然科学范畴的问题，揭示自然界中可重复、可验证的客观规律。如你所知，自然科学、工程科学更是"第一生产力"，其成果或大或小，经过转化，总有其经世致用的一面。

而考古学的研究对象毕竟是人和社会，不像物理学、化学那么具有稳定的客观性。退一步言，即使我们把河姆渡文化的复原研究做到绝对准确，那也是"无用之学"，无法转化为生产力，除非大家愿意回到7000年前，过河姆渡人那种茹毛饮血的生活。

记者：（笑）如果打造一座可以体验河姆渡人生活的遗址公园，相信会有游客感兴趣。但如果让大家回到那个时代，恐怕没有人会愿意。

郑嘉励：是的。作为人文科学的考古学，本来就不是纯客观的知识领域，也不应该是。考古学研究获取的古代知识，哪怕是绝对正确的，但如果它与我们的情感、趣味、思想无关，与当今的社会需求也无关，这种客观知识就不具有经世致用的潜在可能。那么，纯客观的考古学（如果存在的话），又有什么意义呢？

这就是我对考古学过分自然科学化的倾向保持警惕的原因。作为人文学科，只有知识是不够的，还需要以情感打动人，予人以趣味的共鸣和思想的启迪。在于个人，学科要有助于从业者的自我完善，来自书本和实践的考古学知识，与自己的人生阅历、生活体验结合起来，熔为一炉，用自己的语言表达出来，这才是真正属于自己的知识。

生活体验和情感体验，是顶重要的学习，不是说文艺工作者需要这种训练，一切人文学科包括历史考古学同样必需，如果我们对古人的生活缺乏"理解之同情"，当然无法做有境界的学问。哪怕考察一个明清时期的古村落，从破败的古民居我们能否体验古人的日常生活，由高大的祠堂能否体验古人的坚守与恐惧。这些体验，既是认识古代生活的基础，也是理解当下生活的路径。

记者：读您的书觉得您很关注考古现场反映的历史中普通人的生存处境，对历史上无名的生命充满温情，为什么会有这样的视角？

郑嘉励：在大型基本建设中，在轰鸣的推土机前，考古人发掘古遗址、古墓葬，艰苦卓绝，为国家抢救了大量文物。但不可思议的是，每次有关考古发现的网络报道，一定会招致很多批评，甚至有恶毒攻击考古是"拿着执照的职业盗墓"。网络"喷子"固然无须理会，但有很多文化程度较高的人也不理解考古工作。为什么？

除了我们的宣传没有把"保护第一"和"科学发掘"的理念阐述好，我想，还有个原因就是未能处理好科学与人文的关系，只强调考古发现的意义、学术价值、文物的精美，很少考虑到古墓葬的主人——即便是千百年前的古人，他们也应该是与我们一样有尊严的人。盗墓者挖墓，为卖钱牟利；我们挖墓，为了写论文、成名成家，如果一样缺乏人文关怀，在本质上，二者并无区别。

人文关怀，不是抽象的，具体说来就是指对人类生存状态和命运的关注。不论现代人，还是古代人，都有人生真实的喜悦和困境，他们的生命都应该被尊重。人文关怀，不仅关乎学科形象，从写作的技术和修辞的角度上说，也是讲好考古故事的必然要求——一个与普通人情感、趣味、思想无关的纯知识问题，例如河姆渡文化石器的分类与加工技术，除了极个别的专家，谁会关心呢？

记者：将考古学理论知识和个人经历熔为一炉——这下终于明白了您的文字为什么具有感染力。据我所知，您在多个细分领域都有过深入研究，那您主要的研究方向是什么呢？能透露一下目前的研究项目吗？

郑嘉励：我从事的学术领域，主要是以南宋为中心的，上溯至晚唐，下探至明代的墓葬、瓷窑址、矿冶遗址、摩崖碑刻和城市考古。我对宋史虽无深入研究，但对史学议题具有广泛的学习兴趣，平常也搜集、整理宋元时期的墓志碑刻等，编辑一些资料集录性质的书。我有一些散漫的工作计划，但不怎么申报课题——我不愿意被课题任务套着，我们单位的性质也不会拿课题来考核我的工作。总体而言，我只是凭个人兴趣和热情去做。如果有一天，不想做了，就随性地读读闲书，写写毛笔字。

记者：这一点我非常赞同，好学问大都是凭兴趣和热情做出来的。

您曾在这么多领域深耕过，能简单介绍一下，日常面对的工作对象大致有哪几种类型呢？不同遗迹对象在发掘和保护的方法理念以及研究的侧重点上有什么不同呢？

郑嘉励：历史时期考古的工作对象主要有三大类：古墓葬，在历史时期晚段，主要是砖室墓、砖石混筑墓；古遗址，即聚落遗址，在历史时期，主要是城市遗址；手工业遗存，指古代的瓷窑址、矿冶址、造纸作坊等，在浙江主要指越窑、龙泉窑等青瓷窑址。

一座墓葬，是一个独立的遗迹单位，相当于聚落遗址中的一个灰坑、一口水井，在考古发掘技术层面，相对简单，即便是南宋赵伯澐墓这样保存完好、出土大量纺织品的墓葬，发掘也不复杂，难度主要在于后续的文物保护。但工作必须耐心、细致、负责任，墓葬的结构形制、每件随葬品都要有准确的图纸、照片和文字记录。一座科学发掘的墓葬，即便在1000年后，哪怕只是墓葬中的一块砖头，也能够准确地还原到它曾经所处的三维空间，如果有一件文物失去位置，例如赵伯澐墓中的玉璧，后人竟不知道它曾经随葬在墓室内的具体位置，那么，考古发掘一定是不合格的。

记者：长知识了。之前想当然认为墓葬才是考古工作的"重头戏"，原来墓葬的发掘难度并不算高呀。

郑嘉励：单体墓葬的发掘固然不复杂，但长期延续的公共墓地或家族墓地，例如南宋武义明招山吕祖谦家族墓地，延续100多年，散落于山间的有近百座墓葬。如果我们将它们视为有机的整体，那工作难度就会几何级的放大，也许就不是一代人可以完成的工作。

记者：原来如此。同墓葬相比，瓷窑遗址的发掘难度如何呢？

郑嘉励：在技术上，发掘青瓷窑址要困难很多。因为窑业生产和废品堆积的形成过程非常复杂，不像单体墓葬这种一次性形成的遗迹。以越窑遗址为例，窑炉通常是一条长达50多米的龙窑，建筑在山坡上。一块山坡上，青瓷烧造的时间，可能会延续两三百年之久，越窑寺龙口窑址，从晚唐到南宋初，窑火就没有停烧过。早期的龙窑废弃后，新建的龙窑又叠压其上，同一地点可能叠压着不同时期的很多条龙窑，将它们逐一揭示出来，是非常困难的。

不同时期的窑炉产生的废品瓷器，随同废弃的窑具和炉渣，被倾倒于龙窑的一侧，形成厚薄不均的废品地层堆积，几百年下来，坛坛罐罐，堆得跟小山似的。不同时期的废品堆积（地层）的走向，随地势起伏，自下而上，逐层叠压，每一层都代表某个时期一窑或多窑的产品，早期地层叠压于晚期地层之下。

记者：听起来好复杂呀，考古工作者是怎么解决这一难题的呢？

郑嘉励：与地层堆积的顺序相反，考古工作者则自上而下逐层发掘，及时分开早晚不同的废品堆积，并努力将废品堆积与其所出的窑炉遗迹对应起来（事实上，这近乎不可能）。根据地层叠压的早晚关系，将不同地层出土的瓷器在一个大房间里摊开来，先是分类：碗一类，盘一类，壶一类，坛坛罐罐又一类，不同的碗又按照口沿或底足的形态差异，分成敞口碗、敛口碗、直口碗等若干小类，继而按不同地层逐层排列，从而确定唐宋时期越窑瓷器形制和工艺的发展演变——瓷窑址的考古发掘、整理过程，包括了地层学、类型学的一般原理。这是考古学建立不同区域的史前文化谱系，也是瓷窑址考古建立瓷器分类、分期的主要方法。

地层学、类型学，说起来，只是两个词，但具体操作却不容易。寺龙口窑址，龙窑两侧的废品堆积，地层分了20多层，出土的坛坛罐罐，碗、盘、壶、罐，加上匣钵、垫具等窑具，少说有五六十种。1999年，我长年埋首于坛坛罐罐的汪洋大海，分类、排队、分型定式。这个过程极其锻炼人的观察能力和分类能力，也磨砺人的意志。

一名合格的考古工作者，尤其是参加过地层复杂、遗物丰富的史前聚落遗址和瓷窑址发掘的人，可以胜任许多工作岗位。2008年，我在东阳南马镇发掘北宋葛府窑址，驻地附近有个鞋厂，生产各种各样的旅游鞋、童鞋，流水线上统一着装的工人，整天不抬头，忙于分类、包装——我以为，这种工作太简单了，甚至连劳动强度也比不上我当年发掘越窑遗址那会儿。

记者：向考古工作者致敬！突然想到，您在《考古者说》中提到过，职业生涯中有从瓷窑址研究向墓葬研究转变的经历。您能谈谈当初是什么促使您做出这一决定的呢？

郑嘉励：瓷窑址考古，主要研究窑业生产技术、瓷器形制、装饰、工艺的演变及其背后的经济史、文化史和社会生活史。这是相当专门化的领域，由于烧窑在古代属于末业，很少有文献记载，"透物见人"难度较高。而古墓葬，直接面对人，如果有墓志出土，更是有名有姓的具体人，相对于手工业作坊而言，墓葬的意象，更加具有思想张力，连接着生与死、存在与虚无，墓葬背后有庞大的观念世界，更有无尽的生死悲欢，更容易与人文议题对接。

尽管大多数人认为，浙江是青瓷的故乡，越窑、龙泉窑瓷器，如冰类玉，风雅，值钱，更受人喜爱，但我觉得古墓葬考古更吸引我。后来，我不再做陶瓷考古，专意于南宋墓葬研究。起初，朋友们都不理解，因为青瓷是浙江考古的大品牌，很多人关心。我发掘越窑遗址时，考古工地上高朋满座，常有大学老师前来商讨合作意向。自从改行南宋墓葬，工地门庭冷落，因为大家不关心，认为挖不出名堂，但我坚持认为墓葬研究可能会更贴近我对历史学、对人文探索的兴趣。

记者：希望更多的青年学者像您一样，立足于个人天性和学术兴趣去做研究。

您长年工作在考古一线，考古人员因工作性质，常常要和各类人群打交道。您也讲了不少和老乡、地方文物干部互动的故事，让人印象深刻。在田野工作中，您印象最深的一次同非考古人员互动的经历是什么呢？这次经历对您有什么影响呢？

郑嘉励：田野考古，尤其是配合基本建设的抢救性考古发掘，项目多，流动性大，待在乡下，少则数月，多则半年以上，租住老乡民房，与农民工同进共出。考古领队的工作与生活，绝非书斋学者所能想象。从考古项目申报、青苗赔偿、民工工资谈判、与工程建设方协商工期、工作人员的后勤保障、后期的文物保护，每个环节，都要妥善处理。从积极面来讲，在每一个新工地都会接触到许多人，都能丰富生活阅历。

比如《这些人，那些事》一文，就写了工作中遇见的地方文物干部、地方文博单位的临时工、考古技工、考古民工、房东这样的各色人等。在《临时工》一文中写了临海博物馆的丁伋先生，我因为整理台州出土的宋元墓志与他相识，经常向他请教地方文史掌故。丁先生学问很好，是台州公认的文史专家，他一生未婚，在博物馆做临时工，做到老，做到死，他与世无争，不求闻达。贵州的一位老先生读了这篇文章，很感动，通过出版社辗转联系到我，让我务必转达他对丁伋先生的问候，可惜丁先生在一年前的春节前夕去世了。

在工作中，感动过我的人很多，很难说哪件事印象最深。考古工作者出门在外，无论生活还是工作，须臾离不开当地文物干部、考古技工、民工、房东和好心人的帮助。他们是我的朋友，也是能够传授我知识、丰富我人生阅历的师长。

记者：感动，丁老先生这样的文博人当真让人尊敬，回头一定好好品读下您这篇文章。

聊完了考古工作中的人，接下来请教考古工作中的物。您在书里提到过，"绝大多数的文物处于'可保、可不保之间'，需要考古工作者做出具体的、有力的说明"。那考古学家一般是依照哪些标准来衡量文物的价值呢？

郑嘉励：我们赶在高速公路建成通车之前，发掘墓葬或遗址。我们认为文物具有历史价值，因为墓葬是认识古代历史和丧葬习俗的载体；具有艺术价值，因为墓葬的画像砖和随葬品很美；具有科学价值，墓葬的建筑工艺、随葬品中青铜器的铸造，具有科技史价值。文物是不可再生的资源，所以，我们主张古遗址、古墓葬很重要，要原址保护，高速公路甚至有必要为之改道。

然而，这种事情大概率不会发生，高速公路多半会在经过考古发掘的遗址、墓地上继续施工。很多人说，这是因为决策者没文化、急功近利。其实，并不那么简单，考古工作者认为文物有价值，固然没错。但问题是，考古工作者所描述的价值不足以说服决策者，在他人看来，这些文物远没有重要到让高速公路为其让路的地步。换句话说，公路的如期通车，比文物更重要。

如果我们发掘的是秦始皇兵马俑，或者是海昏侯墓，我想任何领导都不会说这些文物不必现场保护，公路直接压过去算了。为什么？因为这些文物的价值显然高于公路，公路有必要为之让道。这笔账，我们算得过来。

问题是，绝大多数文物的价值，都不像兵马俑、海昏侯墓、故宫那么显性，它们的价值是考古工作者赋予的，我们能赋予它什么，它就是什么。这就是我所谓"绝大多数的文物处于可保、可不保之间，需要考古工作者做出具体的、有力的说明"。考古人赋予的价值是否具有说服力，直接影响文物的命运。

我的写作就是想努力揭示文物与我们的日常生活和生命体验的关系，证明考古与我们的情感、趣味和思想有关。文物的三大价值：历史价值、科学价值、艺术价值，这是学院派的描述，与普通民众距离稍远。《考古者说》中有一组文章，里头写到丽水城郊的文峰塔，这座明代砖塔，在"少小离家老大回"的海外游子看来，就是乡愁的象征。在三大价值以外，文物更具有文化价值和情感价值，保护文物也是保护自己的家园和民众共同的情感。

我就是想做这件事，证明考古是人民的事业，保护文物是保护我们的精神家园。

记者：特别喜欢您的文字，关于文峰塔的那些写乡土文物的文章，虽然是古物，却能引起读者浓浓的家乡情怀。

您的文字很有感染力，读您的著作，能感受到您阅读面之广、文字驾驭能力之强。扬之水先生在为您作序时也曾说过："一起聊天的时候，往往都是听他谈'文学'，甚至是很专业的'咬文嚼字'。"您平时喜欢读哪些文学作品呢？哪位文学家对您的影响最大呢？

郑嘉励：谢谢，我的文字不能算好，只是努力追求"文从字顺"而已。

念大学的时候，重读《水浒传》，蓦然发现，白话文的生动和活泼，尤其是其白描工夫，感染力远在文言文之上。后来，又读《续古文观止》，发现清代文言文的末流，乏味、迂腐之极，非但装不下稍稍复杂、思辨的思想，甚至都无法描述活泼的生活。这让我坚信，好中文的样子，一定是口语的、简洁的、凝练的、活泼的。

当然，作为学术语言的中文，语法或句法，可以是欧化的，但是，具体的遣词造句，依然应该是中文固有的锤炼方式。什么是中文的锤炼方式？除了准确、明晰，也要遣词生动、造句铿锵，好写手的文字是有韵律感的。鲁迅对声音极敏感，文字节奏很跳荡，比如《元好问》中"元遗山，在金末元初，为文宗，为遗献，为愿修野史，保存旧章的有心人"。声音的平仄之间，照顾周全，遣词也讲究，然而层层套叠的定语，又是欧化的句式。

《红楼梦》里的刘姥姥说："我们村庄上，种地种菜，每年每日，春夏秋冬，风里雨里，那里有个坐着的空儿？天天都是在那地头上做歇马凉亭，什么奇奇怪怪的事不见呢？"多好的语感啊！我们只要诵读几遍，就会明白，好的白话文来自锤炼。

我的意思是，我喜欢鲁迅、曹雪芹、施耐庵等人的文字，年轻时候特别崇拜鲁迅，至于古典白话小说，更多的是欣赏古人语言的生动、活泼和韵律感。

记者：鲁迅先生的作品和古典白话小说确实是取之不尽的宝藏啊。除了文字水平外，您的著作产量同样让人佩服。我们知道考古工作除了长年要奋战在田野发掘外，文物的整理、保护、研究同样艰辛。在这般高强度的工作节奏下，您还能笔耕不辍，保持着较高的作品产出，着实令人钦佩。可否请您分享一下，平时的创作习惯是什么呢？

郑嘉励：我在浙江省文物考古研究所工作，严格说来，我的身份，小半是考古学家，大半是文物工作者，以从事抢救性考古发掘、编写考古发掘报告等日常工作为主。与高校相比，考古所不是严格的学术机构，因为上头并不以学术论文、课题数量来考核我的工作成果。

2010年，我获得研究馆员的职称，这是我在这个行业所能获得的最高职称。此后，除了编写考古发掘报告的分内工作，很少再写固定格式的学术论文，发不发《考古》《文物》等核心期刊，全无所谓。除非学术会议的邀约，非得写成论文格式不可，我只把学术观点和工作心得，尽量写成自己喜欢的模样，偶尔写作也是为了个人的抒情遣怀。我相信，学术的本质是发明创造，而不在文体。我写杂文，大半的动机，落脚于学术；小半的动机，才是文艺。

我的文章，多半是这样写成的。这是无功利的写作方式，如果我在高校工作，处于严苛的学术考核机制下，恐怕就没有这般闲情雅致了。我不知道，这是好事，还是坏事。

记者：最后一个问题。您的著作为非专业人士架起了一座了解考古工作和文博知识的桥梁，一直受到文博爱好者的期待。替您的读者打探一下，您下一部作品的主题会是什么呢？

郑嘉励：我正在写一本名叫《读墓笔记》的书，梳理从新石器时代早期义乌桥头的"浙江第一墓"，到明清时期的温州"椅子坟"的浙江古墓葬。墓葬，是一部埋于地下的平行的二十四史，我将勾勒出浙江墓葬发展通史及其背后所呈现的历史和文化变迁。

首先，我讲述的墓葬故事，可能与大家在别的地方听到的不一样，我是田野考古工作者，必须强调田野立场。我只讲述本人或同事亲历的考古调查、发掘项目的经过和研究心得。

其次，考古人应该坚持"遗迹大于遗物"的立场，墓葬的形制和墓地的形态，比随葬品更重要。出土文物，必须结合它们所属墓葬的历史地理空间来讲述，而不能像博物馆里的文物，孤立地摆放在玻璃橱窗里，脱离了具体的历史空间，看似琳琅满目，其实失去了大量的历史信息。

再次，考古工作者应该坚持"一般大于特殊"的原则，大家都喜欢精美的文物，所谓"镇馆之宝"通常是那个时代最精美的文物。但我们也要关心当时普遍发生的情形，那些没有精美文物的平民墓葬，貌不惊人，却是帝王陵墓不能替代的。艺术史家关注精英和精品，考古人除了关心王羲之、吴道子等大艺术家，更关心墓葬壁画、墓志书法所体现的民间传统，这是当时普遍发生的一般情形，是天才艺术家赖以生长的土壤。

田野考古的学科价值建立在"遗迹大于遗物""一般大于特殊""田野大于文本"的学科定位上，在认识历史、复原历史的事业中，考古人应该努力做出区别于史学家、艺术史家、博物馆学者的贡献。在新书里，朋友们可能看不到三星堆、秦始皇、海昏侯和紫禁城，但这并不令人遗憾，不只有帝王将相、奇珍异宝才值得看，来自芸芸众生的考古故事，更加活泼，更加普遍，更加接地气。

修订记

我要把各位师友的名字记在这里，因为他们的帮助，才有这本小书《考古四记：田野中的历史人生》的文字与图片，他们是：

刘建安、沈晓文、李晖达、王宣艳、魏祝挺、王婷、李月红、韩斌、周华诚、潘宁、马黎、章国庆、张良、赵安如、楼泽鸣、张谦、陈化成、周建初、徐超、邵路程、郑加彬、吴志标、梁晓华、刘未、黄琳、李占莅。

小书在2018年初由"汉唐阳光"出版，此次修订，删除了《寻墓记》《嘉兴读书记》《访碑札记》等文，因为这部分内容与2022年出版的拙著《读墓：南宋的墓葬与礼俗》，多有重复。其余篇章，大多经过不同程度的润色、改写和增补，并加以重新编排。

谢谢大家！

郑嘉励

癸卯秋月